社区矫正教育教程

连春亮　主编

中国人民公安大学出版社
·北　京·

图书在版编目（CIP）数据

社区矫正教育教程/连春亮主编．--北京：中国人民公安大学出版社，2022.8
ISBN 978-7-5653-4560-9

Ⅰ.①社…　Ⅱ.①连…　Ⅲ.①社区—监督改造—中国—教材　Ⅳ.①D926.7

中国版本图书馆 CIP 数据核字（2022）第 129260 号

社区矫正教育教程
连春亮　主编

出版发行：中国人民公安大学出版社
地　　址：北京市西城区木樨地南里
邮政编码：100038
经　　销：新华书店
印　　刷：涿州市新华印刷有限公司

版　　次：2022 年 8 月第 1 版
印　　次：2022 年 8 月第 1 次
印　　张：14.75
开　　本：787 毫米×1092 毫米　1/16
字　　数：360 千字

书　　号：ISBN 978-7-5653-4560-9
定　　价：50.00 元

网　　址：www.cppsup.com.cn　www.porclub.com.cn
电子邮箱：zbs@cppsup.com　zbs@cppsu.edu.cn

营销中心电话：010-83903991
读者服务部电话（门市）：010-83903257
警官读者俱乐部电话（网购、邮购）：010-83901775
法律分社电话：010-83905745

本社图书出现印装质量问题，由本社负责退换
版权所有　侵权必究

河南司法警官职业学院
社区矫正专业项目建设委员会

主　　任： 袁理政　河南司法警官职业学院院长

副 主 任： 张　峰　河南司法警官职业学院副院长、教授

成　　员： 连春亮　河南司法警官职业学院刑事执行系党总支书记、教授、三级调研员

王　勇　河南司法警官职业学院教务处处长、副教授、三级调研员

陈书成　河南司法警官职业学院司法行政管理系党总支书记、副教授、三级调研员

张志强　河南司法警官职业学院团委书记、讲师、四级调研员

参加人员： 袁理政　张　峰　连春亮　王　勇　陈书成

张志强　王天瑞　师玮玮　徐海冰　王艳艳

杨　颖　黄喜平　周富银　王　凯　赵瑞雪

胡　悦

本书编写分工

主　　编　连春亮

副 主 编　王天瑞

编写人员　连春亮　王天瑞　杨　颖　王　凯

　　　　　赵瑞雪

编写说明

2015年，河南司法警官职业学院根据社区矫正专业建设进一步提升内涵建设的要求，把“社区矫正理论与实务”课程确定为精品资源共享课程，同时，把社区矫正专业优秀教学团队建设作为社区矫正专业建设的重要内容。2018年，河南司法警官职业学院依照河南省财政厅、河南省教育厅的要求，先后申报了“现代职业教育质量提升计划项目”“高等职业教育创新发展行动计划项目”，同时被河南省教育厅批准立项建设“省级优质高等职业院校”。在各个项目建设中，社区矫正专业成为“司法矫正优势特色专业群建设方案”优势特色专业建设的重要组成部分。我们在社区矫正优势特色专业建设中将专业课程、专业教材、优秀教学团队建设作为主要内容。

第一，建立了以河南省属监狱为主体的实习实训基地，在基地内特聘了具有丰富实践经验和一定理论水平的人员为本专业的实习实训教师。他们是河南省第一监狱王群、河南省第三监狱娄继召、河南省新郑监狱韩述钦、河南省豫中监狱胡学利、河南省郑州女子监狱刘玲、河南省郑州未成年犯管教所郭建刚等。

第二，建立了以基层司法局（所）和社会教育机构为依托的实习实训基地，聘请了专业指导教师。主要有河南源浩教育咨询有限公司张秋霞、漯河市司法局赵华、漯河市源汇区司法局空塚郭司法所刘勇、漯河市源汇区司法局顺河街司法所郑娟、漯河市郾城区司法局孟庙司法所高家斌、漯河市郾城区司法局黑龙潭司法所徐国杰、漯河市召陵区司法局天桥司法所赵改红、漯河市经济技术开发区后谢司法所谢保华、漯河市舞阳县司法局文峰司法所杨江南、漯河市舞阳县司法局舞泉司法所谷贺卫、漯河市临颍县司法局城关司法所谷继中、漯河市临颍县司法局巨陵司法所刘继军等。

第三，共同开发了专业教材和辅助教材。在专业教材和辅助教材建设中，特聘教师做出了极大贡献，他们参加了课程设置、大纲拟定、内容审查、实训项目设计等工作，提出了诸多宝贵意见，同时提供了许多典型案例，增强了教材的针对性，丰富了教材的内容、提升了教材的品质。这些专业教材和辅助教材以及著作主要有：《社区矫正学教程》《社区矫正工作规范》《社区矫正个案点评》《基层司法行政工作教程》《罪犯矫正形态论》《罪犯矫正模式论》《监狱学新视点》《罪犯矫正契约化论纲》《社区矫正学基础理论》《社区矫正管理实务》《第三代囚犯研究》《社区矫正通论》等。

2019年，按照教育部、司法部关于第二批司法类专业教学标准修（制）订工作的要求，社区矫正专业被列为教学标准修订范畴。按照修订后的专业教学标准，我们围绕社区矫正基础理论、社区矫正教育技术、社区矫正管理技术、社区矫正应用文书、社区矫正个案矫正技术、社区矫正对象心理分析、社区矫正应急处置、社区矫正工作流程等进行了广泛的论证，确立了开发具有针对性和应用性的专业教材和辅助教材的目标。2021年，本人牵头并组织河南司法警官职业学院的专业课教师共同参与，着手编写社区矫正专业系列教材。在此次教材编写过程中，编写团队对教材体系和教材内容进行了重新论证、规划和设计，同时对教材的整体结构进行了调整，确立了通用性专业教材编写原则：一是必须围绕理论和实务的中心内容撰写的原则；二是以《中华人民共和国社区矫正法》（以下简称《社区矫正法》）① 等法律法规和规范性文件为准则的原则。力求保证该专业系列教材的通用性、专业性和规范性。

《社区矫正教育教程》作为该系列教材中的一本，主要目的是满足社区矫正专业教学的需要，由本人担任主编，王天瑞讲师担任副主编。在编写过程中，由本人拟定编写大纲、审查初稿内容、修订协调结构体系，并对部分作者的撰写内容进行技术调整。以撰写章节先后为序，各章撰稿人为：

连春亮（河南司法警官职业学院刑事执行系党总支书记、教授、三级调研员）：撰写第一章、第二章、第三章、第四章、第七章、第八章、第九章、第十二章；

王凯（河南司法警官职业学院教师）：撰写第五章；

杨颖（河南司法警官职业学院讲师）：撰写第六章；

王天瑞（河南司法警官职业学院讲师）：撰写第十章；

赵瑞雪（河南司法警官职业学院教师）：撰写第十一章。

同时需要说明的是，本次编写的社区矫正专业教材共有四本，分别是：《基层司法行政工作（2022年版）》《社区矫正学基础理论（2022年版）》《社区矫正管理教程》《社区矫正教育教程》。在编写过程中，我们得到了河南司法警官职业学院党委书记黄富献、院长袁理政、副院长张峰的大力帮助和支持，他们还直接参加了编写大纲的审定和部分书稿的撰写工作，在此一并表示感谢！

连春亮

2022年8月8日

---

① 作者注：在本书正文中，为了表达方便，书中涉及我国法律均用简称，如《中华人民共和国社区矫正法》简称《社区矫正法》，依此类推，不再一一注明。

目 录

第一章　矫正教育的基本问题

第一节　基本概念

对社区矫正对象的矫正教育涉及诸多概念，只有明确了这些概念，才能够为矫正教育活动的开展奠定基础。在这些概念中，最基本的包括教育、社区矫正、社区矫正对象、社区矫正委员会、社区矫正机构、矫正教育等。

一、教育

教育是一种社会现象，它随着社会的发展而发展，在不同的历史阶段和不同的领域中，教育既有共性，又有不同的性质和特点。但从教育的本质来看，教育是培养人的社会活动，这是教育的质的规定性。为此，针对教育的概念，有广义和狭义之分，广义的教育指的是，“凡是有目的地增进人的知识技能，影响人的思想品德，增强人的体质的活动，不论是有组织的或是无组织的，系统的或是零碎的，都是教育”①。很显然，广义的教育，包括了人们的家庭教育、学校教育、亲朋间的教育，以及所受到的社会的各种有目的的影响。《现代汉语词典》将教育定义为：“①按一定要求培养人的工作，主要指学校培养人的工作……②用道理说服人使照着（规则、指示或要求等）做……”②

狭义的教育是指专门组织的教育，“它是根据一定社会的现实和未来的需要，遵循年轻一代身心发展的规律，有目的、有计划、有组织地引导受教育者获得知识技能，陶冶思想品德，发展智力和体力的一种活动，以便把受教育者培养成为适应一定社会（或一定阶级）的需要和促进社会发展的人”③。

二、社区矫正

依据《社区矫正法》的规定，社区矫正是指将符合条件的社区矫正对象置于社区内，

① 王道俊、王汉澜主编：《教育学》，人民教育出版社1989年版，第41页。

② 中国社会科学院语言研究所词典编辑室编：《现代汉语词典》（第7版），商务印书馆2016年版，第660页。

③ 王道俊、王汉澜主编：《教育学》，人民教育出版社1989年版，第41~42页。

由专门的国家机关在相关社会团体和民间组织以及社会志愿者的协助下，在判决、裁定或决定确定的期限内，矫正其犯罪心理和行为恶习，并促使其顺利回归社会的刑事执行活动。据此，从法律制度建构的层面来看，社区矫正工作作为一项法律制度也就成为刑事执行制度的有机组成部分。从社区矫正的价值取向而言，社区矫正中，“对社区矫正对象进行必要和适度的监督管理，并有针对性地开展教育帮扶，这两项工作是社区矫正工作的核心内容”，“而教育帮扶则是做好社区矫正工作的核心和重中之重”①。因此，社区矫正是集刑罚执行、监督管理、风险管控、矫正教育、社会帮扶于一体的综合性活动。

三、社区矫正对象

在我国社区矫正的历史上，社区矫正对象曾经被称为“罪犯”“社区矫正人员”“社区服刑人员”等。《刑事诉讼法》第 269 条规定：“对被判处管制、宣告缓刑、假释和暂予监外执行的罪犯，依法实行社区矫正，由社区矫正机构负责执行。”《社区矫正法》第 2 条规定：“对被判处管制、宣告缓刑、假释和暂予监外执行的罪犯，依法实行社区矫正。对社区矫正对象的监督管理、教育帮扶等活动，适用本法。”由此，以法律的形式确立了“社区矫正对象”的名称，界定了社区矫正对象的适用范围。从法律意义上来看，社区矫正对象的法定身份是罪犯，是依照法律规定，将其置于社区内，按照法定的程序和法定的内容，被强制实施教育改造的罪犯。

四、社区矫正委员会

《社区矫正法》第 8 条第 3 款规定：“地方人民政府根据需要设立社区矫正委员会，负责统筹协调和指导本行政区域内的社区矫正工作。”

社区矫正委员会是地方人民政府设立的、由社区矫正相关部门负责人参加的，负责组织、协调、指导本行政区域内社区矫正工作的综合协调机构。从社区矫正委员会的内部构成来看，社区矫正委员会应由本级人民政府有关负责人担任主任，由人民法院、人民检察院，公安、司法行政、财政、民政、教育、人力资源和社会保障等部门，以及工会、共青团、妇联等单位代表共同组成，负责制定社区矫正工作规划，研究解决社区矫正工作的重大问题。

五、社区矫正机构

《社区矫正法》第 9 条第 1 款规定：“县级以上地方人民政府根据需要设置社区矫正机构，负责社区矫正工作的具体实施。社区矫正机构的设置和撤销，由县级以上地方人民政府司法行政部门提出意见，按照规定的权限和程序审批。”《社区矫正法》第 6 条第 1 款规

---

① 王爱立、姜爱东主编：《中华人民共和国社区矫正法释义》，中国民主法制出版社 2020 年版，第 31 页。

定："各级人民政府应当将社区矫正经费列入本级政府预算。"这是社区矫正机构资金保障的规定。第 10 条规定："社区矫正机构应当配备具有法律等专业知识的专门国家工作人员(以下称社区矫正机构工作人员)，履行监督管理、教育帮扶等执法职责。"这是社区矫正机构人员保障的规定。第 11 条规定："社区矫正机构根据需要，组织具有法律、教育、心理、社会工作等专业知识或者实践经验的社会工作者开展社区矫正相关工作。"这是社区矫正机构组织社会力量参与社区矫正工作的规定。第 16 条规定："国家推进高素质的社区矫正工作队伍建设。社区矫正机构应当加强对社区矫正工作人员的管理、监督、培训和职业保障，不断提高社区矫正工作的规范化、专业化水平。"这是对社区矫正机构强化队伍建设的要求。因此，社区矫正机构是指依照《社区矫正法》的规定，县级以上地方人民政府根据需要设置的负责具体指导、协调、监督、实施社区矫正工作的专门机构。

六、矫正教育

"矫正"一词为正曲使直、匡正和纠正之意，在《汉书·严安传》中就有"矫箭控弦"之说。在西方国家，矫正（correction）一般是指适应、装备、配备、训练、教育和治疗等。社区矫正对象的矫正，是指基于刑事个别化原则，社区矫正机构依据社区矫正对象不同的犯因性问题，采用有针对性的治疗、调适、干预和教育等技术，达到特定矫正目的的专门活动。

社区矫正中对社区矫正对象的矫正教育，是教育的一种特定类型，是指社区矫正机构在刑事执行法律的规制之下，从改造人、挽救人的目的出发，以社区矫正对象为被教育者，有计划、有组织地实施的转变思想、矫正恶习、灌输知识、培养技能的专门活动。由此可以看出，社区矫正对象的矫正教育具有下列特点：

第一，矫正教育机构具有特定性。这里的矫正教育机构，依据我国现行法律法规的规定，特指社区矫正机构。

第二，矫正教育对象具有特定性。依据《刑事诉讼法》第 269 条的规定和《社区矫正法》第 2 条的规定，矫正教育的对象包括被判处管制、宣告缓刑、假释或者暂予监外执行的罪犯。这是法定的社区矫正对象的适用范围。

第三，矫正教育工作人员具有特定性。矫正教育工作人员必须是社区矫正机构中具有专业知识和技能的专职工作人员，除此之外，基层组织、社会团体、公民等可自愿参与其中。专业社会组织可以通过政府购买服务，为矫正教育工作提供物质、知识、技术、情感等支持，成为矫正教育的辅助力量，但不能成为矫正教育的主导力量。

第四，矫正教育关系具有特定性。矫正教育是以矫正教育关系为基础进行的一项专门活动。但矫正教育关系是建立在刑事执行基础之上的，即是以强制为前提和基础的，是社区矫正对象由非自愿到自愿接受矫正教育活动而形成的专业矫正教育关系。

第五，矫正教育目的具有特定性。社区矫正的目的是社区矫正工作的起点和归宿，具有一定的理想性。从理论上看，一切社区矫正活动都应该围绕着社区矫正的目的进行。《社区矫正法》第 1 条规定了社区矫正的根本目的是"提高教育矫正质量，促进社区矫正对象顺利融入社会，预防和减少犯罪"。

第六，矫正教育的内容具有特定性。社区矫正对象需要矫正教育的具体项目有很多，不同的社区矫正对象有不同的矫正教育需求，但主要是以社区矫正对象产生犯罪行为的问题，即犯因性问题为内容的。对矫正对象存在的引发或可能引发犯罪行为的生理、生物、心理和环境等犯因性问题进行矫正。从内在结构来看，矫正教育是以思想教育为核心，文化教育为基础，职业技能教育为重点的教育活动。

七、矫正教育的基本要求

新时代中国特色社会主义的新变化、新要求、新挑战，要求矫正教育工作转变工作理念、创新方式方法，借鉴思想政治教育的传统优势，并与信息技术的高度融合，增强矫正教育的时代感和吸引力，提升矫正教育的科学性、针对性和实效性。

第一，遵循立德育人的根本宗旨。矫正教育是特殊领域的转化人、造就人的活动，德育是矫正教育的前提和基础。立德才能育人，对社区矫正对象的矫正教育，必须以“德”为引领，才能真正教育其成为遵纪守法的公民。习近平总书记指出：“要做一个好人，就要有品德、有知识、有责任，要坚持品德为先。”“要学会做人的准则，就要学习和传承中华民族传统美德，学习和弘扬社会主义新风尚，热爱生活，懂得感恩，与人为善，明礼诚信，争当学习和实践社会主义核心价值观的小模范。”① 立德才能育人，德是评价矫正教育质量的首要标准。因此，对社区矫正对象的矫正教育，要注重思想政治教育、品德教育，加强社会主义核心价值观教育，要坚持文化知识学习与思想品德修养的统一，引导社区矫正对象自尊、自信、自立、自强。

第二，把社会主义核心价值观教育作为首要任务。社会主义核心价值观是当代中国精神的集中体现，凝结着全体人民共同的价值追求。社区矫正教育应把社会主义核心价值观融入教育全过程，潜移默化地影响社区矫正对象的价值取向和道德修养，引导他们养成美好的精神境界和良好思想、良好品德、良好习惯，进而形成自觉奉行的信念理念。

第三，把理想信念教育作为关键环节。理想指引人生方向，信念决定事业成败。没有理想信念，就会导致精神上“缺钙”。在社区矫正教育中，要求我们必须根据新时代的新变化、新特征，紧紧抓住理想信念教育这一关键环节，引导社区矫正对象将个人志向同祖国和人民联系在一起，教育和帮助他们树立正确的世界观、人生观、价值观，坚定信念，成为新时代的良好公民。

八、矫正教育要素

矫正教育活动是依赖矫正教育者、矫正教育对象共同参与完成的，这是矫正教育活动中最为活跃的“人”的要素。除此之外，矫正教育还要依赖矫正教育环境、矫正教育设施、矫正教育组织等“物”的要素和组织要素，在此我们称之为其他资源要素。

---

① 2015年6月1日，习近平在北京人民大会堂会见中国少年先锋队第七次全国代表大会全体代表时的讲话。

（一）矫正教育者

社区矫正中的矫正教育者是依照法律规定、社会委托、政府购买服务等方式，参与对社区矫正对象实施矫正教育活动的人员。从《社区矫正法》的规定和社区矫正实践来看，矫正教育者的范围比较广泛，包括社区矫正机构的公职人员、社区矫正机构委托的专业人员、政府购买服务的矫正教育专业人员、社会志愿者、社会组织和社会团体的参与人员、村民委员会和居民委员会等自治组织的参与人员，以及社区矫正对象的亲属等。

矫正教育者的职责，依照其身份差异也各有不同。归纳起来看，主要是“运用各种手段有计划、有组织、有目的地向矫正教育对象传授文化科学知识、职业和生活技能，以转变其错误的思想观念、矫正其恶习，塑造其健全的人格”①。在不同身份类别的矫正教育者中，社区矫正机构的公职人员是矫正教育工作的主导者、组织者和实施者，负责制定矫正教育计划、矫正教育方案和矫正教育项目，组织矫正教育参与人员，提供矫正教育场地，把握矫正教育进度，评估矫正教育绩效等；社区矫正机构委托的专业人员主要从事所受委托的矫正教育事项；政府购买服务的矫正教育专业人员主要依照政府购买服务协议所约定的内容，从事矫正教育工作；其他参与人员主要是依照社区矫正机构所安排的矫正教育事项，协助完成矫正教育工作。在矫正教育活动的整个过程中，矫正教育者引领矫正教育活动的方向，把握矫正教育活动的进度，处于矫正教育活动的主导地位。

（二）矫正教育对象

矫正教育对象是指在社区矫正机构管理下依法接受矫正教育的人，即《社区矫正法》所规定的社区矫正对象，包括被判处管制、宣告缓刑、假释或者暂予监外执行的罪犯。

在矫正教育活动中，首先，要科学认知矫正教育对象在矫正教育活动中的地位。矫正教育对象是矫正教育活动发生的逻辑起点，没有矫正教育对象就产生不了矫正教育者与被矫正教育者之间的法律关系，也不可能发生矫正教育行为。其次，要科学认知矫正教育对象的法律属性。“矫正教育对象是对社会规范造成了破坏、对社会造成了消极影响的人”，“矫正教育对象是存在不同程度消极意识或心理缺陷的人”，② 矫正教育对象是被限制了人身自由的人，在法律意义上是罪犯。最后，要科学认知矫正教育对象在矫正教育活动中的定位。矫正教育对象既是矫正教育活动的参与者，也是矫正教育实践和认识的主体，从刑事执行的角度看，矫正教育对象是被惩罚者、被强制者，处于客体地位。但是，在矫正教育活动中，只有矫正教育对象主动地接受教育，自我认识到犯因性问题，主动地自我改变和成长，教育活动才能够产生实效，因此，矫正教育对象在矫正教育活动中处于主体地位。

---

① 夏宗素主编：《矫正教育学》，法律出版社 2014 年版，第 147 页。

② 夏宗素主编：《矫正教育学》，法律出版社 2014 年版，第 154～155 页。

（三）其他资源要素

其他资源要素是除了矫正教育者和矫正教育对象之外，矫正教育所依赖的要素。主要包括矫正教育设施、矫正教育环境、矫正教育的社区文化、矫正教育的社会保障、矫正教育的社区控制、矫正教育组织、矫正教育内容、矫正教育模式等具有中介性质的要素。

矫正教育设施是矫正教育所依赖的物质条件，是指为一个社区所掌握的可用于矫正教育的人力、物力、财力等条件，主要包括社区的组织资源、人力资源、物质资源和财力资源，也可分为社区有形资源与无形资源。社区资源具有多样性、丰富性、分散性、动态性、独立性等特点，如教室、会议室、电脑以及现代信息技术设备等。

矫正教育环境主要是指矫正教育对象所在的社区的环境条件，包括社区建筑、气候、交通、娱乐、人际关系等要素。矫正教育环境对矫正教育对象的社会化产生直接的影响，同时对矫正教育对象的非社会化、反社会化也产生作用。每个矫正教育对象都生活在特定的社区内，其周围特定的环境通过社区文化和社会整合，直接、具体地影响个体社会化的进程。

矫正教育的社区文化指一定区域、一定的社会历史条件下社区成员共同创造、共同享有的精神财富及其物质形态的总和，它包括心理文化、价值观念、社区精神、道德规范、行为准则、公众制度、人文环境等。矫正教育的社区文化是社区成员在社会实践中所构建的各种成果、各种生活方式或样式，社区是社区文化的生存地、生产地和传播地。

矫正教育的社会保障是指政府通过立法，社会团体、社区等通过政府授权，以现金、物质、服务等形式向因患精神或生理疾病、年老力衰、意外伤亡、失业、多子女负担者以及他们的家属提供旨在维持他们最基本生活水平的保障，包括社会保险、社会救济和社会福利等。①

矫正教育的社区控制是指社区组织体系运用法律法规和社会规则规范、社会伦理道德等手段和方式，对社区成员、社区组织、社区群体的社会行为、价值观念进行指导和约束，对社区各类社会关系进行调节和制约的过程。社区控制包括组织控制、制度控制、文化控制、法律控制、道德控制等，是社会控制中基本的控制单位。

矫正教育组织主要是指社区矫正机构、社会组织、社会团体、社会自治组织、专业服务组织等；矫正教育内容主要包括社区矫正机构根据矫正教育目的撰写的矫正教育教材、矫正教育方案、矫正教育项目、矫正教育实践活动等；矫正教育模式是指矫正教育社区矫正对象的标准样式，是在一定的教育哲学、教育理论和矫正教育思想的指导下，在矫正教育实践当中形成的，由特定的教育方法、手段组合而成的社区矫正对象“从犯罪人到正常公民的具体解决问题的方案和标准化的过程”。②

---

① 郑杭生主编：《社会学概论新修》，中国人民大学出版社 2003 年版，第 435 页。

② 连春亮、张峰：《罪犯矫正模式论》，群众出版社 2014 年版，第 1 页。

第二节 矫正教育的指导思想、目的和任务

矫正教育需要借鉴教育学、心理学、社会学等学科的基本原理，具有自身的内涵和教育模式。从事矫正教育需要先弄明白矫正教育的本质，明确矫正教育的任务，确立矫正教育的目的以及矫正教育的指导思想，从而提高对社区矫正对象的矫正教育质量，预防和减少犯罪，为社区矫正对象融入社会奠定基础。

一、矫正教育的本质

本质是相对于现象的概念。所谓本质，“就是指事物本身所固有的、决定事物性质、面貌和发展的根本属性”①。矫正教育的本质是通过矫正教育现象来表现的，不能用简单的对矫正教育现象的直观感受来认识，必须透过矫正教育的社会现象来认识矫正教育内在的、一贯的和稳定的本质。

对于矫正教育的性质的认识，从不同的视角有不同的认知。第一种观点认为，基于社区矫正是非监禁的刑事执行活动，矫正教育的对象是法定意义上的罪犯，认为矫正教育的本质是刑事执行的一部分，也是社区矫正的核心任务，具有法律的强制性，所以，法律强制性是矫正教育区别于其他教育活动的本质特征。但这种观点忽略了在矫正教育活动中，法律强制性只是前提和基础，矫正教育本身依赖于社区矫正对象的自我改变和成长。第二种观点认为，从法学的角度，“矫正教育属于或基本属于司法行政活动”。② 但这种观点没有说明矫正教育本身所固有的根本属性。

我们认为，矫正教育的本质是矫正教育活动本身所固有的、决定矫正教育性质与发展趋势的根本属性，是矫正教育现象内在的本质联系。矫正教育是社区矫正机构组织实施的、针对社区矫正对象犯罪思想和行为恶习而开展的有计划、有目的、系统的矫正教育活动，它既有一般教育活动的共同属性，又具有对特定对象的转化和挽救性质，具有法律运作层面的补偿性。因此，矫正教育的本质是以改造人为宗旨的转化人、挽救人的社会活动，也是注重社区矫正对象的改造和未来发展的改造人、发展人的活动。

二、矫正教育的指导思想

矫正教育的指导思想有根本指导思想和具体指导思想之分。根本指导思想是宏观层面的，是与社区矫正的指导思想协调一致的；具体指导思想是微观层面的，是矫正教育活动具体遵循的指导思想。

---

① 中国社会科学院语言研究所词典编辑室编：《现代汉语词典》，商务印书馆 1978 年版，第 52 页。

② 夏宗素主编：《矫正教育学》，法律出版社 2014 年版，第 107 页。

(一)矫正教育的根本指导思想

矫正教育离不开社会的视野与宏观的指导，尤其离不开马克思主义哲学所揭示的事物普遍规律及其方法论的指导。对于我国的矫正教育工作而言，更要从历史、文化背景、法治氛围和社会关系上来认识社会公众及社区矫正对象的心理，不能孤立地从抽象人性上来认识。

对社区矫正对象实行矫正教育，是维护社会稳定，构建社会主义和谐社会，保障社会主义经济建设顺利开展的重要举措，因此，矫正教育工作在根本上必须坚持马列主义、毛泽东思想、邓小平理论、“三个代表”重要思想、科学发展观和习近平新时代中国特色社会主义思想，这是矫正教育工作的根本指导思想。

(二)矫正教育工作的具体指导思想

在矫正教育根本指导思想中，包含具体化的指导思想。具体包括：

第一，坚持辩证唯物主义认识论的哲学指导思想。辩证唯物主义认识论，即马克思主义认识论。这一理论的基本观点是反映的观点、实践的观点和辩证的观点。认为认识是人的头脑对外部世界的反映，是为了改造客观世界的积极的能动的反映；实践是认识的基础，认识从实践中产生，随着实践的发展而发展，认识是从感性认识到理性认识，再由理性认识到能动地改造客观世界的辩证过程。根据辩证唯物主义认识论原理，毛泽东提出了改造违法犯罪分子的理论，他曾多次指出：“许多犯罪分子是可以改造好的，是能够教育好的。”① “在一定条件下，在无产阶级专政的条件下，一般说是可以把人改造过来。”②

第二，坚持以改造人为宗旨的思想。对社区矫正对象实行矫正教育，这是无产阶级改造社会、改造人、实现共产主义历史使命的需要，根据这一需要，我国对罪犯改造工作制定了“惩罚与改造相结合，以改造人为宗旨”的方针；提出了“教育、感化、挽救”的方针。坚持以改造人为宗旨，就是要使矫正教育的各项工作为改造人、挽救人这个主要目的服务，通过监督管理、矫正教育、心理矫治、风险管控、社会帮扶等手段将社区矫正对象教育改造成适应社会主义的守法公民。因此，矫正教育必须将“以改造人为宗旨”作为指导思想，才能把握正确的社区矫正的根本目标。

第三，坚持实事求是，一切从实际出发的思想。实事求是，就是从实际出发，就是要把马列主义普遍原理同中国革命具体实践相结合。矫正教育坚持“实事求是，一切从实际出发”的指导思想，要做到以下几点：一是要运用马克思列宁主义、毛泽东思想、邓小平理论的基本原理、立场、观点和方法，坚持科学发展观，指导矫正教育工作的开展。二是要坚持习近平新时代中国特色社会主义思想，针对我国社会新形势下社区矫正对象的构成及新特点，研究矫正教育的内容、制度、原则、机制、方法和措施。三是要坚持用正确的政策和方法矫正教育社区矫正对象。毛泽东曾指出：“人是可以改造的，就是政策和方法

---

① 国务院新闻办公室：《中国改造罪犯状况》，法律出版社 1992 年版，第 15 页。

② 司法部劳改局编：《毛泽东等老一辈革命家论改造罪犯工作》，法律出版社 1993 年版，第 4 页。

要正确才行。"① 说明正确的政策和方法是矫正教育的客观条件。而正确的政策和方法也要从社区矫正对象的实际出发。对于不同类型的社区矫正对象在政策和方法上是有区别的，没有区别就没有政策。

第四，坚持系统治理、依法治理、综合治理、源头治理的思想。一是要坚持系统治理的思想。对社区矫正对象进行矫正教育是一项系统工程，是社会治理的重要组成部分，要完成这项艰巨的工程，只依靠社区矫正机构的力量是难以完成的，必须在党和政府的统一领导下，依靠社会各方面力量和多种教育的密切配合，实行系统治理，才能完成。二是要坚持依法治理的思想。党的十八届四中全会做出了《关于全面推进依法治国若干问题的决定》，提出了法治社会、法治国家、法治政府一体化建设。我们在社区矫正对象的矫正教育中，只有坚持依法治理，才能应用法治思维和法治方式指导矫正教育工作，才能坚守矫正教育的法治底线，使矫正教育始终运行在法治的轨道上；才能真正提升社会治理体系和社会治理能力现代化的水平。三是要坚持综合治理的思想。社区矫正对象违法犯罪意识和恶习的形成，是客观因素和主观因素相互作用的结果，要转化其罪错意识、矫正恶习，也必须有客观环境和主观认识的配合，需要多种因素、各方面力量共同作用，才能收到良好的效果。在社会方面，社会的稳定、经济文化的发展、社会风尚、道德、法治教育的普及会促进社区矫正对象的思想意识向好的方面转化；社区矫正对象合法权利得到保护，基层自治组织、社会团体、社会组织、社会帮扶组织等的广泛参与，有利于改造人和挽救人，也才能促进其向好的方面转化。因此，矫正教育必须实行综合治理，不仅使矫正教育的各项工作密切配合，还要使矫正教育与社会帮教紧密联系结合起来，依靠社会各方面力量共同发挥矫正教育的作用。四是要坚持源头治理的思想。源头治理是社会犯罪治理的治本举措。只有建设良好的社会环境，全社会共同承担起犯罪治理的社会责任，共同做好包括社区矫正对象在内的"社会危险成员"的矫正教育工作，才能使社区矫正对象顺利回归社会，预防和减少犯罪，才能从源头上实现社会治理的目标。

三、矫正教育的目的

从《社区矫正法》所确立的矫正教育的具体目的看，《社区矫正法》第 1 条明确了社区矫正工作的五大立法目的：推进和规范社区矫正工作；保障刑事判决、刑事裁定和暂予监外执行决定的正确执行；提高矫正教育质量；促进社区矫正对象顺利融入社会；预防和减少犯罪。其中"促进社区矫正对象顺利融入社会"被第一次写入法律，成为此次立法的亮点。很显然，《社区矫正法》淡化了传统的对罪犯进行"惩罚和改造"的观念，强调矫正教育、修复和恢复被犯罪所破坏的正常社会关系，关注社区矫正对象内在潜能的开发和融入社会后的生存与发展问题。

从宏观上看，社区矫正工作的总目的是社区矫正法治化，这是我国法治国家、法治政府、法治社会一体化建设的内在要求，也是现代刑事法律的本质特征。《社区矫正法》所确立的社区矫正工作法治化的目的，主要体现在：一是社区矫正法治以保障社区矫正对象

---

① 1964 年 4 月，毛泽东在公安部党组的一报告中的批示。

的权利为本位。在处理社区矫正工作权利与权力之间的关系上，在社区矫正工作层面，严格规定以保护社区矫正对象合法权利为中心，禁止公权力侵犯社区矫正对象的权利。在社区矫正对象参与社会生活层面，强调权利平等、机会平等、规则平等；反对特权，反对差别对待，反对歧视。二是突出社区矫正工作法治化的良法善治。既要体现刑事法律对犯罪行为的“以恶治恶”，彰显社会的公平正义，更要强调追求对社区矫正对象的个别正义，从这一意义上来看，《社区矫正法》是追求个别正义之法，以矫正教育为核心，是以善治恶的良善之法。

从矫正教育的不同层面分析，矫正教育目的可以分为教育目的和发展目的。

（一）预防和减少犯罪的教育目的

所谓对社区矫正对象的教育目的，是基于矫正教育对社区矫正对象个体的矫正方向而言的，主要是指除了对社区矫正对象外在行为进行管理，以矫正其行为之外，主要利用诸多心理矫治的方法、理论、技术等，消除社区矫正对象心理的临床症状，克服消极的、不适应的行为，促进社区矫正对象不良心理、不良行为的改变，使其保持健康心态，积极面对矫正教育的现实。目的是改变社区矫正对象的心理与行为，使之成为回归社会的守法公民。

社区矫正预防犯罪的目的分为特殊预防和一般预防两个方面。特殊预防，即通过对社区矫正对象适用社区矫正，通过对其外在行为进行管控，消除他们继续犯罪的条件，并将其改造成为守法公民，防止其重新犯罪。特殊预防体现了惩罚与矫正的统一，尤其是矫正教育作为非监禁刑事执行的核心任务，既是非监禁刑事执行的出发点，又是非监禁刑事执行的归宿，贯穿矫正教育的始终。通过矫正教育使社区矫正对象永久性地放弃犯罪意识，消除犯罪心理，成为守法公民。

在特殊预防中，最主要的理论观点是矫正论，这是深受教育刑影响的一种理论。这种理论认为，社区矫正的目的除了惩罚、威慑社区矫正对象之外，最为关键的在于通过矫正教育，使社区矫正对象的心理和行为发生改变，形成现代人健全的人格，回归社会后，成为《监狱法》《社区矫正法》所要求的“顺利融入社会”的“守法公民”，完全回到社会环境，使社区矫正对象的生存形态、场所、身份等产生法定意义上的变化。而实质的回归是指社区矫正对象所具有的社会功能的缺失得到修复，社会适应性增强，具备了现代人所具有的健全人格。

一般预防是通过对社区矫正对象适用矫正教育，用非监禁刑事执行的严肃性和惩罚性，威慑和警诫社会上潜在的犯罪人，防止他们走上犯罪之路。此外，被害人也是矫正教育一般预防的对象。由于被害人与加害人之间存在对抗性的关系，被害人具有要求惩罚犯罪人的迫切愿望。矫正教育以非监禁刑事执行的方式满足被害人要求惩罚犯罪人的心理需求和主观愿望，避免被害人基于复仇的动机，对犯罪人进行私人报复，从而避免产生新的犯罪。同时社区矫正一般预防也体现为对其他守法公民所起到的法制教育和行为鉴别作用。

（二）发展自我和恢复性司法的发展目的

所谓对社区矫正对象发展的目的，是指在对社区矫正对象进行矫正教育的基础上，侧重于让社区矫正对象学习新经验，科学设计自己的人生生涯，开发社区矫正对象的潜能，努力提升社区矫正对象的生存品质。从矫正教育的内在本质而言，矫正教育的目的绝不满足于达到对社区矫正对象的“教育的目的”，更要致力于追求对社区矫正对象的“发展的目的”。这就要求在具体的社区矫正工作中，综合运用多种理论和方法，既要实现对社区矫正对象的心理和行为矫正，又要致力于促进社区矫正对象的人格成长，挖掘其潜能，以利于其更好地适应未来生活。

恢复性司法所修复的内容包括社区矫正对象社会化缺陷的修复、社会谋生技能的修复、人格的修复和社会道德与良知的修复等，使社区矫正对象重新融入社会。

（三）《社区矫正法》立法目的的特质

立法目的是指在制定法律时，法律设定和实施的行为想要达到的境界或标准。在这里，依据刑事立法目的的性质，可将立法目的分为“恶性”目的和“良性”目的。所谓“恶性”目的，是指立法者的刑事法律行为设定和实施，只是单纯地追求对违法犯罪行为的报复性或报应性打击。因此，刑事立法的“恶性”目的是以彰显刑事法律的威慑性、严厉性为基础的。所谓“良性”目的，是指立法者的刑事法律行为设定和实施，不仅追求刑事法律所弘扬的社会公平正义，而且出于社会的远景发展目标，追求对违法犯罪人的个别正义，即追求复合正义。《社区矫正法》的立法目的，既立足于我国社会发展的现实状况，又前瞻我国未来社会发展的整体趋势，在对社区矫正行为的设定中，不仅要维护法律的尊严和弘扬社区矫正行为预设的社会公平正义，而且要大力倡导《社区矫正法》所追求的对社区矫正对象教育帮扶的个别正义。正如学者们所言：“法律的目的不是废除或限制自由，而是保护和扩大自由。”① “人进入社会并不是要使自由的处境比以前更坏，也不是要使自己具有的权利比以前更小，而是要让那些权利得到更好的保障。”② “从最大的机构到最小的单位，社会体制将会得到调整，从而使人类行为并不总是无益地为镇压所威慑而被不知不觉地导向非犯罪的轨道上，为在最小限度地导致暴力滋扰和违法机会的条件下发挥个人能力和满足个人需要留下充分的余地。”③ 因此，《社区矫正法》站在保障社区矫正对象人权的高度，在维护公共利益和社会秩序的同时，设定适度监督管理和教育帮扶为社区矫正的工作核心，打破了传统刑事法律“刚性”特质，更多地体现出《社区矫正法》所具有的宽容性，彰显了新时代中国特色社会主义的新特征。所以，社区矫正立法目的内在的特质可以解读为：第一，在预设监督管理的行为规范上，它是一部人性化管理的“柔性法”和谦抑法；第二，在社会优良品质的塑造上，是追求社会公众对社区矫正对象关爱和包容

---

① ［英］洛克：《政府论（下册）》，叶启芳、瞿菊农译，商务印书馆 1981 年版，第 636 页。

② ［美］潘恩：《潘恩选集》，马清怀等译，商务印书馆 1981 年版，第 142 页。

③ ［意］恩里科·菲利：《犯罪社会学》，郭建安译，中国人民公安大学出版社 1990 年版，第 81 页。

的“宽容法”；第三，在立法的价值取向上，是以人为中心充满人文关怀特性的“人文法”；第四，在社区矫正治理体系和治理能力现代化的建构上，是包含良法善治的“善良法”；第五，在矫正教育和社会帮扶的立法精神上，是社会力量道德教化、以文化人的“育人法”；第六，在刑事立法的社会品性上，是社会公众共同承担社会犯罪治理责任的“社会法”。

四、矫正教育的任务

矫正教育的任务，是矫正教育机构依据社区矫正的法律规定，为实现矫正教育的目的所实施的矫正教育步骤、手段、措施和方法的总称。

矫正教育的任务是社区矫正工作首先需要明确的问题，也是矫正教育工作开展的前提。任务明确，才能针对具体任务开展工作。在社区矫正试点阶段，按照最高人民法院、最高人民检察院、公安部、司法部《关于开展社区矫正试点工作的通知》及司法部《司法行政机关社区矫正工作暂行办法》第 4 条的规定，矫正教育的任务，主要包括以下两个方面：第一，采取多种形式，对社区矫正对象进行思想教育、法制教育和道德教育，矫正其不良思想和行为，促使其成为守法公民。第二，帮助社区矫正对象解决在就业、生活和心理等方面遇到的困难和问题，以利于其顺利适应社会生活。

2019 年 12 月 28 日通过的《社区矫正法》第 2 条第 2 款规定：“对社区矫正对象的监督管理、教育帮扶等活动，适用本法。”由此可以看出，矫正教育的任务包括了矫正教育和适应性帮扶。基于此，笔者将其进一步细化为教育矫正、危机干预、社会帮扶和恢复秩序。

（一）教育矫正

矫正教育是为了有效利用社区的资源，让更多的社会成员参与进来，为社区矫正对象创造更为宽松的矫正环境，更有利于教育感化社区矫正对象。因此，教育改造矫正对象是矫正教育的根本任务，最终使社区矫正对象悔过自新，弃恶从善成为守法公民，顺利回归社会。《社区矫正法》第五章规定了“教育帮扶”相关问题，对社区矫正中教育矫正的政府保障、教育矫正内容、就业就学、教育矫正机构、政策支持等方面作出了具体规定。

在矫正教育的实际工作中，依照《社区矫正法》的内在精神，对矫正教育进行了拓展，深入到了文化知识教育、就业教育、心理健康教育、社会适应教育等内容，由知识教育、素质教育深化到了发展教育，使社区矫正对象的教育更趋于完善。同时，针对社区矫正对象的行为、心理等方面出现的问题，进行心理测验、心理评估、心理咨询、心理治疗、行为矫正、行为训练、团体训练、个案矫正等活动，这些措施应用专业技术手段，对社区矫正对象养成健康的人格，增强社会适应性，起到了良好的作用。

（二）危机干预

心理学认为，危机是一种认识，即当事人认为某一事件或境遇是个人的资源和应付机制无法解决的困难，除非及时缓解，否则危机会导致情感、认知和行为方面的功能失调。社区矫正对象在矫正教育中常见的危机状态包括：自杀、自残、自伤、愤怒、凶杀、伤害、殴打、纵火、破坏、焦虑、哀痛等。

危机干预是对处于危机状态中的社区矫正对象"提供帮助"，以恢复或维持社区矫正对象的"安全"，并由此保障社区的安全。从危机干预的这一性质出发，社区矫正对象的焦虑以及丧失和哀痛等危机状态也理所当然地成为恢复或维持矫正教育"安全"所要解决的重要问题，因为这些状态不仅对个体身心有极大的伤害，而且也成为自杀、愤怒等破坏性行为的促成因素或转移性后果。

对社区矫正对象进行危机干预，首先使危机解除，即缓解社区矫正对象的心理危机，制止危机行为的产生、发展或恶化；其次使危机转化，即在社区矫正对象从危机状态中稳定下来以后对其实施后继干预，使社区矫正对象的心理由消极转向积极，获得良性发展。

危机干预与社区安全方面的作用是相辅相成的。一个良好的社区矫正环境和稳定的矫正秩序，可以减少紧急性事件的产生或减轻它的影响，也有利于社区矫正对象危机的干预。社区矫正对象危机干预则可以在紧急性事件难以避免、社区矫正对象依靠自己的力量难以应对的时候，及时地提供帮助，消除社区矫正对象的危机状态，维护社区矫正安全。同时，通过社区矫正对象危机干预，可以了解影响社区矫正对象教育矫正的一些潜在的或突发性的因素以及它的渊源，进而改进矫正教育工作。社区矫正对象危机干预的过程，也就是一种特殊的矫正教育过程，通过提高矫正质量来保障社区安全可以在这里得到体现。

（三）社会帮扶

社区矫正对象是社会中的弱势群体，会遇到各种各样的问题，会遭遇各种各样的挫折，这些都直接影响社区矫正对象的矫正教育，为此，社区矫正工作者要帮助社区矫正对象解决在就业、学习、人际交往等方面遇到的困难，为社区矫正对象提供力所能及的服务，这是提高矫正质量的支持系统，其本身也是一种矫正教育活动。

社区矫正的社会帮扶是建立在社区矫正目的之上而派生的，就是要帮助社区矫正对象增强社会适应性，与社会重新结合。那么，要达到这个目的，对社区矫正对象这个弱势群体而言，有必要建立社会帮扶制度，对社区矫正对象实施救济。要实现对社区矫正对象的社会救助，主要靠建立社区扶助制度、法律援助制度、社会保障制度等来实现。

（四）恢复秩序

恢复秩序是指基于恢复性司法的理念，在矫正教育过程中，立足于被害人权益的保障，旨在通过被害人、社区及其他人员的主动参与，来恢复因犯罪而被破坏的社会秩序。因此，"对恢复任务的实现，已成为在世界范围内社区矫正任务中一个更高层次的追求"①。

在恢复性司法看来，刑事执行不是以简单的报应或教育为归趋，而是致力于犯罪人人

① 刘强主编：《社区矫正制度研究》，法律出版社 2007 年版，第 74 页。

格和社会角色的复归，致力于社会关系的修复。犯罪行为实施前，加害者与被加害者、加害者与社区之间的关系是互动的、良性的，犯罪后，形成了对立。要更有效地处理由犯罪引起的刑事矛盾，恢复和谐、合作的社会关系，社会对犯罪的反应也应该是全面的、系统的，应通过恢复性司法的手段，恢复原有的和谐状态。因此在社区矫正阶段，刑事执行应立足于社会秩序的恢复，犯罪人人格的回归。应考虑如何使社区矫正对象及早适应社会，并融入社区生活中，可见，恢复性司法的目的不是消灭或预防犯罪，而是为了化解利益冲突引发的矛盾。

恢复秩序包括四个方面：一是对社区矫正对象的再社会化。通过对社区矫正对象的再社会化，修复社区矫正对象的社会化缺陷，完善社会人格，这是恢复性司法的前提和基础。二是对社区矫正对象社会谋生技能的训练或修复。对社区矫正对象社会谋生技能的训练或修复，是基于恢复秩序的功利性需要。三是社区矫正对象健全人格的修复和教育。“人是社会的人，因而每一个人都与社会的各方面发生着各种各样的关系，形成了他们与社会各方面的联结状态。正常状态下，这种联结支持了人们的正常生活。但当这种联结发生偏离、断裂、失衡等现象时个体的生活也因此产生偏离、断裂、失衡。”① 社区矫正对象由于种种因素使之与社会的联结状态出现偏离、断裂、失衡等现象，进而产生人格缺陷，或社会化的人格不健全，通过矫正教育修复其人格。四是社会道德与良知的恢复和社会安全机制的营造。恢复性司法强调社区矫正对象对犯罪行为的认知和对法律责任的承担，有助于社区矫正对象的自我醒悟，强化社区矫正对象的自我悔罪感。在矫正教育中，通过社区矫正对象、受害人、社区代表等的共同参与，使社区矫正对象恢复社会道德与良知，不仅在社区矫正过程中，而且在社区矫正对象回归社会后，能够以忏悔、感恩的心态面对社会，面对受害人。恢复性司法使更多的人承担起维护公众安全的责任，关注社区矫正对象的改造和回归社会，使社会成员之间形成一种和谐共处的良好社会关系，有效地预防和控制犯罪。

恢复秩序的目标追求是和谐，追求的社会价值是安全。从国家作为统治和管理的工具角度来看，国家制定刑事政策的目的在于确定何种严重的越轨行为为犯罪，并且设立相应的措施（刑罚）控制和预防犯罪的发生，减少犯罪对社会的冲击，维护社会生存和发展所必需的相对稳定、安宁的秩序和环境。

第三节　矫正教育的功能

从社区矫正对象个体社会化的角度看，矫正教育的功能主要在于塑造社区矫正对象人格、完善人性、启发人智，实现社区矫正对象人格的再社会化。从社区矫正的顶层制度设计看，其主要功能在于整合矫正教育的价值取向，明确矫正教育的目标，完善矫正教育的行为规范，统一矫正教育的思想观念，规制矫正教育的行为方向，达成矫正教育的价值认同和共识。在这里，仅介绍矫正教育对社区矫正对象在价值观念、意识形态、思想教育、道德规范、人格塑造和个别预防上的功能。

① 张昱、费梅苹：《社区矫正实务过程分析》，华东理工大学出版社 2005 年版，第 6 页。

一、价值观念的引领功能

我们对社区矫正对象价值观念的引领和价值体系的构建，是以社会主义核心价值观为基本载体，帮助社区矫正对象构建核心价值体系的内容。

首先，正确的价值观念是矫正教育社区矫正对象的内在条件。改革开放几十年以来，由于中西方文化的交流与冲突、交融与排斥、借鉴与扬弃，使社区矫正对象在价值观上出现了“多元化”“杂乱化”“碎片化”的现象，在价值取向上存在明显的追求个人利益和个体价值的倾向，因此，从思想认知和价值认同上，对社区矫正对象进行价值引领，使其树立科学的世界观和人生观，增强社区矫正对象的政治认同，最大限度地统合个人和社会共同发展的价值观念，提升对社会主义核心价值观的社会认知，抑制或转化社区矫正对象的错误价值观，以达到教育转化社区矫正对象的目的。

其次，矫正教育具有价值建构功能。矫正教育的价值建构功能是指在社区矫正结构中深层制约和支配社区矫正参与主体和矫正教育的运作机理。矫正教育所具有的价值引领功能，为矫正教育工作明确价值目标，为社区矫正对象指明价值方向，使社区矫正对象在心灵深处形成一种稳定的、持久的对社区矫正价值标准的自我认同，内化为自我矫正教育的精神力量，激发自我改造的自觉意识，凝聚矫正教育的积极要素。

最后，矫正教育具有核心价值体系的建构功能。矫正教育是为社会服务的，是对以人生观、价值观、世界观为主线来构建“社会人”的世界观和方法论，以社会共同价值取向、道德取向和行为取向作为核心内容，形成共同的行为准则和价值理想。矫正教育最为核心的内容就是帮助社区矫正对象构建对其产生深刻影响和支配作用的价值体系。从矫正教育的产生、发展，以及矫正教育在人类生活中的作用来看，矫正教育探索并解读社区矫正对象的人生价值和意义，构筑社区矫正对象的价值体系。在这一价值体系中，信念、理想、道德等文化因子和文化内涵，对社区矫正对象的社会化以及促使社区矫正对象成为符合社会规范的合格成员，起着支持、肯定和维护作用。在矫正教育中，通过象征符号、价值体系、规范体系和物质文明等矫正教育载体，形成社区文化环境，对社区矫正对象产生同化作用，使之将社会规范和社会准则内化为社会的自觉行为。

二、意识形态的导向功能

首先，意识形态是国家进步和社会发展的重要推动力。意识形态特有的精神内核对社会发展起着直接的导向作用。人类意识形态中所蕴含的社会理想，是激发人们不懈奋斗、凝聚集体智慧和力量推动社会前进的精神动力。纵观人类社会发展的历史，意识形态对新思想、新理念、新机制的形成和发展的先导作用十分明显，蕴含在新制度、新机制中的文化精神，往往能够为新思想、新理念、新机制的建立提供强大的理想信念、道德规范、精神追求等思想支撑，矫正教育是我国新型刑事执行制度中的重要一环，意识形态也必然以它独有的特质推动矫正教育的发展。

其次，意识形态功能是矫正教育的根本功能，意识形态的政治引导是核心。从政治学的角度讲，矫正教育是对社会特定对象实施管理的政治行为，对社区矫正对象的持续矫正教育行为是意识形态的政治教化过程。有学者指出，“文化与政治同属上层建筑，文化是一定政治的反映，又给予巨大影响和作用于一定的政治，一方面政治的构建要以文化为思想基础，另一方面一定的政治又对文化具有根本性的指导作用”①。意识形态功能主要表现为对维护政治统治、社会安全和秩序、推动人的政治社会化等方面的政治认知、政治认同、政治情感、政治立场、政治方向和政治信念。我们按照社会主义核心价值观的政治要求和“国家本位”的政治标准，在矫正教育社区矫正对象时，就是在分析研究社区矫正对象犯因性问题的基础上，运用说服诱导的方法，使社区矫正对象对国家的法律法规，对党的方针、政策和路线，形成一致的政治认知，支持和弘扬正确的政治观点，反对和批评错误的政治观点，培育社区矫正对象的政治情感，引导社区矫正对象的政治立场回归到正确的轨道上来。使社区矫正对象的政治意识内化为思想观念，外显为行为规范。其目的是达成政治认同和正确的政治立场，树立坚定的政治信念，实现矫正教育的政治目标。其中，政治认知是最为基础的，也是矫正教育工作对社区矫正对象最低层次的政治要求；政治认同是社区矫正对象对政治制度的价值同化和内化；政治情感是社区矫正对象对我国政治制度在政治认同上的进一步升华；政治信念是规范、引导社区矫正对象的内在力量。只有这样，社区矫正对象才能对矫正教育产生政治认同，保持科学而理性的政治辨别能力，改造自我、回归社会，使社区矫正对象成为政治上合格的“社会人”，成为推动社会发展的政治活力和政治力量。

最后，意识形态导向功能的有效发挥，有利于加强执政党的政治合法性，促进执政党的建设。“合法性是对被统治者与统治者关系的评价。它是政治权力和其遵从者证明自身合法性的过程。它是对统治权力的认可。”② 政治权力的合法性主要表现在被统治阶级或社会成员对统治阶级的认可度、满意度和权威度。矫正教育中意识形态的导向功能对政治合法性建构主要体现为：一是矫正教育思想观念产生于矫正教育实践中，将统治阶级的政治、法律、哲学以及艺术等意识形态灌输给社区矫正对象；二是矫正教育为统治阶级进行阶级统治的社会实践起到思想意识导向作用。意识形态可以影响社区矫正对象的心理，指导社区矫正对象的活动。通过意识形态的传播，执政党可以将自己的政治理念和政治目标传递给社区矫正对象，并经过长期的影响，使其成为相对稳固的意识，进而使执政党的目标逐渐成为社会大众共同的目标。通过矫正教育的途径，可以减少执政党推行自己政策的阻力，有利于增强社区矫正对象对执政党的认同，有利于加强执政党的政治合法性。

三、思想教育的整合功能

首先，思想观念的整合功能。随着我国社会经济的发展，我国社会也由传统的社会形态转化为现代社会形态，进入新时代，我国社会的主要矛盾发生了根本性的变化，由此也

① 韩美群：《和谐文化论》，武汉大学 2008 年博士学位论文。

② ［法］让—马克·夸克：《合法性与政治》，佟心远、王远飞译，中央编译出版社 2002 年版，第 1 页。

带来了社会文化传播的多元化，各种各样的意识、观点、观念、理论、思想、主义，甚至是物化的精神成果等对人们的思想意识产生着影响。因此，在矫正教育中，思想教育是根本。从哲学层面看，就是解决社区矫正对象的世界观和方法论的问题。从社会认知的客观性上进行区分，社区矫正对象的思想意识可以分为正确与错误、科学与愚昧、先进与落后、现代与传统等。多元的思想文化导致社区矫正对象在选择吸收时产生迷茫，甚至产生错误的价值观念，有相当一部分社区矫正对象正是由于思想和行为的偏差，才走上了犯罪道路。

其次，价值冲突的整合功能。社区矫正的整合功能，主要体现在整合矫正教育的价值观念，增进社会公众的价值认同，化解矫正教育的矛盾冲突，进而优化矫正教育资源。在矫正教育中，存在不同参与主体在利益诉求与价值目标上的差异。在这种情况下，工作中的矛盾和冲突是必然的。矫正教育需要对各种冲突进行整合。所谓冲突整合，“就是调整、协调和消解社会中不同因素之间的矛盾和冲突，使社会各子系统及其要素实现一体化的过程，目的是保持社会的和谐有序，防止社会结构的各个部分因缺乏协调性而失控，引起整个社会的混乱无序和动荡不安”①。冲突整合是矫正教育的基础。矫正教育面临的问题之一就是如何在多样和多元价值之间保持合理张力，在多变性和波动性中寻求平衡。只有将矫正教育的价值观念整合起来、凝聚起来、集中起来，形成合力，才能实现矫正教育的有序发展。矫正教育的冲突整合功能，就是通过价值观念、思想文化的聚合作用和统领作用，对矫正教育价值、社区矫正规范和矫正教育结构的影响、制约与凝聚，为从文化、观念甚至利益方面对不同的矫正教育参与主体进行整合，使社会公众具有共同的价值观，形成个体对矫正教育共同体的认同感和归属感，从而使矫正教育具有很强的凝聚力，以达成一种行动上的协调优化，促进矫正教育的和谐发展。从这个意义上讲，价值冲突整合功能是矫正教育功能的核心。

总之，在矫正教育的工作任务中，转化和矫正教育社区矫正对象的思想是其重点工作。正确的、科学的、先进的思想会对矫正教育工作产生巨大的能动作用，传统的、现代的思想文化中优秀的思想文化同样是矫正教育工作所需要的精神食粮，反之，错误的、愚昧的、落后的思想观念，则是矫正教育工作所要转化、改造的客体。要求我们用一定的思想文化知识对社区矫正对象进行有目的、有组织的宣传教育，对社区矫正对象的错误思想观念进行整合归类，运用矫正教育的方式和手段，进行批判、否定和摒弃，整合价值冲突，培育价值观念，达成思想认同和文化共识，然后引导社区矫正对象形成适应现代社会需要的新的思想观念，统一在社会主流文化观念之下，提高社区矫正对象认知水平和思想素质，提高社会适应技能，共同促进社会的发展。其中，核心的问题是形成新的和现代社会要求协调一致的科学的世界观和方法论。

四、道德规范的教化功能

对社区矫正对象的矫正教育主要是通过两种途径实现：一是以法律法规为主导的制度

① 卢凤菊：《社会主义核心价值体系的社会整合功能》，载《求实》2008 年第 4 期。

文化规范对社区矫正对象的强制规范作用。这是对社区矫正对象由外而内的行为矫正和规训过程，是以强制约束力为表征的。二是以道德伦理规范为主导的对社区矫正对象的柔性约束作用。这是对社区矫正对象由内而外的教化引导，是以社区矫正对象内心自觉遵守和主动作为为表征的。道德教化是文化功能潜在的软实力的表现。

在矫正教育过程中，道德教化是矫正教育的基础。“思想政治教育的一个重要任务就是培养人们具有高尚的道德情操，它内在地要求人们坚持不懈地进行道德教育。”① 道德教化是要发挥道德伦理规范对社区矫正对象的劝善化育作用，不断提升社区矫正对象的道德认知、道德情操和道德人格，强化社区矫正对象对社会主义道德规范的认同，塑造健全的适合现代社会要求的道德品格，激发社区矫正对象的社会责任感和奉献精神。

五、健全人格的塑造功能

首先，矫正教育具有对社区矫正对象健全人格的塑造功能。人格是一个人相对稳定的心理和行为特征的综合体现。在心理学研究中，人格和个性具有共通性。《现代汉语词典》中的人格是指：“①人的性格、气质、能力等特征的总和。②个人的道德品质……③人作为权利、义务主体的资格……”②

从人的社会化过程来看，社区矫正对象的人格是在社会整体教化背景和个体所处的特有成长条件之下逐步形成的，矫正教育对社区矫正对象人格的塑造是一个长期的、缓慢的、循序渐进的过程；在社区矫正对象与社会成员互动过程中，一方面，社会的主流文化系统以多种方式向社区矫正对象灌输社会所倡导的思想观念、价值标准、理想信念、规则规范、社会准则等，把社区矫正对象塑造成为社会所期望的、具有社会主流文化特征的“社会人”；另一方面，社区矫正对象在社会化进程中，对社会规则规范的吸收和接收，具有自我选择性，甚至对主流社会规则规范的灌输产生逆反心理。在矫正教育进程中，就是要在精神和心理上培育社区矫正对象对主流社会文化、社会规则规范的价值情感，形成价值认同，解决价值冲突，达成价值共识，使社区矫正对象对社会主流文化元素自觉吸纳，并成为内在的文化主导力量，这就是矫正教育对社区矫正对象健全人格的塑造功能。

主体人格的塑造和完善是培育社区矫正对象健全人格的基石，也是健全公民人格的一部分。美国社会学家英格尔斯曾认为：“一个国家，只有当它的人民是现代人，它的国民从心理和行为上都转变为现代的人格，它的现代政治、经济和文化管理中的工作人员都获得了某种与现代化发展相适应的现代性，这样的国家才可能真正称之为现代化的国家。”“如果它的国民不经历这样一种心理上和人格上向现代性的转变，都不能成功地使其从一个落后的国家跨入自身拥有持续发展能力的现代化国家的行列。”③ 矫正教育工作对社区

① 陈万柏、张耀灿主编：《思想政治教育学原理》（第 2 版），高等教育出版社 2007 年版，第 196 页。

② 中国社会科学院语言研究所词典编辑室编：《现代汉语词典》（第 7 版），商务印书馆 2016 年版，第 1096 页。

③ ［美］英格尔斯：《人的现代化——心理 · 思想 · 行为》，殷陆君编译，四川人民出版社 1985 年版，第 7 页。

矫正对象人格的塑造是矫正教育的主导性内容，文化具有潜在的驱动力量，能够培养社区矫正对象的独立意识，完善的思维方式和价值判断能力，提高需要层次和精神生活的格调、品位，因此，社区矫正的文化教化，应以世界观、价值观、人生观为教育目标，提升社区矫正对象的文化追求和文化品位为路径，规范其人格适应现代化社会的要求。

其次，矫正教育具有对社区矫正对象公民人格的培育功能。人格塑造是基于社区矫正对象个体的教化，而社区矫正对象是社会的人，自身必须适应作为公民的社会要求。公民人格是社会规范、社会文化、社会规则，以及由法治社会中的法律文化所塑造的社会成员的共性人格。是“为大多数成员所强烈认同的，以公共道德规范、国家民族意识、气质品格、价值观念、理想信仰、社会责任感为代表的精神因素的总和”①。公民人格在精神文化上“就是爱国主义精神、民族精神、时代精神、公共理性精神等文化内涵，其中民族精神尤为重要”②。充分发挥矫正教育对社区矫正对象公民人格的培育功能，实质上就是要强化社区矫正对象的国家认同、价值认同，使社区矫正对象形成社会共同的价值观念和思想观念，增进社区矫正对象作为一个社会成员的公民意识和社会责任感，提升自我矫正教育的精神动力和智力支撑。

六、个别预防功能

矫正教育个别预防功能是通过惩罚功能、改造功能、感化功能、教育功能、威慑功能、安抚功能、鼓励功能、保障功能、预防犯罪功能、赎罪功能、补偿功能等综合作用而实现的，最主要的是对社区矫正对象在思想、行为和情感三个方面的教育改造。

对社区矫正对象的思想教育改造，主要是指通过矫正教育完成的，使社区矫正对象在法律知识、道德规范、政治思想和守法意识等方面接受教育，从而使社区矫正对象认识到自己的罪责，认识到自己所犯之罪对自己、他人和社会的危害，进而消除犯罪心理和犯因性心理问题，最终预防犯罪人再次犯罪。“犯罪者的反社会意识和犯罪心理也可以在外界因素的影响下得到改变，刑罚在执行的过程中，国家对犯罪人以强制关押等为后盾，对其予以教育、感化与强制劳动。”“这些强制刺激手段，可以起到改变犯罪人既已形成的反社会心理结构的作用。”③

对社区矫正对象的行为矫正，是指通过矫正教育的监督管理活动，使社区矫正对象不良行为和越轨行为得以矫正和规制。人的行为不仅受到其思想的支配，而且受到其行为习惯的支配。对社区矫正对象的行为管理和控制，强行改变社区矫正对象的行为恶习来防止他们再次犯罪，并养成良好的为社会规范所认可的行为习惯。

对社区矫正对象的情感培育，是指通过矫正教育中的教育感化和适应性帮扶，在预防社区矫正对象再犯方面的感化功能。感化功能，是指在适用矫正教育时因对社区矫正对象的宽大处理和人道待遇而可能产生的心理效应。这正是矫正教育的宽容性、奖赏性、人道

① 李涛、陈玉玲：《再造国民精神：教育的使命》，载《小学教育》2009 年第 4 期。

② 谢新松：《文化的社会治理功能研究》，云南大学 2013 年博士学位论文。

③ 邱兴隆：《刑罚的哲理与法理》，法律出版社 2003 年版，第 172 页。

性的体现。这三种特性对社区矫正对象产生了攻心作用，可以感化社区矫正对象，消除社区矫正对象对刑罚、对社会的抵触情绪，使其认罪服法，自觉改造，不再重新犯罪，同时，培育其亲社会行为和感恩社会的情感。

总之，运用社区丰厚的资源优势，对社区矫正对象进行全方位的矫正教育，无论是为了使其改恶从善，防卫社会免遭其害，还是为了转化或改造社区矫正对象的犯罪心理与行为恶习，或者使其习得一定技艺得以重新适应社会生活，都是矫正教育个别预防功能的体现。但是，我们必须明白一点，矫正教育的个别预防功能并不是从消除社区矫正对象违法犯罪的角度来实现的，而是由于矫正教育具有转化和改造的职能，从而实现个别预防的目的。矫正教育正是通过对社区矫正对象的不良思想品德和恶习的全方位转化，改变社区矫正对象的思想认识和行为习惯，才实现个别预防之功能的。

第二章　矫正教育的基本思想、基本特征和现实矛盾

第一节　矫正教育的基本思想

在这里，矫正教育的基本思想是指社区矫正立法所倡导的内在精神和价值取向，以及社区矫正立法应具有的现代法治的独特品格，具体是指《社区矫正法》所蕴含的理论、思想和理念。

一、开放处遇一体化思想

开放处遇是相对“封闭处遇”而言的一种罪犯处遇方式，是西方国家在监狱改良过程中提出的对过度监禁的一种替代措施。在西方国家的监狱改良过程中，曾经产生了防卫社会的监禁隔离主义和开放处遇主义两种思想观念，最终开放处遇主义由于顺应国际行刑的发展趋势得到了认可，先后探索实践了外勤制、归假制、监狱内的开放制、社区矫正制等形式。其基本要素是：取消传统的高墙电网，将监狱对罪犯物理性的强制约束降到尽可能低的限度；增大对服刑罪犯的信赖，扩大狱内罪犯的自由程度；加强罪犯社会适应能力的训练，以满足其顺利回归社会的需要。依照联合国预防犯罪与罪犯处遇大会第一届会议通过的《关于开放式刑事执行机构的提案》：“开放式刑事执行机构的特征是：没有物质上的或实力上的防范脱逃之设施，如围墙、栓锁、铁栏、武装或其他特别戒护人员。这种制度以服刑罪犯的自我管制及对于群体生活之责任为基础，鼓励服刑罪犯运用所获得的自由，而不流于滥用，即开放式刑事执行机构与其他执行机构的区别。”开放处遇一体化的制度设计正是为了防止罪犯长期的监狱服刑出现监狱人格、监禁反应、监狱依赖等“监狱化”现象，出发点是利于服刑罪犯重返社会。

《社区矫正法》所倡导的开放处遇一体化思想，主张最大限度地降低对社区矫正对象的剥夺程度，使社区矫正对象的生活社会化，并且将社区矫正变为社会广泛参与的过程。从这个意义上说，社区矫正是开放处遇一体化思想的具体实践，是开放处遇一体化的最高形式，使罪犯完全摒弃了监狱的束缚，置身于社区的良好环境之中接受矫正教育。特别是《社区矫正法》第 3 条确立了“专门机关与社会力量相结合”原则，为开放处遇一体化指明了方向。

二、人文主义思想

矫正教育社区矫正对象的核心，在于用人文主义的理论和思想观点来认识社区矫正对象作为犯罪人的刑罚属性，这是矫正教育思考的着重点，即在社区矫正中既要保障和维护社区矫正对象作为罪犯的刑罚属性，又要从人文视角来矫正教育社区矫正对象的犯罪意识和犯罪心理结构，实现保障人权与矫正教育的统一性和目标的一致性。

（一）人文主义思想的基本内容

第一，赞美人的伟大和崇高，讴歌人性、人的价值和尊严。人文主义者发现了人和人的伟大，高呼在人类社会里居于中心地位的是人而不是神，人是世界的主宰，是至高无上的，而不是虚幻的神灵。提倡以“人”为中心，反对以“神”为中心。提倡“人性”，反对“神性”，提倡“人权”，反对“神权”。欧洲文艺复兴的先驱但丁大胆地歌颂人的价值和尊严，他说：“人的高贵，就其许许多多的成果而言，超过了天使的高贵。”

第二，大力提倡发展人的自由意志和个性自由。人文主义者宣扬人的自由意志和个性自由，反对基督教主张的禁欲主义和蒙昧主义。提倡个性自由和平等，反对神权和专制主义。

第三，倡导积极人生，努力追求现实幸福生活和世俗享乐。人文主义者倡导积极人生，主张人在现实生活中的态度应该积极进取，有所作为，尽情享受美好人生。提倡现实生活和享受，反对禁欲主义和来世主义。人文主义者认为人类生活充满了希望，现实社会是美好的，人性是真实的，神性是虚幻的，爱情婚姻是真挚而幸福的，人应该享受尘世的精神和物质财富。

第四，人文主义者提倡科学知识和进行科学实验，反对愚昧无知，向神权提出挑战。人文主义者提倡科学和理性，反对蒙昧主义和神秘主义。人文主义者倡导理性高于宗教信仰。人在挣脱神学的“网罗”之后，人就获得理性的力量，并使人获得了价值和尊严，以及个性的自由发展。

第五，人文主义者初步提出了资产阶级法权思想，开创了近代科学政治学说，深信共和制度和民主思想能够开启人的智慧，发挥人的才能。

（二）关于人文精神

人文精神是“人文”或“人文主义”的基本内核和价值依托。从“人文”和“人文主义”的思想缘起与历史流变来看，人文精神当具有三个基本特征：其一，人文精神始终以人的关怀为主题，其核心是人的生存格局和历史命运。其二，人文精神具有超越性特征和理想性指向，立足和反思“实然”并不断地追问“应然”，是人文精神的价值目标之所在。其三，人文精神反对狭隘的人类中心主义，其价值视域涵摄人所生活于其中的整个世界。

现代人文精神认为，应该是以人所生活于其中的整个世界为中心，从人的现实存在出发，从人的感性的实践活动出发，以真、善、美的高度和谐统一为终极价值指向，从人之价值、意义、目的、权利、义务、责任、良心、道德诸角度追问和探寻个体完整人格、完美人性，追问和探寻社会理想关系、理想状态以及人与自然之间的和谐共存与协调发展的人类精神。

(三) 人文主义矫正教育观

人文主义矫正教育观，是指以人文主义思想作为理论基础，尊重社区矫正对象，关注社区矫正对象，满足社区矫正对象的基本需求，保障社区矫正对象的人权，使社区矫正对象在矫正教育中全面发展。

1. 人文主义矫正教育观的伦理要求。

第一，要确立“以人为中心”的矫正教育价值观。促进人的发展、提高人的自由是社区矫正对象最重要的主体性需求，它应该是包括矫正教育在内的一切社会制度设计的根本要求和价值目标。在社区矫正工作中，促进社区矫正对象发展的最普遍的路径是矫正教育，社区矫正对象矫正教育的程度和质量影响甚至决定着他们的社会生存状况和社会生活方式，从而也是社区矫正对象能否获得幸福生活、实现自我价值的重要基础。

第二，要注意激发社区矫正对象的主体性。人是一切人类行为的目的本身，因而社区矫正对象也应当是矫正教育的主体和中心，这是由人的内在规定性决定的。社区矫正对象虽然处于接受矫正教育的地位，但不是单纯的教育客体，应当扭转传统的填鸭式、被动式教育思维和模式，强调社区矫正对象的主体地位及其主体性作用的发挥，努力使社区矫正对象完成从教育客体到教育主体的转变，达到矫正教育的目的。社区矫正工作者要激发社区矫正对象的主体意识，调动他们进行自我教育的主观能动性。矫正教育本质上是社区矫正对象的一种自我建构的实践活动，社区矫正对象不仅是矫正教育对象，而且是自身矫正教育发展的主体。

2. 人文主义矫正教育观的价值追求。

第一，要尊重社区矫正对象的人格和尊严。社区矫正对象是独立的主体，具有独立的人格，尽管社区矫正工作者在某些方面可能处于优势地位，但仍应尊重社区矫正对象的主体身份、人格和尊严，矫正教育过程中应努力戒除家长主义的作风。

第二，要善于塑造社区矫正对象的善良人性。矫正教育的对象是人，矫正教育的目标是为了人，人乃矫正教育的核心，这是人文主义矫正教育观的逻辑起点，也即对社区矫正对象及其人性的科学认识和全面理解。因此，矫正教育的根本任务不是传授知识，而是在传授知识的过程中塑造社区矫正对象善良的人性，使其人格得到逐步的发展和完善，成为具有善良品格和丰富知识的人。

(四) 人文主义思想在矫正教育中的应用

人文主义思想在矫正教育中的具体应用包括：一是要坚守对社区矫正对象的人性假设。正如美国麻省理工学院的麦格雷戈教授所言：“每一种管理决策或管理行动，都以关于人性及人的行为假设为后盾，各种管理人员应以人性假设为依据，采取不同方式来组织、领导、控制和激励人们，它是一切人力资源管理的核心。"① 社区矫正对象的矫正教育正是基于这一人性假设而展开的。人性化矫正教育是社区矫正工作基于人性的一种矫正教育方式或矫正教育思想；主要内容是强调尊重社区矫正对象、依靠社区矫正对象、为了社区矫正对象和挖掘社区矫正对象的潜能。因此，矫正教育应奉行人本观念、倡导人道理念、体现人文精神，努力消除矫正教育领域的各种偏见、歧视和等级现象，构建人道、自由、民主、平等的教育机制。在矫正教育过程中，应注意照顾到每个社区矫正对象的理解和接受程度，最大限度地实现教育个别化，尊重每个社区矫正对象的人格和智力特征，营造具有人性化的教育环境。

二是对社区矫正对象的矫正教育要体现人文主义精神，强调人的主体性，倡导社区矫正对象在社区矫正工作中的主体作用与地位。人文主义精神的主要特质是理性、良知，最高价值是正义、人权、自由、平等，"以人为本"是它的形象表述。我们教育改造社区矫正对象，依赖的基础就是促使社区矫正对象人性的恢复、良知的复苏。这就要求社区矫正工作者要把社区矫正对象当作具有人权和人格的独立个体来对待，尊重社区矫正对象的权利和意愿，善于倾听社区矫正对象的声音，把握社区矫正对象内心的真实需求，努力在矫正教育中满足他们的合理要求，不得损害他们的权利，侵犯他们的尊严。社区矫正工作者应当明白一个简单的道理，只有尊重社区矫正对象才能获得社区矫正对象发自内心的尊重，社区矫正工作者的真正威信来源于自身良好的道德修养和矫正教育水平，而不是所具有的身份。

三是强调塑造社区矫正对象的善良人性。由于人性善是矫正教育的价值追求，因而开展矫正教育过程中会努力培养和提升社区矫正对象的善良人性，这就要求社区矫正工作者要关注和尊重社区矫正对象的人性，善于引导和培育社区矫正对象人性善的一面，更要善于发现和纠正社区矫正对象人性恶的一面，从而促进矫正教育目标的实现。

《社区矫正法》人文主义思想在矫正教育中的体现，包括宏观层面和微观层面。宏观层面上，本书将其界定为一部人性化管理的"柔性法"和谦抑法；微观层面上，表现在具体条文的规定上，主要有：一是放宽外出请假标准。该法第 27 条规定，对于因正常工作和生活需要经常性跨市、县活动的社区矫正对象，可以根据情况，简化批准程序和方式。二是监督管理措施合理、必要。该法第 34 条规定，社区矫正的措施和方法应当避免对社区矫正对象的正常工作和生活造成不必要的影响。三是对收监提出申辩。该法第 48 条规定，人民法院拟撤销缓刑、假释的，应当听取社区矫正对象的申辩及其委托的律师的意见。

总而言之，人文主义思想的基本矫正教育机理是感化，或称感化教育。社区矫正工作者以高尚的爱心，尊重社区矫正对象的人格，维护社区矫正对象的合法权利，真诚地关心社区矫正对象的生活、命运和前途，满腔热忱地帮助社区矫正对象克服各种困难，孜孜不倦地引导社区矫正对象改恶从善，就是人文主义矫正教育观的体现。

---

① 孙娟：《警察组织行为学》，中国人民公安大学出版社 2006 年版，第 104~105 页。

三、权利保障主义

在对待罪犯权利保障问题上，21 世纪之初，张晶先生提出了“囚权主义”思想，一度引起了监狱学界的极大争议，遭到了很多专家学者的质疑，甚至是实务部门的强烈反对。随着时代的发展，代表时代法治思想诉求的“囚权主义”思想逐步为大家所接纳。社区矫正对象的法定身份是罪犯，权利保障问题同样是社区矫正工作者争论的焦点。我国新颁布实施的《社区矫正法》用大量的条款，对社区矫正对象的权利保障进行了法律规制，从人权保护的角度看，《社区矫正法》是保障社区矫正对象人权的大宪章。比如：《社区矫正法》第 4 条规定了尊重和保障社区矫正对象人权原则；该法第 34 条不仅规定了社区矫正对象权利保护的具体要求，而且规定了当社区矫正对象合法权益受到侵害时的公力救济措施。正如学者们所言：“法律的目的不是废除或限制自由，而是保护和扩大自由。”①“人进入社会并不是要使自由的处境比以前更坏，也不是要使自己具有的权利比以前更小，而是要让那些权利得到更好的保障。”②

四、积极的行刑主义思想

积极的行刑主义思想，是相对于单纯回归主义的消极主张而提出的一种思想。单纯回归主义认为，依据目前的技术手段，社区矫正对象的主观恶性难以测定，社区矫正所产生的矫正效果极其有限，那么，对社区矫正对象的矫正教育就不适宜有过高的目标要求，重在社区矫正的实施过程，不管社区矫正对象解除矫正时身上的恶性消减了多少，伦理道德水平提高了多少，只要他能顺利回归社会，短期内（累犯的计算期内）不再犯罪，就可以证明社区矫正对他是有效的，所以回归应当是社区矫正的全部主题和基本内容。

积极行刑主义认为，社区矫正对象在社区矫正中不会自然地改变和成长，应当积极有效地利用社区矫正的时间与空间，广泛利用社区资源，主动开展矫正教育工作。通过社区矫正工作者对社区矫正对象的良善态度和积极作为，依托社区矫正中积极因素的运作，来达到刺激、鼓励社区矫正对象自我从善的目的。

《社区矫正法》将矫正教育法定为社区矫正的核心任务之一，比如：《社区矫正法》第 3 条规定了“坚持监督管理与教育帮扶相结合”原则和“个别化矫正”原则。在监督管理与教育帮扶两章中充分彰显了矫正教育思想，如《社区矫正法》第 24 条规定：“社区矫正机构应当根据裁判内容和社区矫正对象的性别、年龄、心理特点、健康状况、犯罪原因、犯罪类型、犯罪情节、悔罪表现等情况，制定有针对性的矫正方案，实现分类管理、个别化矫正。矫正方案应当根据社区矫正对象的表现等情况相应调整。”《社区矫正法》第 36 条第 2 款规定：“对社区矫正对象的教育应当根据其个体特征、日常表现等实际情况，充分考虑其工作和生活情况，因人施教。”正如全国人大常委会法工委刑法室主任王

① ［英］洛克：《政府论（下册）》，叶启芳、瞿菊农译，商务印书馆 1981 年版，第 636 页。

② ［美］潘恩：《潘恩选集》，马清怀等译，商务印书馆 1981 年版，第 142 页。

爱立就《社区矫正法》的颁布回答记者的提问时所言："通过适度监管和有针对性的一些矫正措施，充分发挥社会各方面的力量来进行矫治教育有利于社区矫正对象顺利回归社会。"[①] 这就充分说明，"教育帮扶是做好社区矫正工作的核心和重中之重"。[②]

五、人格动力学理论

人格是心理学的一个重要概念。人格"指一个人的整个精神面貌，即具有一定倾向性的心理特征的总和"[③]。人格的形成是"先天的遗传因素和后天的环境、教育因素相互作用的结果"，"是在自然基础上形成和发展的，但主要是由个体的生活史决定的，并受社会历史条件的影响。社会实践对于人格的形成和发展起着主导作用，但必须通过个体的心理活动而发生作用"[④]。是经由社会化而得到的、具有内在统一性和相对稳定性的个人特质结构，是人的气质、性格和能力的综合。人格发展变化和运动的基本规律是，在外界环境刺激下，人格结构的内在运动产生动机，动机产生行为。

分析和掌握人格理论，对社区矫正对象的矫正教育具有重要的指导意义。从社会的角度出发，人是一个能够主动调节自己行为的社会存在物，人的行为并不是仅由思考和认识决定的，而是由动机决定的，而动机则是由外界环境刺激、人的内在需要以及自我价值判断、理性思考和意志力量综合决定的。人格具有复杂的、内驱力强大的动力结构。这个结构需要从外部世界或内心深处获得能量，这种能量能驱使人们的行为不断推进。人格的动力结构与人格的素质结构是相互联系、相互制约的，人格的素质结构是人格动力结构的组织基础，而人格的动力结构则是人格素质结构的组合方式和运行机制。人格动力结构与人格素质结构相辅相成，矫正教育过程中社区矫正对象人格经历着复杂的发展演变过程。

奥地利心理学家弗洛伊德提出了一个经典的人格动力结构模式。他认为，"人格结构中不同部分之间的动态平衡关系影响个体心理发展的状况与水平"[⑤]。人格由三部分组成：本我、自我和超我。本我由最原始的生物能量组成，本我遵循快乐原则，追求满足生物本能欲望，完全处于潜意识之中，这是人类行为的基本动力。自我是有理性的意识，"是通过与现实环境的接触从本我中发展出来的人格结构部分，是本我和外界现实之间的调节者。自我遵循现实原则"[⑥]。它为"本我"服务，并受现实性原则支配。超我是人格心理进一步发展的高级阶段，它追求无限的完美，是"代表良心和道德力量的人格结构部分。超我一旦形成，人就按其价值观念和各自的理想独立行事"。超我遵循至善原则。当本我的生命需求发动之后，自我便根据超我的原则去指导行为，或者满足需求，按照超我许可

---

① 白阳：《体现中国特色　助力长治久安——解析新出台的社区矫正法》，载 https://www.thepaper.cn/newsDetail_forward_6904055，2019 年 12 月 28 日。

② 王爱立、姜爱东：《中华人民共和国社区矫正法释义》，中国民主法制出版社 2020 年版，第 31 页。

③ 朱智贤主编：《心理学大词典》，北京师范大学出版社 1989 年版，第 225 页。

④ 朱智贤主编：《心理学大词典》，北京师范大学出版社 1989 年版，第 525 页。

⑤ 朱智贤主编：《心理学大词典》，北京师范大学出版社 1989 年版，第 525 页。

⑥ 朱智贤主编：《心理学大词典》，北京师范大学出版社 1989 年版，第 525 页。

的方式去行为，或者不满足，将本我的要求重新压回潜意识。“本我、自我和超我三者所占据的意识水平是不同的，它们的相互关系就构成了人格动力结构。人的心理活动可以从三者之间的人格动力关系中得以阐明。”① 弗洛伊德提出的人格动力模式为研究社区矫正对象的行为结构提出了一个理论框架。

国内学者陈秉公先生认为，在一定的环境影响下，“人格需要力量”与“人格判断力量”相结合才能产生人格的动机与行为。这种人格动力结构包括三个要素：环境刺激、人格和人格行为。其中，环境刺激包括影响主体人格生成的现实自然环境和社会环境；人格包括人格需要和人格判断两个相互联结、相互作用的部分。在人格需要的各层级中，对于某一个具体行为产生重要影响的往往是其中的一两个临时性的优势需要。人格判断中的各种人格因子共同发挥作用，决定人行为的方向、方式和强度；环境刺激、人格需要和人格判断相互作用产生人格动机和行为。人格行为产生有三种情况：人格需要发动、经人格判断认可的；人格判断直接发动的；人格需要发动、经人格判断否定的。在主体性人格的动力结构运动中，环境刺激是主体性人格主要的外部条件，人格需要和人格判断是主体性人格生成的根本动力，人格行为是主体性人格生成的表现形式。主体性人格动力机构反复多次的运动，会促使人形成较为一贯的、比较固定的行为倾向和反应定式，这就是人格特质。一种人格特质，只有在熟悉的和不熟悉的任何情景中都能得到展现，才算真正地形成了。人格特质的发展有两种趋势：一种是不断地强化原有的人格结构，使其强化结构不断升华而更加符合社会的需要；另一种是遭受挫折，主要是由于人格需要不满足或压抑，引起心理失调和人格障碍。社区矫正对象的外在行为是个人意志选择的结果，这是人格主体性的本质表现。这种主体性的选择包括动机选择和动力选择两种。社区矫正对象行为动机产生需要一定的条件，在环境刺激下，由人格判断和人格需要共同决定，需要是产生动机的基础，提出动机的原始倾向和能量，而判断是动机的决定力量。社区矫正对象有了正确的动机，并不等于有很高的热情，这就涉及人的行为动力，它并不是单纯由动机决定的。社区矫正对象的行为动力主要由目标价值和实现目标的可能性决定，二者中有一项不足，都会影响动力的强度。

依照主体性人格的生成和发展规律，在社区矫正对象的人格形成过程中要形成一个健康的、理想的社会政治人格，需要社区矫正工作者做到：第一，提高和诱导社区矫正对象高层次的社会政治需求。例如培养其崇高的理想、科学价值观和高尚的情感等，并使之成为“优势需要”，从而产生出良好的动机和行为。第二，提高社区矫正对象社会政治判断力。人格需求往往并非是正当合理的，有时正当合理的需要，也可能采取不正当合理的方式满足，能否产生正当合理的行为，取决于人格判断。社区矫正对象受到环境的影响或基于自身素质的原因，判断力和鉴别力受到一定的限制，需要一定的能力才能做出正确的动机选择。第三，健全社区矫正对象积极的社会政治心理防御机制。避免使用消极的心理防御方法而带来的损害，引导社区矫正对象战胜挫折，保持良好的社会心态。第四，针对社区矫正对象人格动力不足的问题，需要提高社区矫正对象的思想政治意识，努力实现确立的矫正教育目标，也可以创造条件，适当提高针对社区矫正对象的价值目标。第五，针对

① 朱智贤主编：《心理学大词典》，北京师范大学出版社 1989 年版，第 525 页。

社区矫正对象人格本身存在好与坏、顽强与软弱等对立矛盾的二重性特征，努力整合形成一个统一的、适合于社会发展需要的主体性人格特质倾向，不断引导社区矫正对象的社会政治人格走向完善。

六、重新回归主义

重新回归主义，又称复归社会思想、回归社会主义，产生于20世纪60年代。该理论观点提出：犯罪是犯罪者不适应社会的结果，社区矫正的目的在于促进社区矫正对象重新社会化，帮助他们重新与社会生活结合，因此，重新回归主义也被称为重新结合模式。重新回归主义倡导充分发挥社区矫正工作的作用，只有在社区矫正对象不适宜在社区进行矫正的情况下才对其使用监狱监禁。

《社区矫正法》第1条规定："为了推进和规范社区矫正工作，保障刑事判决、刑事裁定和暂予监外执行决定的正确执行，提高教育矫正质量，促进社区矫正对象顺利融入社会，预防和减少犯罪，根据宪法，制定本法。"第3条规定："社区矫正工作坚持监督管理与教育帮扶相结合，专门机关与社会力量相结合，采取分类管理、个别化矫正，有针对性地消除社区矫正对象可能重新犯罪的因素，帮助其成为守法公民。""促进社区矫正对象顺利融入社会"和"帮助其成为守法公民"是《社区矫正法》重新回归主义的经典表述。其中"促进社区矫正对象顺利融入社会"被第一次写入法律，成为立法目的的亮点。显然《社区矫正法》淡化了"改造"的烙印，强调修复和恢复正常社会关系，是恢复性司法的具体体现。

第二节　矫正教育的基本特征

特征是作为人或事物特点的征象、标志等。任何客体都有诸多特性，人们根据一群客体所共有的特性形成某一概念，这些共同特性在心理上的反映，称为该概念的特征。不同专业领域对同一客体的诸多特性侧重有所不同，只有在某个领域中，反映客体根本特性的特征，才称为本质特征。因此，我们这里所研究的矫正教育的基本特征，是指矫正教育的根本特性。

一、刑事规制性

矫正教育的刑事规制性是法定的。2011年2月25日的《刑法修正案（八）》和2012年3月14日第二次修正的《刑事诉讼法》，都对社区矫正对象作了明确规定。尤其是《刑事诉讼法》第269条规定："对被判处管制、宣告缓刑、假释或者暂予监外执行的罪犯，依法实行社区矫正，由社区矫正机构负责执行。"《社区矫正法》第1条规定社区矫正是"为了推进和规范社区矫正工作，保障刑事判决、刑事裁定和暂予监外执行决定的正确执行"的刑事执行制度。第2条第1款规定："对被判处管制、宣告缓刑、假释和暂予监外执行的罪犯，依法实行社区矫正。"《社区矫正法》要求对社区矫正对象的矫正教育活动，必须遵守相应的法律法规和行政法规、行政规章以及具体的工作规范，社区矫正对象有义务且必须接受矫正教育等。

矫正教育的刑事规制性主要体现在：首先，社区矫正对象的法律身份是罪犯，对其矫正教育的前提必然体现惩罚性。主要是按照法律的规定对社区矫正对象的权利进行剥夺和限制。其次，社区矫正对象矫正教育的期间具有法定性。矫正教育的期限是刑事的判决、裁定和决定发生法律效力的期间，期限届满就必须解除矫正教育，恢复社区矫正对象的一般社会公民身份。再次，社区矫正对象在矫正教育期间所享有的权利和应履行的义务具有法定性。最后，矫正教育的过程具有强制性。主要是利用矫正教育的工作机制和矫正教育的行为规范，对社区矫正对象进行强制性的约束。社区矫正对象如果违背规范，或者不履行法定的义务，就要承担对己不利的法律后果。

二、社区参与性

矫正教育工作立足于社区，工作在基层，我国社区矫正工作都是按照行政区域来界定工作范围的，因此，社区的区域性是其空间特征。同时，正是由于社区内社会公众的多元参与，才形成了对社区矫正对象的矫治手段上的综合性。

社区矫正的战略构想，就是强调在特定的社区区域范围内通过有效的矫正教育工作，在专门的社区矫正机构的管理下，最大限度地调动和组织社会组织、民间团体和社会志愿者参与矫正教育工作，控制违法犯罪，矫正犯罪行为，强化社会适应性训练，学习社会规范，构建和谐安全的社区环境。作为推行矫正教育战略的指导思想，提出并强调矫正教育工作必须立足社区，是整个社区管理和服务系统的有机组成部分，因此，立足社区既是矫正教育战略的特点，也是矫正教育的核心思想。

社区参与性造就了矫正教育手段的综合性。矫正教育战略的提出和实施，要求矫正教育工作融入社区工作和生活中，成为社区或社会治安综合治理的一部分，矫正教育所产生的是综合的社会效应。一是矫正教育工作会产生双向性的结果，矫正教育战略的实施会给社区建设和社区生活质量的改善和提高提供保障，社会治安得到有效改善，使整个社区的安全防范网络得以构筑。二是社区矫正中矫正教育的任务和职责更具有综合性，不仅要矫正教育社区矫正对象的违法犯罪行为和恶习，而且还要提供社会服务，学习社会规范，同时还要学习和掌握一定的社会技能，以便于强化回归社会后的适应性，这就要求我们社区矫正机构要建立健全与矫正教育工作相适应的新的管理、训练、考核、保障、监督、奖惩制度，建立相应的内部组织，推动我国司法改革的进一步深化，以产生综合的社会效应。

三、政治引领性

政治引领性是矫正教育工作存在和发展的前提，也是矫正教育的政治要求。首先，矫正教育工作涵盖了政治工作和政治思想工作，它是“一定的阶级、政党、社会群体遵循人们思想品德形成发展规律，用一定的思想观点、政治观点、道德规范，对其成员施加有目的、有计划、有组织的影响，使他们形成符合一定社会、一定阶级所需要的思想道德的社会实践活动"①。矫正教育本身是政府创新社会治理的重大举措，是社会治理活动中的政治行为，对社区矫正对象的矫正教育是政治教化过程。向社区矫正对象灌输党的方针、政策和路线，实现政治认同。其次，矫正教育的政治引领性是实现社区矫正目的的前提。社区矫正对象是法定的罪犯，对其进行改造和教育是国家的政治行为，是治理国家的政治需要。在矫正教育工作实践中，要将我国的意识形态、政治意愿、利益与需求等融入其中，维护社会秩序和安全，促使社区矫正对象成为政治上合格的"社会人"。最后，矫正教育是实现政治引领性的条件。矫正教育的主要任务之一是对社区矫正对象的教化和育人，是一种对特定社会成员的教育实践活动，政治引领性是矫正教育的天然属性。这主要表现在对社区矫正对象的改造教育依照社区矫正的价值追求，遵循教育转化的规律，采取显性教育与隐性教育相结合的方法，引导帮助社区矫正对象获得对事物的科学认知与正确判断，教育改造其为具有符合社会政治要求的政治人格、法律人格和道德人格的人。

四、理念创新性

创新是强国之本，发展之根。创新能力已成为世界各国综合国力竞争的核心。首先，矫正教育是我国行刑制度领域一次矫正教育理念的创新。社区矫正将矫正教育工作置于社会环境中，与我们传统的监狱封闭式的矫正教育相比，可以说是刑罚思想、矫正理念上的更新或创新。矫正教育的实质和灵魂就是从过去注重刑罚的惩罚性和矫正的封闭性转变为对人性人权、再社会化和社会适应的关注；从注重封闭场所、矫正手段的关注转变为对人的矫正实质和矫正目的的关注，充分运用社会力量，强化公众参与意识，实现"以人为本"的矫正思想。其次，矫正教育工作激励矫正教育理念创新。矫正教育理念属于精神范畴，它可以依附于语言和其他载体，形成一种社会文化环境，对生活于其中的社区矫正对象产生同化作用，建构形成他们的价值观、审美观、是非观、善恶观，进而化作社会治理、社会安全和秩序的创新力量。矫正教育通过现代人文思想引领，塑造一种尊重人、关注人、教育人、矫正人、改造人的先进刑事执行理论和理念，可以鼓舞和发挥矫正教育参与主体的创造精神，助推矫正教育在社会治理中创新成果。矫正教育的发展需要理念的创新，理念的创新本质又推动矫正教育的发展。最后，矫正教育理念推进科技创新。科技创新是社会发展的主要推动力量，从一定意义上来讲社会发展过程就是科技创新的过程，人类社会的文明史就是一部科技创新演化史。科技创新是社会文化积累的结果，科技创新有其社会物质文化的源泉，也有其社会精神文化的基础。矫正教育的进步必然包容当时的科技发展和创新成果，矫正教育影响着科技的生成、发展与传播，更会影响科技成果向现实的转化。科技创新促进了矫正教育现代化进程。一是科技创新提高了矫正教育的管理水平和管理能力；二是科技创新和现代信息技术的应用，节省了人力资源，提高了工作效率；三是科技创新丰富了矫正教育的文化内涵。

---

① 张耀灿、郑永延、吴潜涛、骆郁廷等：《现代思想政治教育学》，人民出版社2006年版，第50页。

五、人文关怀性

矫正教育的出发点是以“人”为核心，立足于对社区矫正对象“社会人”的塑造。一是要求把人本主义思想贯穿于矫正教育的始终，把人置于首要地位。二是要保障社区矫正对象的人权，尊重社区矫正对象的人格，关注社区矫正对象的基本需求。三是一切为了人的发展，发挥社区矫正对象在矫正教育中的主观能动性。四是矫正教育的价值目标是以“改造人”为宗旨，因此无论是矫正教育中的管理行为、矫正教育行为，还是矫正教育项目的设置、认知教育、职业技能教育、法治教育、心理健康教育等，都必须以社区矫正对象的发展为立足点，突出矫正教育的人文特质。

六、主体多元性

主体多元性是矫正教育的主要特征之一。从本质上看，矫正教育是多元参与的刑事执行活动，是为了控制犯罪和预防犯罪，为了社会治安的稳定有序，因此，矫正教育行为属于公共利益范畴，要求在开展矫正教育工作过程中信息不仅要公开透明，让社会公众知晓，而且要社会力量的广泛参与，接受社会公众的监督。主体多元性主要体现在：一是法律法规对社区矫正对象、矫正教育程序、矫正教育内容等规定的主体多元性。二是矫正教育权力运作的依据、运作的规范等方面的主体多元性。三是矫正教育机制、矫正教育制度、矫正教育信息等主体多元性。四是矫正教育政策、监督管理的方式、矫正教育的项目、奖惩考核的标准等主体多元性。五是政府购买矫正教育服务的内容、标准、价格、评估方式等主体多元性。六是社会公众、社会组织等参与主体多元性，凡是符合条件的社会组织和公民都可以参与矫正教育，成为矫正教育的参与主体。

七、文化宽容性

文化存在于一切事物之中，而一切事物又无不是物化的文化现象。矫正教育作为一种特殊的社会教育活动，也必然蕴含着特有的文化基因。这样，文化和社区文化就成为社区矫正中矫正教育的手段、工具和目标，寓于社区矫正活动的各个层面，也必然融入矫正教育中。

在对社区矫正对象进行矫正教育这一社会行为中，没有正确的现代人文文化价值观对社区矫正的引领，矫正教育活动就失去了价值目标；没有现代法治的人权保障理论和思想，社区矫正对象的尊严和人之为人的价值就不可能得以体现；没有现代民主政治协商文化的保障，社区矫正活动就不会具有多元主体参与和民主协商决策的格局。所以，文化是对矫正教育一切行为的统领与整合。从这个意义上说，文化与矫正教育是共生共长的统一体。

文化宽容性是一个社会所应具有的优秀品质。从社会意义上来说，矫正教育的发起就源于社会文化的宽容性，是法律对犯罪行为的宽容，是社会公众对社区矫正对象的宽容，可以说，没有宽容，就没有矫正教育。矫正教育中所蕴含的人文文化、矫正文化、教育文化、帮扶文化、恢复性司法文化等，以及社会公众的多元参与文化，承担社会安全和秩序的公共责任，都是文化宽容性的体现。所以，文化宽容性是矫正教育的本质属性。

第三节　矫正教育的现实矛盾

《社区矫正法》和《社区矫正法实施办法》确立了社区矫正工作新的目标、新的理念，和《社区矫正法》颁布实施前相比，从社区矫正试点到全面推行阶段所积累的相对成型的矫正教育制度、矫正教育措施、矫正教育操作流程、矫正教育模式等都发生了重大变化。这样，就使矫正教育工作不得不面对现实问题，如何构建新的矫正教育工作机制，解决现实工作中新的矛盾和冲突，寻求新的突破路径，就成为矫正教育工作必须面对的新的挑战。

一、重刑监管与教育帮扶的矛盾

《社区矫正法》不仅是一部体现人文管理和人文关怀的“柔性法”，更是蕴含以社区矫正对象矫正教育为核心的“教育法”。其中，矫正教育就成为社区矫正工作的特质，这是对监管中心主义的彻底摒弃，也是新型矫正教育理念的确立。这样，社区矫正工作就产生了以强调刑罚惩罚和严厉监督管理为重点与以法定矫正教育和社会帮扶为中心的现实矛盾。

（一）重刑监管的思维惯性和实践基础

在法治传统上，中国历代崇尚严刑峻法，用重典治乱世。中华人民共和国成立之后，为了保卫新生政权，维护社会安全和秩序，采取了严厉的刑事政策，打击和惩罚各类犯罪。改革开放之后，为了创建良好的发展经济的社会环境，自 1983 年开始，进行了多次的“严打”和打击犯罪的专项治理活动。因此，重视刑罚的惩罚作用成为治理犯罪的重要手段，认为对付犯罪的最好措施就是打击犯罪、惩罚罪犯，应用严厉的监管手段，使社会免遭犯罪的危害。正因如此，我国监狱押犯数量由 1982 年的 62 万人增加到 2002 年的 154 万人，20 年间增长了近 2. 5 倍……①到 2012 年，司法部在向全国人大常委会报告监狱法实施和监狱工作情况时透露，全国共有监狱 681 所……押犯 164 万人。② 关押监管罪犯才能维护社会的安全与秩序成为惯性思维。

我国自 2003 年开展社区矫正试点工作以来，一直将社区矫正定性为非监禁刑罚执行活动，强调社区矫正中要严格执行刑罚，通过严厉的监管手段和措施，达到刑罚执行的目的。为了体现社区矫正的刑罚属性，为了在执行刑罚和监督管理过程中拥有行刑权，试点

① 王琼等：《行刑社会化（社区矫正）问题之探讨》，载《中国司法》2004 年第 5 期。

② 参见《全国在押犯 164 万人》，载《北京晚报》2012 年 4 月 25 日。这一统计数字不包括在社区进行社区矫正的罪犯。

工作先后创造了“借调用警”模式、“延伸用警”模式、“授权用警”模式等。甚至在社区矫正立法阶段，关于社区矫正机构直接用警问题，也成为立法争议的焦点。由此看来，社区矫正工作从试点到推行的长达17年的时间里，重刑监管一直是社区矫正的支配形态。这样，重刑监管的思维定式和社区矫正17年来的实践基础，就成为贯彻《社区矫正法》以矫正教育为核心这一立法精神的障碍，也是社区矫正工作重刑监管与教育帮扶现实矛盾产生的原因。

（二）理念转型、法律规制和情景塑造

1. 社区矫正的理念转型和法律规制。解决重刑监管与教育帮扶的矛盾，首先是社区矫正理念的转型，由原先的刑罚执行转向刑事执行；由以严格监督管理为中心转向以矫正教育和社会帮扶为中心。其次，在《社区矫正法》的规制下，社区矫正工作由原先的以政策规范和行政规章为依据，转变为以法律法规和行政规章为依据，遵循法律原则和立法内在精神，将社区矫正工作规范于社区矫正的法治化建设之下。

2. 明确教育帮扶的法定目标。《社区矫正法》第1条规定了社区矫正的目标是推进和规范社区矫正工作，保障刑事执行工作，提高教育矫正质量，促进社区矫正对象顺利融入社会，预防和减少犯罪。其中“促进社区矫正对象顺利融入社会”蕴含了对社区矫正对象的“全人教育”，即适应现代社会的健全人格教育，矫正教育成为社区矫正工作的核心目标。“社区矫正对象顺利回归社会”，深刻揭示了社区矫正的立法精神。因此，依照社区矫正法所确立的“提高教育矫正质量，促进社区矫正对象顺利融入社会”的法定目标，就需要建构以矫正教育为核心的社区矫正工作架构和矫正教育体系，并通过社会帮扶的辅助手段，实现社区矫正的法定目标。

3. 教育帮扶的情景塑造。社区矫正教育帮扶情景塑造的核心是矫正教育。从社区矫正对象矫正教育的过程来看，从入矫教育、矫中教育到解矫教育，每个阶段都要创制不同的矫正教育情景；从矫正教育的内容来看，要围绕“顺利回归社会”的目标，强化心理健康教育、行为规范矫正、法治精神教育、社会适应教育、人际关系教育、公民意识教育等；从矫正教育的方式来看，可采取有针对性的集中分类教育、个性化的个案矫正教育、多样化的网上教育等。尤其是随着现代信息技术的发展和广泛应用，矫正教育的情景模式将会更加智能化。

二、社会力量依赖与社会发育不良的矛盾

社区矫正工作是依赖社会力量而开展的工作。社区矫正的基本单元和力量支撑在社区，是以社会力量的广泛参与为特征的，是社会资源的有效利用。依照《社区矫正法》的立法精神，政府只是社区矫正工作的“主管”和“主导”者，路线方针和政策的制定者，资金的供给者和社区矫正工作成效的评估验收者。

（一）社会力量走向前台，成为社区矫正的“划桨者”

在颁布实施的《社区矫正法》中，不仅确立了社会力量参与社区矫正的主体地位，而且很多条文中都涉及社会力量参与社区矫正的具体规定，在《社区矫正法》中“社会工作”出现4次，“志愿者”出现3次，“社会组织”出现7次，“社会力量”出现3次。从这一意义上说，《社区矫正法》不仅是大力倡导和规范社会力量参与社区矫正工作的“法”，而且是具有前瞻性和顺应新时代中国特色社会主义共治共建共享的、社会治理责任共同承担的“法”，社会力量由此走向了社区矫正工作的前台，成为社区矫正这艘大船的“划桨者”。

（二）社会力量的发育不良，形成理想与现实的尴尬状态

社会力量的发育依赖成熟的社区环境，社会经济越发达，社区环境越成熟，以社会组织、社会团体等为代表的社会力量才会分布广泛、种类齐全、专业完备。《社区矫正法》倡导社会力量参与社区矫正的制度设计是建立在理想化基础之上的，是以社会力量的发育成熟为前提的。但是就目前来看，我国社会力量的整体发育水平存在结构性和功能性缺陷。“什么是成熟的社区环境？它除了包括社区组织机构健全，社会成员具有较高的适应现代社会要求的素质，接受过现代教育，社区设置符合人们社会生活的基本需要等，还必须具备社会结构均衡、社会系统良性运行、民主法治、公平正义、诚实友爱、充满活力、安定有序、互相协调，人与人之间相互友爱、相互帮助，社会成员各尽其能、各得其所，人与自然协调发展，和谐相处。”① 依照这样的标准来考察我国社会力量的发展状况，存在的结构性和功能性缺陷包括：

第一，社会力量发育的不均衡。从地域分布看，我国东中西部的社会力量发育存在重大差异。社会力量发育与社区发育状况、社会经济发展水平、文化教育水平、公民整体素养等因素直接相关，从东中西部地区的状况来考察，东部地区社会力量发育最优，中部次之，西部最差。由于社会力量发育不足，极大地限制了社会力量的参与水平。从经济发展状况看，社会力量发育状况和经济发展紧密相关，经济发达地区社会力量发育得相对成熟，政府购买社会服务的体制机制比较完善，社会力量种类繁多，参与社会活动热情高，专业化程度高。而经济欠发达地区、不发达地区，社会力量发育迟缓，政府财政匮乏，无力购买社会服务。从城乡差异看，城市的社会力量发育水平，要远远高于我国广大的农村地区，从社区矫正的社会实践看，社会力量参与社区矫正，不仅存在资金的不足，更重要的是具有专业化水平的资源匮乏，即使有足够的资金支撑，也难以购买到专业社会组织的专业化服务。

第二，社会力量的专业化程度低。一是我国社会力量的组织形式只是具备了基本要素，社会服务内容以大类别为标志，以社会组织、社会团体等为代表的社会力量服务内容泛化，缺乏专业化分工。二是社会力量性质的社会组织和社会团体中，从业人员良莠不

① 连春亮：《社区矫正的社会支持系统及其作用》，载《山东警察学院学报》2010年第1期。

齐，待遇水平低，缺乏真正具有专业化水平的高素质人员。三是社会力量提供的服务质量低质化，长期在低水平层面运作，社会信誉度不高。

第三，社会力量中的社会组织、社会专业性团体的规模小，融合性、协调性差。主要表现为：一是以社会组织、社会团体等为代表的社会力量不仅规模小、人员少，而且经济实力薄弱，设备落后。二是在为社会提供服务过程中，往往是自成一体、各行其是，缺乏彼此之间的协调合作，不能够取长补短，难以形成合力。三是社会组织、社会团体等社会力量区域特征明显，常常是以行政区域为势力范围，以政府扶持项目为主，不能形成有效的竞争实力和竞争环境。

第四，非营利性、公益性社会团体和社会组织少。在社会组织、社会团体等社会力量发达的国家和地区，非营利性和公益性的社会组织、社会团体等是主导力量，活跃于社会生活的各个领域。从我国目前的社会力量整体构成看，大多是营利性社会组织和社会团体，这就导致这些社会力量自身的品质定位较低。

（三）社会力量的模式建构和理性培育

社会力量作为社区矫正工作的主导力量，要使其在社区矫正工作中发挥重大作用，就需要依据社会的经济发展水平、文化教育状况、社会成员的素养等情况，培育社区矫正所需要的专业队伍，构建适合社区矫正的社会力量参与模式。笔者结合目前社会力量参与的形态和发展状况，认为应强化或者构建以下几种模式：

第一，政府主导型模式。“政府主导型，又称行政推动型，主要是指由政府利用行政资源优势，号召、发动社会力量参与社区矫正工作的参与方式。这一模式具有明显的行政推动力。”① 这是目前社区矫正工作中运用得比较多的模式，从参与社区矫正工作的效果来看，是需要进一步强化的模式类型。在实际工作中，政府主导型模式又衍生出政府购买型、政府资助型、政府培育型三个亚型。政府购买型主要是依照《社区矫正法》的规定，政府以购买社区矫正服务或者购买服务项目的形式，与提供专业服务的社会团体、社会组织等社会力量签订服务合同，专业组织依据合同要求完成双方约定的服务内容，这是政府和社会力量协作的典型模式。政府资助型主要是政府为了提高社会力量参与社区矫正的专业化水平，资助具有实力的社会团体、社会组织等，培育社区矫正专业人员为社区矫正服务。政府培育型主要是在社区矫正机构内，政府以合同制的形式，招募社区矫正工作者从事社区矫正工作。

第二，社区主导型模式。“社区主导型，是指在社区基层组织的主导下，发动社会组织、社会公众、社会团体等社会力量参与社区矫正工作，运用自己的优势资源，为社区矫正对象提供服务的参与方式。”② 这一模式是以社区居民委员会、村民委员会等社区自治组织为主导，组织社区内的社会团体、社会组织、社区人员，以社会志愿者形式参与社区

① 连春亮：《社会力量参与社区矫正的模式选择》，载《河南司法警官职业学院学报》2019 年第 3 期。

② 连春亮：《社会力量参与社区矫正的模式选择》，载《河南司法警官职业学院学报》2019 年第 3 期。

矫正工作。

第三，互助合作型模式。“互助合作型，一般是指行政机关和社会企业、非营利组织、社会团体等相关机构，按照双方达成的协议，形成一定的权利（权力）义务关系，共同为社区矫正工作提供支持的参与方式。如社会企业在政府的资助下建设经营社区矫正基地、技术培训基地等。”① 这一模式在我国正在建立，虽然存在不同地区的发展不均衡现象，但是发展趋势向好，未来培育发展的主要方向是提高专业化、规范化水平。

第四，精英主导型模式。“精英主导型，是指社会精英应用自身所具有的资源，为社区矫正工作提供支持的参与方式。如社会知名企业家对家庭困难的矫正对象的帮扶行为、安置就业行为、捐助行为等。”② 这是社会发育成熟形态下普遍具有的一种模式。目前，这一模式在我国处于起步阶段，尽管国家出台了相关的优惠和扶持政策，但是精英阶层少有介入这一领域的意识和愿望，导致其不仅发展缓慢，而且举步维艰。

三、矫正需求广泛性与矫正项目匮乏性的矛盾

《社区矫正法》要求对社区矫正对象实施分类教育和个别化矫正。社区矫正对象对矫正教育的形式、内容等，有着不同的需求，这就要求我们在对社区矫正对象的矫正教育中，依据不同的需求和类别，针对不同的社区矫正对象个体，设置与之相匹配的矫正方案、矫正项目和矫正内容。

（一）社区矫正对象的需求多元化

由于社区矫正对象的生活区域环境、专业学历背景、个人兴趣爱好、经济状况等不同，对自己的职业生涯设计和职业选择也有很大差异。从生活的区域看，生活在城市和农村的社区矫正对象差别最大，生活在城市的社区矫正对象大多选择美容美发、饭店宾馆、物流配送、设备维护、电器维修等服务业；而生活在农村的社区矫正对象大多选择养殖业、种植业、建筑业等行业。从个人兴趣爱好看，年龄大的中老年社区矫正对象喜欢自己熟悉的职业；青少年社区矫正对象往往选择具有现代特质的职业。社区矫正对象成分的复杂性，决定了职业选择的多元化。

（二）矫正项目的资源稀缺

不同的矫正项目具有自己的专业化特质，需要专业机构中的专业人士运用专业知识和技术来设置，所以，矫正项目和专业社团的发展水平紧密相关。只有具有各种专业技能的社会团体、社会组织和相关的专业机构，才能设置建造出独具特色的矫正项目。目前，我国社区矫正的相关社团处于起步阶段，不仅数量和规模少、专业人员匮乏，而且专业化水

---

① 连春亮：《社会力量参与社区矫正的模式选择》，载《河南司法警官职业学院学报》2019 年第 3 期。

② 连春亮：《社会力量参与社区矫正的模式选择》，载《河南司法警官职业学院学报》2019 年第 3 期。

平相对较低，还没有设置建造针对性强的矫正项目，不能满足社区矫正对象多样化的需要。我们对社区矫正对象的矫正，基本立足于简单分类型矫正，并通过社会力量的“粗放”参与来完成，存在形式单一、内容简单、竞争力差等缺陷。

（三）社区矫正的协作共赢

要满足社区矫正对象对矫正教育的需求，最根本的途径还是依靠社会力量创设建构具有针对性的矫正项目，要达到这一目的就必须建构社区矫正机构和社会力量的合作平台。

第一，社区矫正机构要培育专业化的社团组织，充分开发社区资源，社区矫正机构可通过购买服务的方式，重点培育规模大、实力强的专业社团组织专司社区矫正服务，由专业社团组织为社区矫正机构提供各种类型的矫正项目。

第二，设置矫正项目的专业化种类，就目前来说，需要开发的矫正项目种类包括劳动技能培训类项目、社会交往技能类项目、情绪控制类项目、家庭矫正类项目、生活能力帮助类项目、戒毒类项目、暴力类防治项目、心理矫治类项目、认知行为矫正类项目、家庭关系辅导、危机干预项目、人身危险性评估和控制、重返社会项目、性犯罪控制项目等。只有这样，才能满足不同社区矫正对象群体的需要。

第三，制定社团组织为社区矫正对象矫正项目服务的指标体系，使每一个矫正项目都有相对固定的内容，明确服务项目应达到的质量和数量，为矫正项目的评估验收提供量化和质化的依据。

第四，建立矫正项目的科学的评估验收机制。社区矫正机构依照矫正项目的指标体系，组织专家或者第三方对专业社团组织的服务质量和数量进行评估验收，并将此作为双方合作的实效成果和支付服务费用的依据。

四、智慧矫正与人文教育的矛盾

智慧矫正是以现代信息技术为基础而建立起来的新型矫正教育模式，是现代信息技术在社区矫正领域的应用。人文教育是以人为中心，关注人的需要，关注人的发展，挖掘人的潜能，培育人的智识的教育活动。这样，如何平衡智慧矫正与人文教育的关系，摆正二者之间的位置就成为社区矫正工作面临的现实矛盾。

（一）智慧矫正解决现实问题

近几年来，随着现代信息技术的迅猛发展，智慧矫正成为社区矫正工作的发展方向和追逐的热点，在实务工作中，智慧矫正也确实给社区矫正工作带来了便捷和高效。

社区矫正工作面临人员不足、设备落后、工作量急剧增加等问题，使社区矫正工作者整天处于繁忙的事务性工作中，严重挤占了对社区矫正对象的矫正教育时间。为了寻求走出困境的路径，寄希望于配备高端硬件、应用现代信息技术来提高工作效率。这样，社区矫正工作就把智慧矫正放在了重要的地位。

智慧矫正以现代信息技术弥补了社区矫正工作的现实缺陷，期望现代信息技术的应用倒逼社区矫正体制机制的完善。正因如此，现代信息技术使社区矫正工作由传统的以人为中心转向以技术为中心，带来了现代传媒技术的矫正教育形式和以大数据为核心的监管技术。

（二）智慧矫正指向智能化

智能化是智慧矫正的必然结果，智慧矫正硬件技术应用是多种新兴技术的结合，目的是获取、存储、传递、处理分析信息，将社区矫正中的各种信息转换为可用信息。依据2019年1月司法部办公厅印发的《关于加快推进全国“智慧矫正”建设的实施意见》，智慧矫正是集互联网、物联网、云计算、大数据、人工智能、区块链等现代信息技术于一体，使社区矫正工作更高效，建设社区矫正工作基础信息管理、业务流程管理、应急突发事件处置、电子定位监控、远程教育学习、远程视频督察等一体化大平台，使社区矫正工作实现便捷化、可视化。社区矫正工作的未来发展方向必然是智能化。智能化是智能技术的广泛应用，使社区矫正的专业设备具有感知能力、思考能力和决策能力。其中，智能机器人、智能感知、识别技术与普适计算等通信感知技术的应用，使智慧矫正逐步走向高端化。

（三）人文教育的应然选择：以人为先而非技术为重

1. 树立用技术应对人的困境的理念。社区矫正的本质是培养、教化、培育社区矫正对象的人文素养，社区矫正工作者和社区矫正对象是矫正教育双方的共同行动者，是“命运共同体”。对社区矫正对象的矫正教育是以人为中心的人文教育过程，社区矫正活动的主体是人，现代信息技术只是介体，只在于辅助开展社区矫正工作。实践证明，无论如何先进的现代信息技术都无法改变社区矫正工作者与社区矫正对象之间的互动关系，即人与人之间的心理互动关系。

人始终是社区矫正工作的主体与核心。社区矫正工作所面临的矛盾和困境，本质上是人的困境。现代信息技术的广泛应用，最终体现在社区矫正对象的矫正教育质量与社会的有机融合上。

2. 人的不可替代性。社区矫正是对人的教化，是以人文、人性为基础的心灵的沟通和内化，必须遵循教育的原则和规律，关注人的需要。智慧矫正是现代信息技术的产物，能够给社区矫正工作带来便利、效率，但是，无论智慧矫正的智能化程度发展到何种阶段，永远不可能替代“人”这一主体。

对社区矫正对象的人文教育，不仅需要针对社区矫正对象的犯因性问题，而且要依据其个性化的特征，而不是以提前设计的“固化”的、全面的交互为特征的多功能杂糅的智慧矫正。这就造成了对社区矫正对象矫正教育的个性化与自主发展的矛盾和冲突。

为了克服智慧矫正的过度泛化而产生的人文教育的僵化，就必须强调以人为先而非技术为重。如果说当下的智慧矫正引领了一条社区矫正高科技信息技术之路，那么，倡导建构“人对人”的交流沟通平台，则充分体现了社区矫正的实用原则，即智慧矫正的高科技硬件建设弥补了人员、设备、资金等的不足。而建构以人为中心的“人对人”的交流沟通平台，并非因循守旧原有的工作模式，更不是排斥现代信息技术的应用。反之，是传统矫正教育技术在充分应用现代信息技术的基础上的转型、提质和升级。

在智慧矫正面前，我们必须明确一个核心问题：现代信息技术不管智能化程度有多高，都不能淡化或者边缘化作为主体的人，不能替代人，更不能凌驾于人之上，人的因素永远都是首位的。

五、“内卷化效应”与社区矫正创新的矛盾

“作为一个学术概念，‘内卷化’表现为一个社会或组织，既没有突变式的发展，也没有渐进式的增长，而是处于一种不断内卷、自我复制与精细化的状态。因此，‘内卷化’又译为‘过密化’，用来解释政治、经济、文化和社会发展中表现出的‘滞缓性’与‘反复性’等特征。”① “从词源学上看，它主要用强调变迁过程中所存在的过去和现在的密切关系，表达演化过程中复杂的退缩力量。‘内卷化’虽然也是一种革新的形式，但这种革新的目的在于保存现有的结构，通过修补解决问题。‘内卷’是对传统的基本运作模式的坚持，着重于内部的细致与修饰，以及琐碎的技术与重复运作，表现为，一种社会或文化模式，在发展到某种确定的形式后，停滞不前或无法转化为另一种高级模式的现象。”②

笔者将社区矫正制度存在的“内卷化”界定为：“随着《社区矫正法》的颁布实施，使社区矫正工作在价值取向、法律规制、目标导向、功能定位、逻辑预设、制度规范等方面发生了变化，对社区矫正制度创设造成相对固定化的内源性障碍，导致社区矫正工作在国家治理现代化的背景下，难以进入社区矫正法治化的新型发展状态，只是不断重复已有的工作形态，制约着社区矫正制度的转型、升级和提质。”③

（一）“内卷化效应”阻却社区矫正创新

“内卷化效应”是社会发展的形态定式和结构固化。社区矫正制度的建构一经产生，就决定了它的“内卷化”特征。《社区矫正法》的颁布实施，要求对社区矫正工作进行开拓创新，建构新的和《社区矫正法》相适应的社区矫正制度形态。这样，社区矫正“内卷化效应”与社区矫正创新之间的矛盾冲突，就成为必须解决的问题。

社区矫正“内卷化效应”除了典型的对社区矫正工作的方式方法低水平的模仿和复制之外，被学界公认的“内卷化效应”还包括无意义的精益求精；简单问题复杂化；严重偏离法定目标；在同一个问题上无休止地挖掘研究；为了免责，被动地应付工作等。本书将社区矫正“内卷化效应”的特质和表现归纳为目标偏移、自我固化、功能定式、模板复制、自我退化、内在结构的弱质平衡、话语“霸权”的泛化等。④ 在社区矫正实际工作中，“内卷化效应”的表现主要有：低水平的相互模仿和复制工作制度、工作模式，各部

① 黄丽萍：《我国社会治理中的“内卷化”风险及其规避之道》，载《理论导刊》2015年第7期。

② 李书肖：《内卷化：我国高等教育的隐忧》，曲阜师范大学2010年硕士学位论文。

③ 连春亮：《我国社区矫正制度的“内卷化”及其破解之道》，载《犯罪研究》2020年第6期。

④ 连春亮：《我国社区矫正制度的“内卷化”及其破解之道》，载《犯罪研究》2020年第6期。

门都要求报数据、报指标，不断地考核、验收、评比；过分强调矫正方案的规范性，矫正档案、谈话记录和工作台账的完整性；刻意强调工作“留痕”，把留痕材料作为工作成果；在对矫正教育工作的要求上，片面强调台账建立率、社区矫正对象见面率、重点社区矫正对象谈话率、个案矫正覆盖率以及总结报告与重新犯罪率的多少等。正是这一问题的存在，使得社区矫正工作低效率、无价值地重复，严重偏离了社区矫正的目标追求。

（二）矛盾破解之逻辑预设

破解社区矫正制度“内卷化效应”的核心，在于社区矫正事务的层次化、明晰化，通俗地说就是“政府的归政府，社会的归社会，市场的归市场”，使政府应该行使的权力，由政府部门来行使；由社会力量来做的事情，让社会力量放开去做；由市场调节的事务，让市场来调节。各个参与主体按照职责分工，各尽其责，各享其利。这才是现代社会犯罪治理的应有逻辑思路。

1. 压缩社区矫正的权力逻辑。《社区矫正法》是规制社区矫正所有参与者的法。依照多元参与主体的职责和法律地位，政府处于社区矫正工作的第一层次。其中，政府部门中直接参与社区矫正工作的有社区矫正委员会、公安机关、人民法院、人民检察院、司法行政机关、社区矫正机构、监狱管理机关等，间接参与的政府部门有人力资源和社会保障部门、教育部门、民政部门、财政部门等。社区矫正委员会“负责统筹协调和指导本行政区域内的社区矫正工作”；公安机关、人民法院、监狱管理机关在各自的职责范围内行使刑罚执行权，以及委托调查评估等伴生权力；人民检察院行使法律监督权；司法行政机关主管社区矫正工作；社区矫正机构负责社区矫正工作的具体实施。政府部门中直接参与的部门的职责，《社区矫正法》有具体的规定，间接参与的政府部门主要是协作部门。对于政府部门来说，除了法定职权之外，要遵循“公权法定”“法无授权不可为”等现代社会治理的原则，树立为社区矫正对象服务的理念，不得以任何理由肆意自我扩权，不得将权力延伸到自治组织或者政府不得参与的领域。

2. 拓展社区矫正的自治逻辑。社区矫正的本质意义在于“由社区来矫正”，对社区矫正对象的矫正教育、社会帮扶、危机干预、恢复性司法等是由社区自治的。社区矫正机构应遵循“社区的事务归社区”的自治逻辑，以村民委员会和居民委员会为基本支撑单位，将妇联、共青团、志愿者协会、关心下一代协会等社会团体纳入辅助力量之中，和专业社团、经济组织有效合作，共同建构社区矫正联合体。

3. 开放社区矫正的市场逻辑。《社区矫正法》大力倡导社会组织、社会团体、非营利性组织、专业的社会服务机构等介入社区矫正工作，特别是倡导政府“通过公开择优购买社区矫正社会工作服务或者其他社会服务，为社区矫正对象在教育、心理辅导、职业技能培训、社会关系改善等方面提供必要的帮扶。社区矫正机构也可以通过项目委托社会组织等方式开展上述帮扶活动”。由此可以看出，对社区矫正对象进行教育帮扶可以通过市场交易模式择优购买服务。这样，社区矫正机构所需要的服务项目、社会服务机构所具有的矫正项目，就可以通过市场交易的平台依据互利共赢的交易合意，达成矫正教育和社会帮扶的共同体。

第三章 矫正教育的原则

"原则是反映客观事物规律的行为规范",[①] "原则是一种抽象的、一般的、稳定的规则","原则是一种价值判断"。[②] 矫正教育的原则是社区矫正工作在开展矫正教育活动中,必须坚持的基本准则与要求,也是矫正教育的目的和本质的体现。对社区矫正对象的教育矫正活动,既是一个多元主体参与、多种举措并举、形式和内容多样的活动,也是一个贯穿于社区矫正始终的过程,因此,在教育矫正过程中,必须遵循一定的原则,才能够规范教育矫正工作。在矫正教育原则的贯彻执行过程中,我们将其分为法定性原则和学理性原则,根据其形式,也表述为单一性原则和复合性原则。

第一节 矫正教育的法定性原则

矫正教育的法定性原则是指在《社区矫正法》的规定中,以法律规定的形式,或者具体法律条文所体现的基本准则与要求,本书将其归类为法定性原则,也称之为单一性原则。这些原则包括了尊重和保障人权原则、政府主导原则、分类教育原则、因人施教原则、社会参与原则、专业化原则等。

一、尊重和保障人权原则

(一)法律规定

《社区矫正法》第 4 条第 2 款规定:"社区矫正工作应当依法进行,尊重和保障人权。社区矫正对象依法享有的人身权利、财产权利和其他权利不受侵犯,在就业、就学和享受社会保障等方面不受歧视。"第 26 条第 2 款规定:"社区矫正机构开展实地查访等工作时,应当保护社区矫正对象的身份信息和个人隐私。"第 54 条规定:"社区矫正机构工作人员和其他依法参与社区矫正工作的人员对履行职责过程中获得的未成年人身份信息应当予以保密。除司法机关办案需要或者有关单位根据国家规定查询外,未成年社区矫正对象的档

① 王雪峰、李为忠、高海平、李晨光:《罪犯教育理论专题研究》,法律出版社 2014 年版,第 181 页。

② 王雪峰、李为忠、高海平、李晨光:《罪犯教育理论专题研究》,法律出版社 2014 年版,第 182 页。

案信息不得提供给任何单位或者个人。依法进行查询的单位，应当对获得的信息予以保密。”第 57 条规定：“未成年社区矫正对象在复学、升学、就业等方面依法享有与其他未成年人同等的权利，任何单位和个人不得歧视。有歧视行为的，应当由教育、人力资源和社会保障等部门依法作出处理。”这些规定的核心要义是要尊重和保障社区矫正对象的合法权利，本书将其表述为尊重和保障人权原则。

（二）原则含义

保障社会公共安全是刑事执行的本质属性，也是社会公平正义的必然要求；维护社区矫正对象的合法权益是现代刑事执行的内在品质，也是刑罚文明化、谦抑性的重要标志。在现代刑罚框架下，常常出现保障社会公共安全和维护社区矫正对象合法权益之间的矛盾冲突。因此，矫正教育工作既要保障社会公共安全，也要维护社区矫正对象的合法权益。保障社会公共安全是矫正教育工作的前提和质的要求，没有社会安全作为保障，矫正教育工作就会失去合法性和合理性。

（三）贯彻这一原则的要求

在我国法治国家、法治社会、法治政府一体化建设中，尊重和保护人的自由与尊严始终是其重要的价值目标和原则，在矫正教育工作中，保障社区矫正对象的权利，是立足于以下三方面的逻辑预设：一是保障社区矫正对象的权利是基于社区矫正对象是人这样一个基本客观事实决定的，是刑法人道主义的内在要求。二是社区矫正对象的权利源于现代法律的确认和设定，保障社区矫正对象的权利是对矫正教育工作的法定要求，也是矫正教育工作的法定职责，任何侵害社区矫正对象合法权益的行为，都是法律所不允许的。三是刑罚人权理念，首先是对社区矫正对象合法权益的保护。在社区矫正对象接受应有惩罚的基础上，应充分考虑刑罚的方法和种类、刑罚量的调整、刑罚执行方式等方面，有利于社区矫正对象回归社会、适应社会和与社会相结合，以巩固改造成果。所以，保障社会公共安全和维护社区矫正对象合法权益的有机结合和并重，是矫正教育工作必须坚守的原则。

二、政府主导原则

（一）法律规定

这一原则是贯穿于矫正教育始终的，在《社区矫正法》中的具体体现主要有：该法第 6 条第 1 款规定：“各级人民政府应当将社区矫正经费列入本级政府预算。”第 8 条第 1 款规定：“国务院司法行政部门主管全国的社区矫正工作。县级以上地方人民政府司法行政部门主管本行政区域内的社区矫正工作。”第 8 条第 3 款规定：“地方人民政府根据需要设立社区矫正委员会，负责统筹协调和指导本行政区域内的社区矫正工作。”第 35 条规定：“县级以上地方人民政府及其有关部门应当通过多种形式为教育帮扶社区矫正对象提供必要的场所和条件，组织动员社会力量参与教育帮扶工作。有关人民团体应当依法协助社区矫正机构做好教育帮扶工作。”第 40 条规定：“社区矫正机构可以通过公开择优购买社区矫正社会工作服务或者其他社会服务，为社区矫正对象在教育、心理辅导、职业技能培训、社会关系改善等方面提供必要的帮扶。社区矫正机构也可以通过项目委托社会组织等方式开展上述帮扶活动。国家鼓励有经验和资源的社会组织跨地区开展帮扶交流和示范活动。”第 41 条规定：“国家鼓励企业事业单位、社会组织为社区矫正对象提供就业岗位和职业技能培训。招用符合条件的社区矫正对象的企业，按照规定享受国家优惠政策。”第 43 条规定：“社区矫正对象可以按照国家有关规定申请社会救助、参加社会保险、获得法律援助，社区矫正机构应当给予必要的协助。”社区矫正是非监禁刑事执行活动，政府是这一工作的“掌舵者”，必须在政府主导下开展。

（二）原则含义

矫正教育只是社区矫正工作的任务之一，尽管法律法规和规范性文件要求要广泛地吸纳社会力量，开展矫正教育工作，但是，政府始终是主导者，这是因为：一是矫正教育是改造人的工作，不仅要求在矫正教育的技术层面规范运作，而且要求必须保证正确的政治方向，教育内容必须符合新时代中国特色社会主义的理论体系。“以改造人为宗旨”的矫正教育工作方针，要求以思想教育为核心，文化教育为基础，技术教育为重点，针对社区矫正对象罪行的性质、原因和心理特征，进行思想、法律、道德、文化、技术等教育。把教育的重点放在矫正恶习、转变思想、增长知识、培养技能上。只有在政府主导之下，才能保证正确的政治方向。

二是矫正教育的核心是“三观教育”。矫正教育是对社区矫正对象的世界观、人生观、价值观的教育，世界观是社区矫正对象对世界的总体看法和根本认识，是认识世界、改造世界的思想武器。人生观是社区矫正对象对人生目的和意义的根本看法，具体表现在幸福观、生死观、苦乐观、荣辱观、恋爱观等方面，它是世界观在人生问题上的表现，影响并在一定程度上决定社区矫正对象的道德行为和道德品质。价值观是社区矫正对象对人的思想和行为的真伪、善恶、美丑的评价和判断。一般来说，有什么样的世界观就有什么样的人生观和价值观，人生观、价值观是世界观的重要组成部分，也是其具体体现。人生观与价值观紧紧相连，人生观决定价值取向，价值观引导人生走向，人生观和价值观又丰富和发展着世界观。对社区矫正对象加强世界观、人生观、价值观的教育和学习，对于进一步提高社区矫正对象自身的素质，具有根本性的意义。

三是矫正教育的需求广泛，必须由政府统筹兼顾，合理分配。首先，要有现代化的矫正教育设备，满足社区矫正对象矫正教育的技术需求。其次，要有多元化的教育内容。在矫正教育中，仅就社区矫正对象的职业技能教育而言，不同的社区矫正对象有不同的职业培训需求，就目前的职业培训实践来看，包括了保险业、餐饮、宾馆、电信业、房地产、服务、服装业、公益组织、广告业、健康、保健、建筑业、计算机、会计、美容、零售、批发、农业、旅游业、司机、医疗服务、艺术、设计、音乐舞蹈、邮政快递、运输业等。只有在政府的主导下，才能统筹兼顾，整合矫正教育资源，合理分配，满足社区矫正对象的需要。

（三）贯彻这一原则的要求

主要表现在：一是政府主管。地方人民政府设立社区矫正委员会，负责统筹协调和指导本行政区域内的社区矫正工作；县级以上地方人民政府司法行政部门主管本行政区域内的社区矫正工作。二是政府提供社区矫正所需要的资金。按照法律规定，把社区矫正经费列入本级政府预算。三是为矫正教育提供场所和条件，组织动员社会力量参与矫正教育工作。四是政府通过购买社区矫正社会工作服务或者其他社会服务，为社区矫正对象在教育、心理辅导、职业技能培训、社会关系改善等方面提供支持。五是通过设立多种多样的矫正教育项目，委托社会组织为社区矫正对象提供服务。六是对招用符合条件的社区矫正对象的企业，按照规定给予享受国家优惠政策的待遇。

三、分类教育原则

（一）法律规定

这一原则在《社区矫正法》中的具体体现主要有：该法第 3 条规定的“采取分类管理、个别化矫正，有针对性地消除社区矫正对象可能重新犯罪的因素，帮助其成为守法公民”。第 24 条规定：“社区矫正机构应当根据裁判内容和社区矫正对象的性别、年龄、心理特点、健康状况、犯罪原因、犯罪类型、犯罪情节、悔罪表现等情况，制定有针对性的矫正方案，实现分类管理、个别化矫正……”

（二）原则含义

分类教育原则是指在对社区矫正对象科学分类的基础上，针对不同类型的社区矫正对象的同类别的犯因性问题开展的行之有效的矫正教育措施和方法的原则。很明显，分类教育解决的是社区矫正对象的类别问题，关键在于依照科学的标准，对社区矫正对象进行科学的分类。在此，可借鉴美国社区矫正的分类标准，“对罪犯的分类通常有三种尺度：一是罪犯的危险性，主要考虑罪犯今后犯罪的可能性；二是罪犯的需要，主要考虑罪犯与犯罪有关联的需要结构；三是矫正项目与罪犯的适应，主要考虑矫正的处遇项目是否适应罪犯的需要和情况”①。根据社区矫正对象在不同阶段的心理状态、行为特征和需求，设定相应的教育目标、教育内容和教育方式。

（三）贯彻这一原则的要求

在实务过程中，不同地区在对社区矫正对象的分类标准上，也有一定的区别，主要的表现形式有：

第一，按照社区矫正对象的犯罪类别、个性特点等进行分类，将社区矫正对象分为危

① 刘强：《美国社区矫正的理论与实务》，中国人民公安大学出版社 2003 年版，第 191 页。

险驾驶类、交通肇事类、盗伐滥伐林木类、诈骗类、赌博类、未成年类、女性类等，分类进行矫正教育工作。

第二，社区矫正机构根据矫正对象的家庭背景、心理特点、案件情况、认罪悔罪态度、入矫教育阶段的表现以及矫正教育条件等个性化特征，考虑改造表现、社区环境、人身危险性、再犯罪可能性、再社会化程度等多项因素，进行风险测评。综合评估结果，设定不同的分类教育类别，采取不同的监督管理和矫正教育措施。

第三，按照社区矫正对象的不同矫正阶段进行分类教育，最为常用的是“三段教育法”：入矫之后初始教育、中期教育和解矫教育。

入矫之后初始教育。首先，分析社区矫正对象的心理状态、行为特征和内在需求。在心理状态方面，社区矫正对象由于被判处刑罚进入社区矫正，存在自卑心理，担心受到歧视；基于生存危机产生焦虑、悲观情绪，对生活缺乏信心；对社区矫正存在逆反心理或者企图用接受社区矫正换取生活救助、疾病治疗等问题。在行为特征方面，社区矫正对象对社区矫正消极抵触，拒不参加；对社区矫正具有试探性和被动性。在需求内容方面，部分假释、暂予监外执行的社区矫正对象刚出监回到社区，往往衣食无着，解决生存问题是其第一需求。同时，社区矫正对象要面对亲属、朋友和社区群众，因此渴望社会、亲人和社区群众的接纳、尊重和理解。其次，确立矫正教育目标、矫正教育内容和矫正教育方式。主要是根据社区矫正对象在这一阶段的心理状态、行为特征和需求内容，矫正教育目标是促进其适应社会，同时在认罪服法的基础上接受社区矫正机构的矫正教育。矫正教育内容是社区矫正知识的教育、认罪服法教育、规范养成教育等。矫正教育方式是以个别教育为主通过发放学习资料、个别谈话与辅导、电话交流、家庭走访等方法实施。

中期教育。首先，把握社区矫正对象的心理状态、行为特点和需求内容。在心理状态方面，经过入矫之后的初始教育，社区矫正对象熟悉了社区矫正制度，逐渐适应了社区矫正，其心理状态趋于稳定。在行为特征方面，社区矫正对象养成遵守社区矫正制度的习惯性行为，外在行为表现可能呈现反复性。在内在需求方面，社区矫正对象基于对生活前景的考虑，对文化知识、职业技能、法律知识的需求较多。其次，确立矫正教育目标、矫正教育内容和矫正教育方式。根据社区矫正对象在这一阶段的心理状态、行为特征和需求内容，社区矫正教育的目标是矫正其犯罪心理和行为恶习，培养其健康心理，使其增强法律意识，提高道德、文化水平和生存能力。矫正教育内容是思想教育、法制教育、文化教育、职业技能培训、劳动养成教育、心理健康教育等。矫正教育方式是综合运用个别教育、集体教育和社会帮教等多种形式。

解矫教育。首先，分析社区矫正对象的心理状态、行为特征。在心理状态方面，因即将解除矫正，部分社区矫正对象有不同程度的放松和希望早日解除矫正的急切心理。在行为特征方面，部分社区矫正对象在行为上呈现应付的特点。其次，确立教育目标、矫正教育内容和矫正教育方式。根据社区矫正对象在这一阶段的心理状态、行为特征，矫正教育的目标是增强其自律意识、巩固教育工作成果；矫正教育内容是指导其对接受社区矫正过程进行回顾和总结，指明其不足之处和努力方向。矫正教育方式是以个别教育为主，了解其对社区矫正工作的评价，指导其进行总结。

四、因人施教原则

因人施教是教育学的基本规律之一。因人施教原则蕴含了“个别化矫正”“个别教育”“差异化对待”等内容。

（一）法律规定

《社区矫正法》第3条和第24条都规定了“个别化矫正”；第36条规定：“社区矫正机构根据需要，对社区矫正对象进行法治、道德等教育，增强其法治观念，提高其道德素质和悔罪意识。对社区矫正对象的教育应当根据其个体特征、日常表现等实际情况，充分考虑其工作和生活情况，因人施教。”第52条第1款规定：“社区矫正机构应当根据未成年社区矫正对象的年龄、心理特点、发育需要、成长经历、犯罪原因、家庭监护教育条件等情况，采取针对性的矫正措施。”

（二）原则含义

因人施教原则是指在社区矫正对象矫正教育过程中，要根据不同类型、不同个体的年龄特征和个别差异，选择不同的社区矫正工作者，采取相应的矫正教育内容和方法，制定相应的矫正教育策略，有的放矢地进行针对性矫正教育的原则。社区矫正对象的构成情况十分复杂，他们的犯罪性质、刑期长短、主观恶性、现实表现、文化程度及性格特点等各不相同。因此，必须根据不同的社区矫正对象，区别不同情况，采取不同的矫正教育内容和方法，进行针对性的矫正教育。这条原则实际上是反映和要求社区矫正工作者正确处理矫正教育过程中集体教育与个别教育，统一要求和照顾个性特长之间的辩证统一关系。

（三）贯彻这一原则的要求

贯彻因人施教原则，应注意以下问题：

1. 深入了解社区矫正对象的个体特征，从实际出发进行矫正教育。社区矫正对象的来源渠道是多样的，既有从监狱转过来的，也有从看守所送过来的，还有的是在人民法院判决后直接送过来的。每个罪犯的年龄、性格、社会阅历、家庭背景、知识状况、犯罪原因、刑种、刑期、犯罪主观恶习、认罪态度等基本情况各不相同。因此，社区矫正工作者要事先查阅社区矫正对象的有关档案材料，要通过个别谈话、走访、心理测试等，经常了解和研究社区矫正对象，为分析和掌握其思想状况打下基础。在这一过程中，既要掌握社区矫正对象的一般特点，如社区矫正对象的知识水平、接受能力、学习风气和学习态度等；还要了解社区矫正对象的具体情况，如社区矫正对象的兴趣、爱好、注意力、记忆力、理解能力、知识储备和努力程度等方面的特点。社区矫正工作者要在充分了解社区矫正对象的基础上，采取不同的方法，有的放矢地进行矫正教育。社区矫正工作者在了解社区矫正对象的基础上，还要处理好一般与个别，集体与个人的关系。矫正教育中要把主要的精力放在集体教育上，同时也要善于在集体教育中兼顾个别社区矫正对象，如把社区矫正对象在社区矫正中的存在问题以及他们的优缺点、经验、成绩等反映到矫正教育实践中；也可以在矫正教育实践的基础上，针对社区矫正对象的不同要求，进行个别辅导，进行单个矫正教育，有目的、有计划地进行个别教育，使矫正教育中的统一要求与因人施教相结合。

2. 正确对待社区矫正对象的个别差异。善于发现和培养具有特殊才能的社区矫正对象。承认社区矫正对象的个别差异，是为了发挥所长，弥补所短，做到“长善救失”，把社区矫正对象培养成现代化建设所需要的人才。因此，对待每一个社区矫正对象，都要热情关怀，耐心地辅导和帮助，充分发挥他们的潜力，促进其成长。

3. 针对社区矫正对象的个性特点，制订个性化的教育矫正计划。社区矫正对象的性格特点和对待矫正教育的态度，是影响矫正教育质量的重要因素，应当针对不同的特点，制订个性化的矫正教育计划，精选教育内容，运用恰当的教育方法，有的放矢，对症下药，才能取得良好的矫正教育效果。例如，对观察力薄弱、感性经验储备少的社区矫正对象，要注意培养他们的观察能力，丰富他们的感性认识；对矫正教育中马马虎虎的社区矫正对象，要求他们勤学苦练，认真细致；对行动缓慢、反应迟钝的社区矫正对象，多鼓励他们提高动作速度，勤于思考问题；对思维能力较强的社区矫正对象，多给以难度较大的矫正教育项目，要求他们精益求精。再如，对未成年社区矫正对象的矫正教育，要坚持教育为主、惩罚为辅原则，思想道德教育以塑造社会品格为主，文化知识教育以初等教育为主，职业技术教育以学习生产技能为主，同时着重加强亲情教育。又如，对女性社区矫正对象的教育，要坚持宽严相济原则，注重女性生理、心理知识教育以及职业技术教育，并充分发挥家庭教育的优势。总之，矫正教育要注意个别对待，加强个别指导。

4. 针对不同情况，进行针对性教育。在社区矫正对象中，他们有的是思想上有问题，如对社区矫正不理解，有抵触情绪；有的是心理上有问题，如在社区矫正中产生焦虑不安的心理现象；有的是有家庭问题，如家庭关系紧张，妻子闹离婚，家中有病人等；有的是有经济问题，如无业可就、孩子上学困难等。针对这些问题，社区矫正工作者要热心帮助他们解决困难，使他们放下思想包袱，踏实接受矫正教育。

5. 及时发现新情况、新问题，妥善处理。社区矫正对象在矫正教育中，由于自身的原因或社区环境的影响会经常出现这样或那样的问题。为了及时解决和处理他们在矫正教育中出现的新情况、新问题，促使他们心悦诚服地接受矫正教育，深刻认识自己的罪错，就必须做到对发生的问题及时掌握，分别情况，及时教育，妥善处理。

6. 选择适格的社区矫正工作者。社区矫正对象的矫正教育并不是孤立的，相关因素都是相互联系、相互依托的，彼此组成一个统一的矫正教育体系。社区矫正工作者都有自身的专业特长，也有自己的短板，不是每一位社区矫正工作者都能适应社区矫正对象矫正教育的需要，因此，应依据不同的社区矫正对象配备适格的社区矫正工作者，只有这样，社区矫正工作者在矫正教育中才能把相关要素优化配置，发挥自己的特长，提高矫正教育的质量。

五、社会参与原则

（一）法律规定

《社区矫正法》第 12 条规定了居民委员会、村民委员会、社区矫正对象的监护人、家庭成员，所在单位或者就读学校等依法协助社区矫正机构做好社区矫正工作。第 13 条规定了“国家鼓励、支持企业事业单位、社会组织、志愿者等社会力量依法参与社区矫正工作”。第 35 条规定了组织动员社会力量参与教育帮扶工作，有关人民团体应当依法协助社区矫正机构做好教育帮扶工作。第 37 条规定：“社区矫正机构可以协调有关部门和单位，依法对就业困难的社区矫正对象开展职业技能培训、就业指导，帮助社区矫正对象中的在校学生完成学业。”第 38 条规定：“居民委员会、村民委员会可以引导志愿者和社区群众，利用社区资源，采取多种形式，对有特殊困难的社区矫正对象进行必要的教育帮扶。”第 39 条规定：“社区矫正对象的监护人、家庭成员，所在单位或者就读学校应当协助社区矫正机构做好对社区矫正对象的教育。”第 40 条规定：“社区矫正机构可以通过公开择优购买社区矫正社会工作服务或者其他社会服务，为社区矫正对象在教育、心理辅导、职业技能培训、社会关系改善等方面提供必要的帮扶。社区矫正机构也可以通过项目委托社会组织等方式开展上述帮扶活动。国家鼓励有经验和资源的社会组织跨地区开展帮扶交流和示范活动。”

（二）原则含义

社会参与原则是指社区矫正机构依靠社会各方面的力量，对社区矫正对象开展有目的、有计划、有组织的矫正教育活动的原则。矫正教育工作作为一项综合性的社会系统工程，需要建立以政府为主导，全社会共同参与的工作格局，走专门机关与群众路线相结合之路。要通过积极的舆论宣传，动员和组织社会各方面力量积极参与社区矫正工作，整合并利用社会资源，发挥各自优势，对社区矫正对象开展矫正教育，提高矫正教育质量和水平。在国家政策层面，也出台了社会力量参与的相关文件。主要有：一是 2012 年 11 月 14 日，民政部、财政部印发《关于政府购买社会工作服务的指导意见》（民发〔2012〕196 号），规定按照“受益广泛、群众急需、服务专业”原则，实施特殊群体社会关爱计划，帮助社区矫正对象、刑满释放人员及在监服刑人员等特殊人群纠正行为偏差、缓解生活困难、疏导心理情绪、改善家庭和社区关系、恢复和发展社会功能。这是我国首次将矫正教育社区矫正对象列入政府购买社会工作服务的范围。二是 2013 年 9 月 26 日，国务院办公厅印发《关于政府向社会力量购买服务的指导意见》（国办发〔2013〕96 号），从强调政府向社会力量购买服务的重要性、把握总体方向、规范有序开展及扎实推进等四个方面规范了政府向社会力量购买服务工作。三是 2014 年 11 月 14 日，司法部、中央综治办、教育部、民政部、财政部、人力资源和社会保障部印发《关于组织社会力量参与社区矫正工作的意见》（司发〔2014〕14 号），对进一步鼓励引导社会力量参与社区矫正工作，进一步解决好社区矫正对象就业就学和社会救助、社会保险等问题作出整体部署。

（三）贯彻这一原则的要求

在矫正教育工作中贯彻社会参与原则，应做到以下几点：

1. 充分认识社会力量参与社区矫正工作的重要性。社会力量广泛参与矫正教育是社区矫正工作的显著特征。在矫正教育工作力量上，既要有专职从事矫正教育的社区矫正工作者队伍，也要广泛动员社会工作者、志愿者以及社会组织、所在单位、就读学校、家庭成员等各种社会力量，共同做好社区矫正工作；在工作方法上，需要充分发挥专业组织、专业人员的作用，综合运用社会学、心理学、教育学、法学、社会工作等专业知识，实现科学的矫正教育；在矫正教育工作体系和工作机制上，需要依托村（居）委会，依靠基层组织，充分发挥各有关部门的职能作用，落实相关政策和措施，为社区矫正对象顺利回归社会创造条件。自社区矫正工作开展以来，各地始终坚持紧紧依靠基层组织，广泛发动人民群众参与社区矫正工作，从实际出发，积极研究探索采取政府购买服务的方式，充实社区矫正机构工作人员，发展壮大社会工作者、志愿者队伍，专群结合开展社区矫正工作，取得了良好效果。新时代社会条件下，广泛开发社会力量参与矫正教育工作，是完善和健全社区矫正制度的客观需要；是提高矫正教育质量，促进社区矫正对象更好地融入社会的客观需要；是创新社区矫正对象管理服务，充分发挥社会主义制度优越性，预防和减少重新犯罪，维护社会和谐稳定的客观需要。我们要切实增强责任感和紧迫感，从政策制度上研究采取措施，充分发挥社会力量参与社区矫正工作的积极作用。

2. 拓展社会力量参与矫正教育工作的方式。

一是政府向社会力量购买矫正教育社会工作服务。司法行政部门、民政部门可根据职责分工，按照有利于转变政府职能、有利于降低服务成本、有利于提升服务质量和资金效益的原则，公开择优向社会力量购买矫正教育社会工作服务。要明确购买服务的数量、质量要求以及服务期限、资金支付方式、违约责任等，加强购买服务资金管理，指导督促服务承接机构履行合同义务，保证矫正教育服务数量、质量和效果。

二是鼓励引导社会组织参与矫正教育工作。鼓励社区矫正机构在疏导心理情绪、纠正行为偏差、修复与家庭和社区关系、恢复和发展社会功能、引导就学就业等矫正教育项目上，通过多种方式向具有社区矫正服务能力的社会组织购买服务。提供社区矫正服务的社会组织符合规定条件的可以享受相应的税收优惠政策。要引导其完善内部治理结构，加强服务队伍建设，提升在矫正教育领域提供社会工作专业服务的水平。鼓励热心于社区矫正事业的社会组织参与矫正教育工作，为社区矫正对象提供社会工作专业服务。司法行政部门通过建立完善社会组织参与矫正教育工作的机制和渠道，及时提供需求信息，为社会组织参与矫正教育创造条件、提供便利。

三是发挥基层群众性自治组织的作用。村（居）民委员会是协助开展矫正教育工作的重要力量。村（居）应发挥其贴近社区矫正对象日常工作、生活的优势，及时掌握矫正教育的思想动向和行为表现，积极协助社区矫正机构做好矫正教育的困难帮扶、矫正教育服务等工作，及时向社区矫正机构反映社区矫正对象的情况，发动引导社区社会组织、志愿者和居民群众广泛参与矫正教育工作，扩大交往融合，促进社区矫正对象融入社区、回归社会。要按照权随责走、费随事转的要求，为村（居）民委员会落实协助开展矫正教育工作的经费。各级民政部门要将矫正教育工作纳入社区服务体系建设规划，加强城乡社区综合服务设施建设和社区公共服务综合信息平台建设，指导村（居）民委员会协助、参与矫正教育工作。

四是鼓励企事业单位参与矫正教育工作。积极动员企事业单位参与矫正教育工作，通过捐赠物资、提供工作岗位、提供技能培训、提供专业服务等方式，为社区矫正对象回归社会提供帮助。录用符合条件的社区矫正对象的企业按规定享受国家普惠政策。

五是切实加强社区矫正志愿者队伍建设。社区矫正志愿者是热心社区矫正工作，自愿无偿协助对社区矫正对象开展法制教育、心理辅导、社会认知教育、技能培训等工作的人员。要广泛宣传、普及社区矫正志愿服务理念，切实发挥志愿者在矫正教育工作中的作用，建立社会工作者引领志愿者开展服务机制，扎实推进社区矫正志愿者注册和志愿服务记录工作，有计划、分层次、多形式地开展知识与技能培训，提升社区矫正志愿者服务的专业化水平，着力培育有一定专业特长、参与面广、服务功能强、作用发挥好的社区矫正志愿者队伍。对工作成绩显著的社区矫正志愿者，依国家规定给予表彰，形成有利于志愿者开展工作的良好氛围。鼓励企事业单位、公益慈善组织和公民个人对社区矫正志愿服务活动进行资助，形成多渠道、多元化的筹资机制。

六是进一步加强矫正小组建设。矫正小组是组织动员社会力量参与矫正教育工作的重要平台。社区矫正机构按照规定为每一名社区矫正对象建立矫正小组，组织有关部门、村（居）民委员会、社会工作者、志愿者、社区矫正对象所在单位、就读学校、家庭成员或者监护人、保证人以及其他有关人员共同参与，落实社区矫正措施。矫正小组要因案制宜，因人制宜，融法律约束、道德引导、亲情感化为一体，促进社区矫正对象顺利融入社会。

3. 政府应做好社会参与的保障工作。政府对社会力量参与矫正教育的保障工作，除了资金保障之外，最主要的是由政府有关部门公开招聘的社区矫正社会工作者，可依据国家有关规定享受相应的工作待遇，按照社会保险制度规定，按时足额缴纳社会保险费，实现应保尽保，保障其合法权益，并通过政府购买服务方式实行规范管理。鼓励其参加人力资源和社会保障部、民政部组织的全国社会工作者职业水平评价，用人单位可以根据需要对已取得全国社会工作者职业水平证书的人员通过竞聘上岗聘任相应级别专业技术职务。人力资源和社会保障部门支持民政部门、司法行政部门为其提供公益性和示范性业务培训平台，以实施专业技术人才知识更新工程为契机，进一步加大教育培训力度，完善教育培训政策。工作表现突出的，由主办单位按程序报批进行表彰，人力资源和社会保障部门积极配合做好表彰工作。

4. 着力解决社区矫正对象就业就学和社会救助、社会保险等问题。

一是促进社区矫正对象就业。人力资源和社会保障部门负责对有需求的社区矫正对象进行职业技能培训，并将其纳入本地职业技能培训总体规划。符合条件的社区矫正对象可以申请享受相关就业扶持政策，接受公共就业服务机构提供的职业指导和职业介绍等服务。二是帮助社区矫正对象接受基础教育。主要是对于未完成义务教育的未成年社区矫正对象，司法行政部门应当配合教育部门，协调并督促其法定监护人，帮助其接受义务教育。对于非义务教育阶段有就学意愿的社区矫正对象，地方教育部门应当对其予以鼓励和支持。三是做好社区矫正对象基本生活救助工作。民政部门对基本生活暂时出现严重困难、确实需要救助的社区矫正对象依法给予临时救助。将生活困难、符合最低生活保障条件的社区矫正对象家庭依法纳入最低生活保障范围。四是落实社区矫正对象的社会保险。已参加企业职工基本养老保险并实现再就业或已参加城乡居民基本养老保险的，按规定继续参保缴费，达到法定退休年龄或养老保险待遇领取年龄的，可按规定领取相应基本养老金，但服刑期间不参与基本养老金调整。社区矫正对象可按规定执行基本医疗保险等有关医疗保障政策，享受相应待遇。符合申领失业保险金条件的社区矫正对象，可按规定享受失业保险待遇。

5. 加强对社会力量参与矫正教育工作的组织领导。要把进一步鼓励引导社会力量参与矫正教育作为社区矫正工作的主要内容，立足实际建立完善社会力量参与矫正教育的政策措施和制度办法。要紧紧依靠党委政府的领导，加强部门之间的沟通协调和衔接配合，做到各负其责、齐抓共管，落实社会力量参与矫正教育工作的各项政策措施。要将政府购买服务参与矫正教育工作的资金列入地方财政预算。综治组织要按照中央要求，进一步健全基层综合服务管理平台，进一步组织社会力量，整合各方资源，积极参与矫正教育工作。司法行政部门要充分发挥职能作用，主动协调各有关部门完善政策，健全制度，引导社会力量更多地投入矫正教育工作中。要总结推广社会力量参与矫正教育的成功经验。积极发挥各类新闻媒体作用，加强对社会力量参与矫正教育工作成就的宣传，按照国家有关规定表彰社会力量参与矫正教育工作中涌现出来的先进事迹和先进典型，为全面推进矫正教育工作，维护社会和谐稳定做出积极贡献。

六、专业化原则

（一）法律规定

《社区矫正法》第 10 条规定：“社区矫正机构应当配备具有法律等专业知识的专门国家工作人员（以下称社区矫正机构工作人员），履行监督管理、教育帮扶等执法职责。”第 11 条规定：“社区矫正机构根据需要，组织具有法律、教育、心理、社会工作等专业知识或者实践经验的社会工作者开展社区矫正相关工作。”第 16 条规定：“国家推进高素质的社区矫正工作队伍建设。社区矫正机构应当加强对社区矫正工作人员的管理、监督、培训和职业保障，不断提高社区矫正工作的规范化、专业化水平。”《教育改造罪犯纲要》第 28 条规定：“大力培养教育改造罪犯工作的专业化人才。要充实基层力量，每一个监区都要设置专人负责本监区罪犯的教育改造工作。要采取多种方式，定期对从事教育改造工作的监狱人民警察进行专业培训，提高他们的政治素质和业务素质，适应新时期改造罪犯工作的需要。要注意引进教育改造罪犯的专业人才，提高专业化工作水平。要建立教育改造专家库，发挥这部分专家对罪犯的改造作用。”

（二）原则含义

专业化原则是指从事社区矫正对象矫正教育的职业群体在一定时期内，逐渐符合专业标准、成为专门职业并获得相应专业地位的原则。社区矫正工作中，要求社区矫正工作者的专业化、职业化和规范化。按照现代广泛运用的利伯曼“专业化”标准的定义解释，所谓“专业”，“就应当满足以下基本条件：一是范围明确，垄断地从事于社会不可缺少的工作；二是运用高度的理智性技术；三是需要长期的专业教育；四是从事者个人、集体均具有广泛自律性；五是专业自律性范围内，直接负有作出判断、采取行为的责任；六是非营利性，以服务为动机；七是拥有应用方式具体化了的理论纲领”①。因此，社区矫正工作者专业化是指社区矫正工作者在整个社区矫正工作中，通过专门训练和终身学习，逐步习得矫正教育专业的知识与技能，并在矫正教育实践中不断提高自身的专业素质，从而成为矫正教育专业工作者的专业成长过程。它包含双层意义：既指社区矫正工作者个体通过职前培养，从一名新手逐渐成长为具备专业知识、专业技能和专业态度的成熟社区矫正工作者及其可持续的专业发展过程，也指社区矫正工作者职业整体从非专业职业、准专业职业向专业性质职业进步的过程。

（三）贯彻这一原则的要求

1. 确立专业化目标。专业化原则要求社区矫正工作者的培育，必须树立专业化的目标，包括群体目标和个体目标。群体目标包括社区矫正工作者任职有规定的学历标准，至少具有双专业性（学科专业和教育专业），有公认的职业道德标准和行为规范，有专门学习机构、专门内容和措施，有资格认定制度和管理制度，成立自治组织机构对社区矫正工作者个体进行监控；个体目标包括承担起为社区矫正对象提供矫正教育服务的责任和义务，掌握某种学术和理论，具有熟练的教学实践技能，能恰当应对不确定的矫正教育情境，在矫正教育实践活动中产生自我专业发展的需要，接受专门机构或团体监控矫正教育质量和自我发展。

2. 制定社区矫正工作者专业化标准。社区矫正工作者专业体系的构建主要是从横向和纵向两个方面开展的。在横向方面，我们把社区矫正工作者评价体系细分为多个具体的指标，通过对这些指标的评价实现对社区矫正工作者的整体评价。横向指标包括了社区矫正工作者应该具备的一般能力，具体包含以下方面的评价：一是人格评价，例如个人性格、人品评价、工作态度评价等内容；二是观念评价，即价值观念和教育理念等方面的内容；三是知识体系评价，主要是社区矫正工作者的学历结构、知识储备、教育理论等内容；第四，能力评价，主要是社区矫正工作者的表达能力、管理能力等内容。纵向维度构建了社区矫正工作者职业生涯的发展体系目标，每一个目标都是在完成了若干个指标的基础上而获得的晋升。一般来说，社区矫正工作者晋升体系由四个层次组成，即入职社区矫

① 见 360 百科，网址：https://baike.so.com/doc/5877148-6090015.html，访问日期：2021 年 7 月 7 日。

正工作者、合格社区矫正工作者、优秀社区矫正工作者和专家型社区矫正工作者。

3. 丰富社区矫正工作者专业知识。专业知识是专业的基本要素。这里的“知识”是一个广义的概念，包括对是什么、为什么和怎样做的知晓，包含知识和能力的含义。

矫正教育专业知识的第一个重要方面是正确先进的教育理念，是对社区矫正工作者职业的正确理解。没有与时代进步要求相适应的先进理念，就不能成为现代意义上的社区矫正工作者。根据社区矫正改革和发展的世界趋势，综观世界各国的矫正教育观念，现代教育理念的核心内容包括：一是矫正教育意识。矫正教育作为一种培养人、改造人、造就人的活动，除了具有与人交往的一般共性以外，还有与“特定人”交往的特殊性，是有计划、有目的、有系统地改造人的事业，矫正教育的成败优劣对社区矫正对象具有重要意义。社区矫正工作者在矫正教育中是对社区矫正对象最直接、最具体的影响者。矫正教育对社区矫正对象的成长具有重要的正确意义的同时，也可能产生负面作用。形成社区矫正工作者的责任感和使命感，趋利避害，是成熟的社区矫正工作者的表现。二是社区矫正对象意识。矫正教育的出发点是促进社区矫正对象的发展，社区矫正工作者的一切工作都以有利于社区矫正对象的发展为目的，游离甚至背离社区矫正对象发展需要的要求、规章和做法，都与以社区矫正对象发展为本的宗旨相违背。社区矫正对象意识特别要求把每一个社区矫正对象看成不同的主体，为社区矫正对象个性和创造性发挥创造空间和舞台。三是服务意识。矫正教育是一种社区矫正服务行为，服务意识强调矫正教育是一种义务而不是一种权利，更不是一种恩赐，是根据社区矫正对象的需要、满足社区矫正对象的要求，而不是根据自己的需要或好恶要求社区矫正对象甚至强迫社区矫正对象。四是发展意识。社区矫正工作者发展是提高矫正教育质量最重要的因素，不断学习、不断充实新思想、新知识，发展新能力，不仅是提高矫正教育质量的需要，也是教育自我、获得自身幸福的需要。有幸福的社区矫正工作者才有幸福的社区矫正对象。社区矫正工作者应该首先成为终身学习者，社区矫正工作者群体应该首先成为学习型组织。

4. 提升社区矫正工作者矫正教育技能。即关于顺利完成矫正教育任务的知识和技能。这是教育学、教学技能和技巧的专门知识，涉及与矫正教育相关的法律、心理、社会、伦理、组织管理、现代信息技术等知识领域。特别是关于社区矫正对象的知识，即了解社区矫正对象的特点、动机、需要、个性差异的知识；关于矫正教育内容和矫正教育方法的组织和管理的知识；关于矫正教育效果的知识，即运用矫正教育评价手段获得矫正教育效果以及根据反馈的结果调整矫正教育行为的知识；关于矫正教育手段的知识，特别是运用现代信息技术提高矫正教育效率、培养社区矫正对象信息能力的知识等。

5. 建立社区矫正工作者专业化制度。专业化制度的建立是确保专业化水平不断提高的重要保证。根据社区矫正专业化的基本经验，社区矫正工作者专业制度主要包括如下内容：一是社区矫正工作者资格制度。该制度通常包括社区矫正工作者入职资格制度、社区矫正工作者再认证制度和社区矫正工作者资格等级制度。二是社区矫正工作者自律组织。专业制度的一个重要方面是社区矫正工作者队伍自身的自律组织，它的职能是维护社区矫正工作者的利益和尊严；维护社区矫正工作者的形象和水准。

6. 培育社区矫正工作者专业精神。专业精神的强弱是体现一个专业成熟程度的社会心理和伦理标准，是制度要求的心理内化。社区矫正工作者的专业精神有三项基本内容：

一是专业责任感；二是精益求精的工作精神；三是终身发展的意识。

第二节　教育矫正的学理性原则

矫正教育的学理性原则，是指依照教育学原则、规范性文件、行政规章、工作规范等的规定，抽象概括出来的、指导具体矫正教育活动的原则，也称为复合性原则。这些规定主要有2021年最高人民法院、最高人民检察院、公安部、司法部印发的《社区矫正法实施办法》、2003年司法部的《监狱教育改造工作规定》和2007年的《教育改造罪犯纲要》等。

一、个别教育与集体教育相结合的原则

（一）在规范性文件和工作规范中的体现

《教育改造罪犯纲要》第19条规定："突出个别教育和分类教育的改造作用。监狱要根据每一名罪犯的具体情况，实施有针对性的个别教育。要严格执行'十必谈'的规定，每月对每一名罪犯至少进行一次个别谈话教育，并根据不同罪犯的思想状况和动态，采取有针对性的管理教育措施……"《监狱教育改造工作规定》第6条规定："监狱教育改造工作，应当坚持集体教育与个别教育相结合"。在该规定第三章个别教育中，共有10条专门规定了个别教育具体操作规范。《社区矫正法实施办法》第22条规定："执行地县级社区矫正机构、受委托的司法所要根据社区矫正对象的性别、年龄、心理特点、健康状况、犯罪原因、悔罪表现等具体情况，制定矫正方案，有针对性地消除社区矫正对象可能重新犯罪的因素，帮助其成为守法公民。"第43条规定："社区矫正机构、受委托的司法所应当充分利用地方人民政府及其有关部门提供的教育帮扶场所和有关条件，按照因人施教的原则，有针对性地对社区矫正对象开展教育矫正活动。社区矫正机构、司法所应当根据社区矫正对象的矫正阶段、犯罪类型、现实表现等实际情况，对其实施分类教育；应当结合社区矫正对象的个体特征、日常表现等具体情况，进行个别教育。社区矫正机构、司法所根据需要可以采用集中教育、网上培训、实地参观等多种形式开展集体教育；组织社区矫正对象参加法治、道德等方面的教育活动；根据社区矫正对象的心理健康状况，对其开展心理健康教育、实施心理辅导。"

（二）原则含义

个别教育是在尊重社区矫正对象的基础上，依据社区矫正对象的犯罪原因、出身经历、文化程度、个性特征、具体情况、个体需求、思想特点和现实表现等不同情况，开展的有目的、有针对性的个性发展的教育活动，具有针对性、灵活性、沟通性的特点。集体教育是指社区矫正机构针对社区矫正对象普遍存在的共性问题所进行的教育活动，具有规范性、权威性的特点。坚持针对社区矫正对象的个性心理特征开展个别教育，又针对社区矫正对象的共同心理特征和犯因性问题开展多种形式的集体教育，两者的有机结合，才能

真正使教育矫正工作有质的提升。

（三）贯彻这一原则的要求

一方面，通过运用集中宣讲、公益活动、心理咨询等多种矫正教育手段，对社区矫正对象加以教育改造。首先，对社区矫正对象的基本情况进行全面梳理，将社区矫正对象的家庭条件、环境、掌握的生存技能等基本情况进行分类。针对不同的群体给予相应的教育，并联系高校心理学教师、职业学校老师，对社区矫正对象进行心理适应训练和生存技能培训，激发社区矫正对象努力改造的动机，从而将社区矫正对象接受社区矫正的过程化被动为主动，提高其社会适应性。其次，引导社区矫正对象用自律行为获得社会尊重，用社会道德感和法治文化约束其自律行为，不良行为和习惯的改变将变成其主动行为。另一方面，根据美国心理学家马斯洛“心理需要层次理论”观点，既要解决生存保障需求，又要解决精神层面的需求。针对社区矫正对象的教育，同样要根据思维方式和心理特性进行针对性教育，这样才能取得预期的效果。所以在正式开展社区矫正工作之前，由社区矫正工作者对社区矫正对象进行背景评估，包括犯罪类型、犯罪情节、教育背景和家庭状况等要素，根据评估结果因材施教，选择合适的人员组建最佳组合的帮教小组，制定个性化的矫正方案，将最终目标分为不同的阶段性目标，通过有针对性的教育方法，最终使社区矫正对象顺利融入社会。

二、思想道德教育与心理健康教育相结合的原则

（一）在规范性文件和工作规范中的体现

《教育改造罪犯纲要》第 2 条，要求“充分发挥教育改造在矫治犯罪思想、传授知识等方面的作用”“充分发挥心理咨询、心理矫治在罪犯改造工作中的重要作用”；第 6 条规定教育改造罪犯的主要内容包括：“对罪犯的公民道德和时事政治教育”“对罪犯的心理健康教育”；第 10 条规定：“对罪犯的公民道德和时事政治教育。开展公民道德教育，使罪犯明确社会主义道德的基本原则和要求，认识正确处理个人、集体、他人的关系在社会生活中的重要意义，提高道德认识水平，培养遵守社会主义道德的自觉性。要对罪犯进行中华传统美德教育，使罪犯了解中华民族优秀的民族品质、优良的民族精神、崇高的民族气节、高尚的民族情感和良好的民族礼仪。要对罪犯进行世界观、人生观、价值观的教育，使罪犯科学认识世界，明确人生目的，反思人生教训，端正人生态度，引导罪犯树立正确的世界观、人生观、价值观，正确对待人生道路上的失败与挫折。要对罪犯进行道德修养教育，教育罪犯掌握道德修养的正确方法，从小事做起，敢于自我解剖，严格要求自己，养成良好的道德品质。要把社会主义荣辱观教育作为道德教育的重要内容，使罪犯牢记‘八荣八耻’的主要内容，以正确的荣辱观规范自己的言行，养成良好的行为习惯。罪犯刑满释放时，道德常识教育合格率应当达到 95% 以上。要对罪犯进行时事政治教育，深入开展以科学发展观、构建社会主义和谐社会等重大战略思想为重点的思想政治教育，深

入开展以国家改革开放和现代化建设取得的巨大成就为重点的形势教育，深入开展以近期国际、国内发生的重大事件，特别是与罪犯关系密切的事件为主要内容的时事教育，教育引导罪犯充分认识国家经济社会发展、社会和谐稳定的大好形势，消除思想疑虑，增强改造的信心。”第 13 条规定：“心理健康教育。针对罪犯心理调节能力和心理承受能力普遍较弱，容易发生心理问题的情况，要在罪犯中普遍开展心理健康教育，引导罪犯树立关于心理健康的科学观念，懂得心理健康的表现与判断标准，了解影响心理健康的因素及其关系，对自身出现的心理问题学会自我调适或主动寻求心理辅导和咨询，增强心理承受和自我调控情绪的能力，提高心理素质。要帮助罪犯找出导致违法犯罪的心理根源，学会矫正和克服的相应办法。引导罪犯加强与他人的交流与沟通，培养建立和谐人际关系的能力……”第 20 条规定：“发挥心理矫治对罪犯心理的调适、干预作用。对罪犯要普遍开展心理测验，了解和掌握罪犯的心理特征和行为倾向，通过心理咨询实施有效干预，使罪犯消除心理障碍，学会自我调适，恢复健康心理。对有心理疾病的罪犯，应当予以治疗。要注意收集、积累心理矫治个案，注重发挥个案的指导作用。要认真研究罪犯心理的新变化，进一步规范心理矫治工作。”

《监狱教育改造工作规定》第四章专门规定了“思想、文化、技术教育”，其中，第 24 条、第 25 条、第 28 条规定了思想教育的相关内容；第七章“心理矫治”，用 7 条专门规定了心理健康教育问题。

《社区矫正法实施办法》第 9 条规定了社区矫正机构依法履行开展法治道德等教育的职责；第 43 条第 3 款规定：“社区矫正机构、司法所根据需要可以采用集中教育、网上培训、实地参观等多种形式开展集体教育；组织社区矫正对象参加法治、道德等方面的教育活动；根据社区矫正对象的心理健康状况，对其开展心理健康教育、实施心理辅导。”

（二）原则含义

在坚持法律法规、文化知识、专业技能教育的同时，思想道德教育是转化改造社区矫正对象的根本，也是矫正教育的主要内容。根据美国心理学家马斯洛“心理需要层次理论”，思想道德教育是培育社区矫正对象高层次需要的教育。社区矫正对象首先是社会人，是生活在社会中的成员，思想道德教育就是要使社区矫正对象具有社会所要求的思想觉悟和道德水准，遵守社会规则，维护社会公共利益，弘扬社会正气。而社区矫正对象良好的思想道德的养成，是建立在生理和心理健康基础之上的，因此，社区矫正对象的心理健康教育和完善人格培育更为重要。心理健康教育是让社区矫正对象了解自我，认知自己心理健康状况的教育，是发现心理问题，克服心理障碍，挖掘心理潜能，优化生活质量的教育，是社区矫正对象适应社会、融入社会的前提和基础。因此，思想道德教育应和社区矫正对象的心理健康教育、心理咨询和心理治疗等紧密结合，消除社区矫正对象的犯罪心理和消极心理因素，形成守法心理和良性心理因素，以利于其回归社会和融入社会。

（三）贯彻这一原则的要求

思想道德教育是以社会为本位，塑造社区矫正对象成为社会公民的要求；心理健康教育是以个人为本位，把社区矫正对象塑造成为符合现代社会要求的健全人格的要求，只有二者有机衔接和融合，才能产生良好效果。

1. 树立以人为本的矫正教育理念。人们对矫正教育的理性认识就是矫正教育理念。理念是行动的先导，因此有必要在推动现代矫正教育事业蓬勃发展的基础上先进行科学的理念指引。在实际的矫正教育活动中，首先应牢牢树立“以人为本”的矫正教育理念，因为只有人才是一切教育活动的出发点和落脚点。矫正教育的前提条件是使社区矫正对象的合法需要得到充分满足，自身潜能得到充分发挥。反映在矫正教育活动中就是只有给社区矫正对象提供一个让其感受到被充分尊重的环境，才能够保证其全面发展的目标得以实现。因此，社区矫正工作者应转变传统的矫正教育理念，真正做到尊重人、鼓励人、帮助人、发展人。

树立“以人为本”的矫正教育理念，需要坚持两个基本原则。一是主体性原则。社区矫正对象的思想道德教育是以马克思主义为指导思想的，带有浓厚人文色彩的一种矫正教育活动，它的本质是促进社区矫正对象的全面发展。而在实际矫正教育活动中，传统的思想道德教育与其本质出现偏差，具体表现在社区矫正工作者忽略了社区矫正对象的心理需求与思想实际，以完成矫正教育任务为目标，采用单项灌输式的矫正教育方式，使得社区矫正对象成为接收知识的机器。出现这种现象最主要的原因是社区矫正工作者忽视了社区矫正对象的主体性。在新时代，社区矫正工作者要想提高思想道德教育的有效性，就必须反思自身存在的不足，从社区矫正对象的内心需求出发，转变传统矫正教育理念，借鉴心理健康教育的教育方式，充分发挥社区矫正对象的主体地位。二是共情原则。处在社区矫正中的社区矫正对象自我独立意识强，情感丰富而脆弱，具有冲动性和极端性。在传统的思想道德教育中，社区矫正工作者填鸭式的矫正教育模式忽视了情感互动的环节，使得矫正教育活动流于形式，不能引起社区矫正对象的情感共鸣，从而失去了思想道德教育活动的本质价值。因此，社区矫正工作者要想改变这种状态，就必须借鉴心理健康教育中的共情原则，即在日常的矫正教育活动中时刻保持对社区矫正对象的关爱，从社区矫正对象的内心情感出发，体会其内心感受，关注其情感反馈，从而真正地贯彻并落实“以人为本”的矫正教育理念。

2. 注重社区矫正对象的个性发展。思想道德教育的本质是促进人的发展，这里的人的发展不仅包括整体受教育者的全面发展，还包括个体的个性发展。思想道德教育应引导社区矫正对象养成良好个性品质，从而实现促进社区矫正对象个性发展的矫正教育目标。

首先，准确把握社区矫正对象的个性特点。在不同的生活阶段，社区矫正对象的个性特点会随着生活环境、教育背景、社会实践等影响因素的变化而变化。社区矫正对象个体是存在差异性的，体现在价值观念、道德品质、实践才能等方面。社区矫正工作者应在充分认识不同的社区矫正对象具有差异性的基础上准确把握其个体特点，强烈反对“一刀切”的矫正教育方式，要从不同个体的思想实际出发，因材施教，从而有针对性地解决社区矫正对象的具体问题。

其次，合理分析社区矫正对象的个性发展变化。社区矫正对象的个性特点具有时代性与规律性。若想提高思想道德教育工作的实效性，社区矫正工作者必须准确把握社区矫正对象的个性发展变化，遵循其心理发展规律，充分调动起个体的积极性。社区矫正对象个体的积极性即在矫正教育实践活动中表现出来的健康积极、阳光向上的心理状态。

最后，塑造社区矫正对象的良好个性品质。对社区矫正对象个体进行良好个性品质的塑造，最关键的一步就是因材施教。这要求社区矫正工作者对社区矫正对象这一群体做到全面了解和心中有数，能够依据社区矫正对象的年龄阶段、思想观念、心理特点、认知能力的差异来制定不同的矫正教育方案，并随时调整矫正教育策略。

3. 把心理健康教育置于重要地位。社区矫正工作者要加强对社区矫正对象心理健康教育的重视，重塑社区矫正对象健全的现代人格。社区矫正工作者要对心理健康教育这一矫正教育活动高度重视，心理健康教育不仅应作为社区矫正对象思想道德教育的重要组成部分，而且应将其视为一种矫正教育理念，把心理健康教育贯穿于矫正教育工作的始终，营造“心理育人，人人有责”的氛围。

4. 思想道德教育与心理健康教育要无缝衔接。思想道德教育与心理健康教育在育人目标的本质上是一致的，都是为了促进社区矫正对象的全面发展，但是二者在矫正教育内容、矫正教育方法、矫正教育手段等方面还存在差别，社区矫正工作者需在不断丰富各科专业知识的基础上，注重相互之间的有机结合与相互借鉴。

第一，融合矫正教育内容。正确的思想观念是实施心理健康教育的思想前提，健康的心理状态是接受思想道德教育的心理保障。虽然两个教育的具体内容与侧重点不同，但本质上都是为了培养全面发展的社区矫正对象。因此，有必要将二者有机结合起来，从社区矫正对象的思想实际与心理状态出发，在坚持社会主义核心价值观对社区矫正对象进行思想引领的同时，也要及时关注社区矫正对象的心理变化动态，做到“双管齐下”。

首先，有针对性地将心理健康知识渗透于思想道德教育活动中。一是在思想道德教育过程中，社区矫正工作者要善于运用一些隐性的矫正教育因素，如平等互信的关系、自然影响力、独特的人格魅力等，它能够激起社区矫正对象的热情，从而间接地影响到社区矫正对象的思想观念与心理认知；二是思想道德教育者应针对不同矫正阶段的社区矫正对象设计不同的心理健康教育内容，通过将心理健康知识有针对性地渗透于思想道德教育活动中，能够使两个教育贴近社区矫正对象实际，满足其心理与思想需求，进而提高其心理素质与思想素质。

其次，不断更新、丰富思想道德教育内容以满足社区矫正对象的心理需求。一是思想道德教育的内容具有与时俱进的特点，它一方面要与实现社会主义现代化建设的目标相适应，另一方面还要满足社区矫正对象的心理发展需要。因此，思想道德教育的内容在不断更新、完善的同时，要始终以把社区矫正对象矫正教育成守法公民为目标。二是思想道德教育的内容绝不能成为空洞、笼统的理论，必须将理论内容与实际问题密切结合起来，从社区矫正对象的实际情况出发，从社区矫正对象最迫切需要解决的问题入手，做到既规范人，又帮助人。三是社区矫正工作者在帮助社区矫正对象解决心理问题时，要充分尊重其人格，深入其内心世界，学会倾听与保密，从而使社区矫正对象放松心理戒备，尽快走出心理阴霾。

第二，借鉴矫正教育方法。思想道德教育与心理健康教育二者就教育方法而言，具有独特性。在解决社区矫正对象思想方面与心理方面交叉互存的问题时，单纯采用其中的一种矫正教育方法，往往不会达到良好的矫正教育效果。因此，在实施矫正教育方法时，可以相互借鉴，整合各自优势，在思想道德教育中融入心理指导，在心理健康教育中融入思想道德规范，从而使两个教育达到事半功倍的效果。

第三，创新矫正教育手段。在思想道德教育中注重发挥心理健康教育的作用，不仅要体现在矫正教育内容、矫正教育方法等理论层面，更应该创新矫正教育手段以更好地运用到实践中。关于矫正教育手段的创新，主要包括两个方面的内容：一是充分发挥网络新媒体的育人作用。社区矫正对象作为网络应用的主要群体，已日益把网络融进日常生活。社区矫正工作者应认清形势，把握时机，充分利用网络资源来对社区矫正对象进行思想政治教育与心理健康教育，实现矫正教育的既定目的。二是积极引导社区矫正对象深入社会实践。要想在思想道德教育中充分发挥出心理健康教育的作用，就必须在矫正教育过程中，增加实践的环节，让社区矫正对象在实践中提高思想觉悟，提升心理素质。

5. 加强社区矫正工作者队伍合力建设。在新时期的思想道德教育与心理健康教育工作中，需要一支专业的社区矫正工作者队伍，由于社区矫正工作者来自不同的教育层次，具有不同的专业背景，因此需要进行具体的指导与培训，进而加强社区矫正工作者队伍的合力建设，建设双重角色的社区矫正工作者队伍。

要加强社区矫正工作者队伍建设，融合社会力量，真正建设一支专业能力强、素质过硬的育人团队。在新时期，思想道德教育与心理健康教育的最终目的相同，二者在具体工作中存在一定的共通之处，所以，社区矫正工作者既需要掌握相关的心理健康知识，也需要时刻关注社区矫正对象的思想动向。提高社区矫正工作者的心理素养及从事心理健康教育的能力是首要的。一名优秀的社区矫正工作者，应具备专业的学科知识、崇高的职业道德、健康的心理品质等条件，其中健康的心理品质对社区矫正工作者来说至关重要。因此，社区矫正工作者要自觉学习心理健康知识，完善自身知识结构，了解并遵循社区矫正对象的身心发展规律，掌握具体的心理教育技能，摆正教育角色，强化自身心理训练。同时，社区矫正机构要定期组织社区矫正工作者开展心理健康教育培训活动。其次，强化社区矫正工作者的思想道德观念。社区矫正工作者的“三观”对社区矫正对象的成长会产生重要影响，因此，加强其思想道德修养的任务显得尤为重要。

6. 优化矫正教育环境。思想道德教育与心理健康教育工作的开展是一项系统的工程，需要动员、整合各方面的社会力量与资源，使它们能够积极贡献出各自的力量，共同优化育人环境，从而促进社区矫正对象的全面发展。

第一，构建和谐的家庭环境。家庭环境的和谐与否会对社区矫正对象的思想品质与心理素质的形成产生深远影响。温馨、和谐的家庭环境能够舒缓社区矫正对象的心理困惑，提高社区矫正对象的思想道德素质，而冷漠、矛盾的家庭环境只会增加社区矫正对象的心理压力，并阻碍其健康成长。

第二，营造健康的社区环境。社会属性作为人的本质属性就决定了人的发展始终离不开社会，当前随着社会结构的转型，社区矫正对象的意识形态也随之改变，在社区矫正对象中出现心理问题的人越来越多，这无疑是受到了社会发展的消极影响。因此，社会各界人士要大力配合社区矫正对象的思想道德教育工作，积极提供各种资源，为社区矫正对象的全面发展提供物质与精神保障，包括大力弘扬优秀道德品质，继承并发展优秀社会文化，净化社会风气等。

三、强制教育与自我教育相结合的原则

（一）在规范性文件和工作规范中的体现

在规范性文件和工作规范中，关于强制教育的规定，贯穿规范性文件和工作规范的整个过程，也有明确的条文规定，如《监狱教育改造工作规定》第2条规定："监狱教育改造工作是刑罚执行活动的重要组成部分，是改造罪犯的基本手段之一，是监狱工作法制化、科学化、社会化的重要体现，贯穿于监狱工作的全过程。"关于自我教育的规定，主要通过自觉改造体现出来，如《监狱教育改造工作规定》第3条规定："监狱教育改造工作的任务，是通过各种有效的途径和方法，教育罪犯认罪悔罪，自觉接受改造，增强法律意识和道德素养，掌握一定的文化知识和劳动技能，将其改造成为守法公民。"《教育改造罪犯纲要》第4条规定："教育改造罪犯的主要目标是……认真学习：积极接受思想、文化、职业技术等教育，遵守学习纪律，学习成绩达到要求……"这些规定，既适用于在监狱服刑的罪犯，其精神实质同样适用于社区矫正对象的矫正教育。

（二）原则含义

强制教育是社区矫正机构依据法律法规的要求，对社区矫正对象进行系统的、正规的教育矫正活动，具有法定性、规范性、系统性、计划性特征。自我教育是在社区矫正中，社区矫正对象通过自我的犯因性问题分析、自我认知、自我调节、自我监督，调动自身的主观能动性，发挥自身潜能，促使自身成长的矫正教育活动。矫正教育既是一种在法律法规规范下的强制教育活动，也是需要社区矫正对象自我教育的教育活动。强制教育是外在的灌输，要想真正发挥作用，必须将教育内容转化为社区矫正对象的内在需求，即通过自我教育充分发挥内在的主观能动性，所以说，只有二者有机结合，才能发挥最佳效果。

（三）贯彻这一原则的要求

1. 正确认识强制教育的必要性和有限性。

第一，强制教育的必要性。在现有的司法手段中，单纯地通过刑罚并不能起到矫正教育社区矫正对象行为、预防再犯的作用，更谈不上感化教育社区矫正对象，使他们回归社会、适应社会。强制性教育是法律对社区矫正对象的基本要求，是规范社区矫正对象的必备措施，是实现社区矫正对象自我教育的必经阶段。从国家层面来看，是落实国家亲权理念，履行国家矫正教育职责的需要。通过强制性的矫正教育，提高社区矫正对象的教养意识和教养水平。

第二，强制性教育的实效是有限的。教育的动力在于自我的认同和兴趣，外部强制只是影响因素，因此，强制性教育只有使社区矫正对象认同，才能为社区矫正对象所接受，转化为内在的驱动因素，教育才会产生实效。

2. 自我教育才是社区矫正对象矫正教育的必由之路。社区矫正对象具有可转化性，

其转化要有外部机制的培育，更重要的是学会自我教育。苏联教育家苏霍姆林斯基认为“没有自我教育就没有真正的教育”。只有促进自我教育的教育才是真正的教育。帮助社区矫正对象走出人生困境，培养成为社会主义守法公民，最根本的方法就是要激活社区矫正对象的“内在驱动力”，进行自我教育。

第一，重构社区矫正对象认知体系。自我意识是自我教育的内在心理机制，自我认知作为自我意识的组成部分，是判断自身思想言行正确与否的基础和前提，因而需要在自我教育过程中，引导社区矫正对象树立客观、全面的自我认知理念。社区矫正对象认知体系重构主要通过以下三个方面进行：一是利用灵活辩证的逻辑思维，克服社区矫正对象的负面情绪，正确看待人生及人生境遇，使社区矫正对象学会改变思维定式，利用灵活辩证的思维方式合理判断、评估和接纳自身的处境，正确看待人生及人生的境遇，树立积极心态，不断学习进取。既不能抱怨生不逢时、命运不济，也不能自暴自弃、听天由命。二是改变社区矫正对象不合理认知和信念，扬长避短找到合理人生追求。通过重构心理暗示矫正不合理的内心言语指令，恰当地调整认知、肯定自我、提升追求，用正面的、积极的言语进行自我对话，不断地鼓励和支持自己，善于发现自身的优点和特长，重建信心，走出困境。三是建构正确的归因方式，形成积极归因，正确理解人生矛盾，解决棘手问题。社区矫正对象遇到问题应该进行理性的全方位合理分析，既不能把犯因性问题的原因全部归于外部的不可控因素，也不能过于责备自己，使自己的心理遭受强烈打击。要善于发现导致犯因性问题的可控的、易于改变的原因，从而努力从这些方面着手解决矛盾，摆脱困境。

第二，确认社区矫正对象的主体意识。一是正确评价自我，确认主体意识。社区矫正对象普遍存在自我意识不合理的现象，容易自我评价过低、消极自卑。社区矫正对象要实现矫正教育的良好成效，首先要进行合理的自我评价，不能过于沉沦于过去的失败，以偏概全地进行自我否定，而要接受自己，充分发挥自身优势，积极地适应环境，坚信可以通过自身的努力顺利融入社会。二是规划人生目标，强化主体意识。社区矫正对象要注重未来的发展就要注意不断地进行自我生涯设计，把握好眼前的时机。社区矫正对象具有心理自卑、挫折感强、人际交往被动、不善于沟通、不会表达内心想法、缺乏行动力等特征，因此在自我生涯设计的过程中，应结合自身以及所处环境的特征，进行有针对性的自我设计。三是自我践行目标，提升主体意识。社区矫正对象要积极地践行自我，进一步提升主体意识，实现“理想自我”。

第三，塑造社区矫正对象的健全人格。主要是培养积极正义的价值取向。积极合理的价值取向对个人发展的方向和目标都具有重要的导向作用，社区矫正对象在自我教育过程中逐渐形成属于自己的价值观，养成有责任感、谦虚、友爱、勇敢、沉着等优秀品质是社区矫正对象发展的理想状态。每个人都是在各种冲突、挫折中不断发展和成熟的，什么样的价值取向就会引导什么样的言行，强化价值观教育，帮助社区矫正对象从个体与外界环境两方面进行考虑，在内心建立起积极进取、独立自主的观念，指导自身个性及外在行为朝着良性方向发展。引导积极坚强的意志行为。个体意志控制和支配意志行为，是否能以内在形成的积极特质来正确引导外在行为，是社区矫正对象自我教育是否有效的检验标准，社区矫正对象积极意志的升华，会引导个体形成良好的意志行为。因而，在自我教育过程中，需要引导社区矫正对象在实践中磨砺坚强的意志，培养吃苦耐劳、坚忍不拔的性格品质。

第四，培养社区矫正对象自身欠缺的能力。一是提高人际交往能力。社区矫正对象应努力学习与人际交往相关的心理学原则和技巧，学会交往的艺术，乐于助人，正确处理得到与付出的关系，并将其灵活运用于实际的生活当中，以便形成良好的人际关系。积极参加人际交往的教育培训，置身于一定的生活情境中进行演练，发现自身的优点和不足，及时化解矛盾，提高交往能力。二是增强学习能力，丰富自我。社区矫正对象要学会确立适度的奋斗目标，化压力为动力。只有在适度的目标的指引下，人的行动才会更加有效率，从而逐步地接近目标。社区矫正对象要掌握正确的学习方法，学会科学学习。社区矫正对象必须树立正确的学习观念，端正学习态度，确立科学的学习方法，劳逸结合，进行思维创新，科学规划学习生涯。三是强化挫折训练。首先，社区矫正对象要正确地看待挫折，正确认识事物发展的前进性与挫折性的统一，学会用全面的观点看待挫折，客观地进行自我评价，树立切实可行的目标，以积极的心态去面对挫折，战胜困难。其次，社区矫正对象应通过积极的自我训练，提高自身的抗挫折能力。四是合理规划，提升就业能力。社区矫正对象要想提高就业能力就应该不断增强自身的综合素质，合理规划，努力克服就业心理障碍，增强在就业中的竞争力。正确地认识自己的个性、优点和不足，理性评估自己在就业中的优劣，正视自己在就业中的困境与逆境。

第五，创设社区矫正对象自我教育的辅助条件。社区矫正对象进行自我教育必须充分发挥主观能动性。社区矫正对象的构成具有复杂性，其矫正教育涉及多方面的因素，社会各界都应该给予高度的重视。社会、学校、家庭应共同努力，在物质上支持、情感上予以关怀，积极创设社区矫正对象自我教育的外在条件，推动社区矫正对象自我教育，实现社区矫正对象自身的良好发展。

四、专职教育与社会教育相结合的原则

（一）在法律、规范性文件和工作规范中的体现

关于专职教育，既包括矫正教育的专业化，也包括矫正教育人才的职业化。《社区矫正法》第10条规定了社区矫正机构应当配备具有法律等专业知识的专门国家工作人员，第11条规定了社区矫正工作者要具有法律、教育、心理、社会工作等专业知识或者实践经验，第16条规定了社区矫正工作队伍建设要规范化、专业化，这是法律规定。在刑事政策规定中，主要有《教育改造罪犯纲要》第28条：“大力培养教育改造罪犯工作的专业化人才。要充实基层力量，每一个监区都要设置专人负责本监区罪犯的教育改造工作。要采取多种方式，定期对从事教育改造工作的监狱人民警察进行专业培训，提高他们的政治素质和业务素质，适应新时期改造罪犯工作的需要。要注意引进教育改造罪犯的专业人才，提高专业化工作水平。要建立教育改造专家库，发挥这部分专家对罪犯的改造作用。”

关于社会教育的刑事政策规定有《监狱教育改造工作规定》第6条：“监狱教育改造工作，应当坚持……狱内教育与社会教育相结合。”

《教育改造罪犯纲要》第3条规定："……发挥心理矫治的重要作用，推进教育改造罪犯工作的法制化、科学化、社会化，把罪犯改造成为守法公民。"第14条第4款规定："要做好监狱刑罚执行与社区矫正的衔接工作，把符合法定条件的在押罪犯逐步纳入社区矫正，使他们顺利融入社会，努力预防和减少重新违法犯罪。"《教育改造罪犯纲要》第22条对罪犯教育改造社会化问题作了更为详尽的规定。该规定明确指出，要利用社会资源，加大对罪犯的教育改造力度。

（二）原则含义

依照《社区矫正法》的规定，社区矫正工作者是对社区矫正对象实施教育矫正的执行主体，是专职矫正教育人员对矫正教育全过程进行统筹规划，制定矫正方案，确定阶段矫正的目标。而社会力量参与矫正教育活动则是社会教育，主要包括与社区矫正机构达成合作关系的专业机构、社区组织和社会志愿者等，为社区矫正对象提供专业领域的矫正教育服务。社会教育是社区矫正的主要教育形式，是社区矫正机构依靠社会力量开展的有目的、有计划、有组织的矫正教育活动，是充分运用社会教育资源、提升矫正教育质量的重要举措。为了帮助社区矫正对象更好地回归社会成为守法公民，矫正教育从目标定位、教育主体、教学内容和教育方式等方面，全面与社会教育相接近，从而保障教育矫正工作服务于社区矫正对象转化和适应社会的需要。矫正教育与社会教育相结合包括：一是矫正教育主体的社会性，这就要求社区矫正机构与社会力量大力协作，吸纳更多的社会力量参与到矫正教育中来。二是矫正教育场所的社会性。拓宽矫正教育与社会的联系，促使社区矫正对象掌握生活技能与相关社会知识，塑造社区矫正对象符合社会正常生活的信念和人格。三是矫正教育过程的开放性。在精神层面要对社区矫正对象保持一定的信赖态度，在工作中，建立社区矫正对象过渡安置机制，对社区矫正对象实施创业指导、技能培训等社会适应教育的有机结合，使矫正教育活动形成一个有机的整体，满足社区矫正对象的需要。

（三）贯彻这一原则的要求

1. 关于专职教育的要求。一是职位设置要科学化。社区矫正对象的矫正教育需要具备多学科的综合知识，涉及犯罪学、社会学、教育学、心理学等相关学科。若社区矫正工作者不进行专业分工，没有长期的专业训练，缺少学养精深的专业知识，就难以胜任矫正之职。因此，应对社区矫正职位进行科学分类，突出专业人士的技能特长。社区矫正工作者从各自的专业入手，分工解决各自领域不同性质的问题，从而将社区矫正对象矫正教育问题转化为不同专长的精细化分工与合作。

二是人才培养要精细化。社区矫正对象矫正教育的人才支持由"全能型"向"专家型"转变，不仅是矫正教育工作精细化发展的趋势，更是社区矫正现代化建设的必然要求。由于社区矫正对象矫正教育涉及多种学科和专业，社区矫正工作者在其有限的时间精力条件下，如果不能从一定的学科和专业下手，就无法完成知识的有效积累。也就是说，社区矫正对象矫正教育人才的专业化培养要有针对性。

三是激励机制要合理化。社区矫正机构还应重视矫正教育人才的自身发展，尤其是对专业性较强的矫正教育技术人员，应提供施展才能的足够空间以及提高薪金待遇的平等机会。

2. 关于社会教育的要求。

一是要进一步强化矫正教育工作的社会性，注意发挥社会力量和家庭在社区矫正对象矫正教育中的作用，动员和利用社会力量，参与支持社区矫正对象矫正教育工作。要与社会有关部门合作，签订帮教协议，开展联合办学、设立图书馆和提供法律服务等，建立起多层次、全方位的社会矫正教育体系。要充分利用社会力量，建立一支相对稳定的矫正教育志愿者队伍，积极争取政府机关、社会团体、企事业组织和热心社会公益事业、关心社区矫正工作的各界社会人士参与，为社区矫正对象矫正教育提供服务。

二是要有效利用开放的社会教育资源，在提高社区矫正对象的职业技术和文化水平方面做文章。从社区矫正工作的实际看，目前，对社区矫正对象开展的文化教育可以根据规定办理学历证书等相关材料。同时，可以对社区矫正对象开展职业技术教育。

三是要充分利用广播电视和互联网络等现代信息技术开展教育，增强社区矫正对象教育改造的时代性、实效性和适用性。

四是利用亲情教育促进社区矫正对象矫正教育。社区矫正对象亲情教育是社会矫正教育的重要内容和最有效的一种教育力量。在操作层面上，在法律法规规定的范围内，可以灵活掌握社会化教育的时间、方式等。

五、综合性教育与分类教育相结合原则

（一）在规范性文件和工作规范中的体现

《社区矫正法实施办法》第21条规定了分类管理和教育。“社区矫正机构应当根据社区矫正对象被判处管制、宣告缓刑、假释和暂予监外执行的不同裁判内容和犯罪类型、矫正阶段、再犯罪风险等情况，进行综合评估，划分不同类别，实施分类管理。社区矫正机构应当把社区矫正对象的考核结果和奖惩情况作为分类管理的依据。社区矫正机构对不同类别的社区矫正对象，在矫正措施和方法上应当有所区别，有针对性地开展监督管理和教育帮扶工作。”第43条规定了综合性教育与分类教育的相关要求。“社区矫正机构、受委托的司法所应当充分利用地方人民政府及其有关部门提供的教育帮扶场所和有关条件，按照因人施教的原则，有针对性地对社区矫正对象开展教育矫正活动。社区矫正机构、司法所应当根据社区矫正对象的矫正阶段、犯罪类型、现实表现等实际情况，对其实施分类教育；应当结合社区矫正对象的个体特征、日常表现等具体情况，进行个别教育。社区矫正机构、司法所根据需要可以采用集中教育、网上培训、实地参观等多种形式开展集体教育；组织社区矫正对象参加法治、道德等方面的教育活动；根据社区矫正对象的心理健康状况，对其开展心理健康教育、实施心理辅导。”

（二）原则含义

社区矫正对象的综合性矫正教育，是指由社区矫正机构、社会力量以及社会成员等诸多参与主体共同参与，通过相互协调和共同合作，采取多种形式的措施对社区矫正对象进行综合性的矫正教育。矫正教育综合性是相对于传统矫正教育存在主体一元、内容简单、方式单一等不足而言的，是对这些缺陷的改革和完善，主要体现在主体的多元性、内容的广泛性、方式的多样性等方面。在矫正教育主体方面，以社区矫正机构为主导，建立起多元的矫正教育模式，为社区矫正对象的矫正教育创造良好的社区环境。同时，大力发展社会力量并使其参与进来，培养一批从事教育矫正的专业化队伍。在矫正教育内容方面，矫正教育不能仅仅局限于世界观、人生观、道德教育、法律知识等传统内容，还应当扩展至心理健康、家庭伦理、公民意识、职业技能等方面的矫正教育。矫正教育中的分类教育是指在分类管理、分类处遇、分类矫治基础上，针对不同类型社区矫正对象开展的行之有效的教育改造方法和措施，重在关注社区矫正对象的特殊性问题。在矫正教育过程中，矫正教育综合性也应贯彻分类教育原则，分类管理与分类教育具有内在关联性，是一个不可分割的整体，分类管理是保障，分类教育才是目的和归宿，只有把分类管理做到位，才能保证分类教育的效果。分类教育追求的目标是实现最好的教育和矫正效果，这种目标的实现与社区矫正对象的知识结构、学历水平、人格状况、价值观念等因素关系更密切。我国社区矫正的矫正教育工作应当在综合性教育的基础上分别制定不同的矫正教育方案，对不同类型的社区矫正对象实施不同方案的矫正教育。

（三）贯彻这一原则的要求

贯彻综合性教育与分类教育的有效途径是二者的有机结合，其中，最主要、最有效的结合途径是内容上的有机结合、方法上的有机结合、师资队伍上的有机结合。

1. 综合性教育与分类教育在内容上的有机结合。要求综合性教育与分类教育在内容上的有机结合，就是不要把二者的内容截然分开、彼此孤立。要做到综合性教育内容中渗透并存在分类教育内容；分类教育内容中渗透并存在综合性教育内容。

第一，在综合性教育中要渗透分类教育内容。在长期的综合性教育实践中，我们发现为了把社区矫正对象培养成为守法公民，社区矫正工作者往往把理想信念教育、法治教育、公民教育、道德教育、职业技能教育等作为综合性教育的主要内容，忽视了社区矫正对象的个性发展与心理特点，导致综合性教育工作显得枯燥乏味、单薄无力。所以我们可以在综合性教育工作中融入分类教育的内容。在综合性教育中加入适合社区矫正对象个性需要的类别教育，比如自我认知教育、人际交往教育、社会生活教育、家庭关系教育等，提高社区矫正对象对心理素质的重视，有利于社区矫正对象完整人格的发展。

第二，在分类教育中渗透综合性教育内容。当前社区矫正的分类教育与综合性教育在很多方面还是处于相互孤立的状态，特别是分类教育，对于综合性教育的借鉴和吸收很少，为了顺应社区矫正对象心理发展的要求，必须在分类教育中渗透综合性教育。首先，分类教育需要综合性教育的参与、指引和把握，社区矫正对象的思想意识会制约其心理机能的发挥，而思想意识又会受制于他们在学习生活、社会实践中形成的“三观”。要拥有健康的心理，社区矫正对象必须要具有正确的思想观念和合乎规律的理想信念，遵守道德规范，这就要求在分类教育过程中，社区矫正工作者要用综合性教育的理论知识引导社区矫正对象坚持正确的思想方向。其次，在帮助社区矫正对象疏导和解决专项问题时，要适当地渗透综合性教育的内容，引导社区矫正对象理性地思考问题，分析问题，结合分类教育的方法引导社区矫正对象正确认识和解决问题。

2. 综合性教育与分类教育在方法上的有机结合。要求综合性教育与分类教育在方法上的有机结合，就是不要把二者的方法截然分开、彼此孤立。要做到综合性教育方法可以移植于分类教育中；分类教育方法可以移植于综合性教育中。

第一，综合性教育方法移植于分类教育中。分类教育主要是通过针对性、类别化方式进行的，社区矫正工作者为特定类别的社区矫正对象提供服务。综合性教育所面对的问题具有普遍性，因此，在开展分类教育时，需要摒弃以往的教育方式，把综合性教育的方法运用到分类教育中，使社区矫正对象在充分认识到自身的个性化的犯因性问题的同时能够积极主动地采用综合性教育的方法解决问题，这样就大大提高了分类教育的实效性。

第二，分类教育方法移植于综合性教育中。从心理学的角度看，不同的个体存在差异，这主要是由人的先天条件和后天成长环境所造成的。对社区矫正对象来说，他们正处于社区矫正阶段，心理变化比较大，不同的社区矫正对象在思想以及心理上会出现差异。所以，综合性教育要利用心理学上的个体差异理论，充分考虑社区矫正对象的个体差异，选择有针对性的教育方法，取其精华，弃其糟粕，有效发挥社区矫正对象的主观能动性，弱化社区矫正对象自身的缺点，提升社区矫正对象的学习水平。

第三，情感教育法在分类教育与综合性教育中的共同应用。心理学认为，情感是一种态度体验，它建立在人们认知基础上，有积极的一面也有消极的一面，通过认知持续地推动人们实施行为。有关学者对人类的心理研究表明人类是有选择性地在接受教育，而选择的结果多是依赖于人类的情感。因此，社区矫正工作者重视运用情感来实施教育，使社区矫正工作者与社区矫正对象进行情感交流，尽可能地挖掘出社区矫正对象的积极情感。只有保证社区矫正工作者与社区矫正对象之间有畅通的交流渠道，社区矫正对象才能主动地吸收教育信息，同时其身上的积极情感也能激发出来，促进社区矫正对象深化分类教育。

3. 综合性教育与分类教育师资队伍的有机结合。要求综合性教育与分类教育在师资队伍上的有机结合，就是不要把二者的师资队伍截然分开、彼此孤立。要做到从事综合性教育的社区矫正工作者可以开展一些分类教育，从事分类教育的社区矫正工作者可以开展一些综合性教育，进而打造一支既能进行综合性教育，又能进行分类教育的强有力的师资队伍。

六、循序渐进与以理服人相结合原则

（一）在规范性文件和工作规范中的体现

《监狱教育改造工作规定》第 4 条规定：“监狱教育改造工作，应当根据罪犯的犯罪类型、犯罪原因、恶性程度及其思想、行为、心理特征，坚持因人施教、以理服人、循序渐进、注重实效的原则。”《教育改造罪犯纲要》第5条规定：“教育改造罪犯的基本原则……循序渐进，以理服人。教育改造罪犯，应当按照罪犯的思想转化规律，制定工作计划，分阶段、有步骤地实施；要坚持摆事实、讲道理，对罪犯开展耐心细致的说服教育工作。”

（二）原则含义

循序渐进，是指矫正教育活动应当遵循社区矫正对象思想转化的规律，制定矫正教育计划，分阶段、有步骤地持续、连贯、系统地实施。循序渐进原则的依据，一是人们认识事物的规律。人们对客观事物的认识，有一个由简到繁，由低级到高级，由直观到抽象的循“序”过程，人们对任何事物都不可能一步就达到对其本质的认识。二是人的动作形成的规律。动作形成的阶段性变化，受人体生理机能的制约，受条件反射和分析、综合的逻辑思维规律的支配。掌握动作技术，就有一个由简单到复杂的渐进过程。这一原则是为了处理好矫正教育活动的顺序、矫正教育的体系、矫正教育的项目设计、社区矫正对象发展规律之间错综复杂的关系而提出的。

马克思曾说：“理论只要说服人，就能掌握群众；而理论只要彻底，就能说服人。所谓彻底，就是抓住事物的根本。”① 根据马克思的这段论述，理论只要具有真理性，就可以为群众所接受和悦纳。以理服人是指在矫正教育中，矫正工作者通过说理的方式，发挥真理服务人的需要的功能，引导人的自由意志，产生说服人的矫正教育效果。矫正教育要坚持摆事实、讲道理，耐心细致，循循善诱，使社区矫正对象分清是非，提高认知水平。

（三）贯彻这一原则的要求

1. 贯彻循序渐进原则的基本要求。

第一，按矫正教育计划系统性地进行矫正教育活动。按矫正教育计划、社区矫正的不同阶段安排对社区矫正对象进行矫正教育是为了保证社区矫正工作的系统性和矫正教育的循序渐进。要求社区矫正工作者深入领会矫正教育计划的系统性，结合社区矫正对象的认识特点，以指导矫正教育工作的具体进程。

第二，全面系统与重点突出相结合，抓主要矛盾，解决好矫正教育的重点与难点。循序渐进并不意味着矫正教育要面面俱到，而是要求区别主次，有详有略。抓住主要矛盾，突出重点，加快量的渐进到质的转变过程。

第三，由浅入深，由易到难，由简到繁。这是循序渐进应遵循的一般要求，只有这样，才能使整个矫正教育形成一个完整的系统，也是社区矫正工作行之有效的宝贵经验，符合社区矫正对象的认识规律。

2. 贯彻以理服人原则的基本要求。

第一，坚持摆事实，讲道理。“摆事实是讲道理的基础，讲道理是摆事实的深化，二

---

① ［德］马克思、恩格斯：《马克思恩格斯选集（第一卷）》，人民出版社1995年版，第9页。

者必须有机结合。”[①] 摆事实是指被实践检验过的客观存在，是和社区矫正对象密切相关的、具有典型性的事实，能够让社区矫正对象信服。讲道理是通过事实分析其中内涵的道理，从而辨明是非曲直。

第二，坚持疏通引导。矫正教育工作，就是教育改造和转化社区矫正对象的思想，不断提高其认识和改造世界的能力，充分发挥社区矫正对象的积极性和创造性。为达到此目的，在矫正教育工作中就要坚持疏通引导的方针，这不仅符合社区矫正对象的思想发展规律，也有利于化解矛盾，解决问题。疏通是指利用各种言论渠道，让社区矫正对象集思广益，畅所欲言，把自己的需求与建议真实地表达出来。引导就是采用循循善诱，说服教育的方法，让社区矫正对象能实事求是地分析和认识自己的犯因性问题，指导社区矫正对象解决问题。

第三，坚持耐心说服。要求在矫正教育中做耐心细致的思想工作，使社区矫正对象心服口服，通过挖掘自身潜存的犯因性因素，转化自己的错误思想观念，树立正确的思想观念。

第四，以情感人，情理结合。人的全部心理活动都离不开情感的伴随，情感犹如强大的驱动力，主导着人们的行为。矫正教育是教育人、转化人、改造人的工作，其本身就是一个交流情感、转化思想的过程。这样，情感就成为沟通社区矫正工作者与社区矫正对象之间信任的桥梁与纽带，是打开社区矫正对象心灵之门的钥匙，是解决社区矫正对象犯因性问题的催化剂。因此，贯彻以理服人原则，必须深入研究社区矫正对象思想活动的新情况、新特点，讲究矫正教育方法和艺术，少点“说教气”，多些“人情味”，这是增强矫正教育效果的重要一环。

① 贾洛川主编：《罪犯教育学》（第2版），北京大学出版社2016年版，第84页。

第四章 矫正教育的规律

第一节 教育规律的基本认知

规律是"事物之间的内在的本质联系。这种联系不断重复出现，在一定条件下经常起作用，并且决定着事物必然向着某种趋向发展。也叫法则"①。教育作为客观存在的社会活动，也必然存在规律性。这些规律性也必然具有不以人的意志为转移的客观性、具有反复出现的重复有效性和普遍使用的普遍性的特点。

一、教育规律的概念

教育规律同规律一样，是不以人的意志为转移的客观事物（教育内部诸因素之间、教育与其他事物之间）内在的必然的本质性联系，以及事物（教育）发展变化的必然趋势。教育事业发展的规模和速度，从根本上说，要受社会生产力发展的制约，一个国家的生产力发展水平是与它的教育发展程度成正比的，这就是规律。又如，教育为人类社会所共有，而在不同的历史阶段上或不同的社会里有不同的性质，这主要是由社会制度，特别是经济政治制度决定的，这是规律。再如，儿童的年龄特征是进行教育和教学的依据，而教育又能促进儿童的身心发展，这也是教育规律，如此等等。唯物主义认为，这些规律是教育本身固有的，是不以人的意志为转移的。唯物主义承认教育活动的客观实在性，也就承认教育规律客观存在的实在性。② 所以，教育规律可以表述为：在教育过程中教育内部诸因素之间、教育与其他事物之间所表现出来的内在的、必然的本质性联系，以及教育本身发展变化的必然趋势。

二、教育规律的特点

一个事物有多种属性，只有本质属性间的联系才是规律。根据规律就是关系，是本质

① 中国社会科学院语言研究所词典编辑室编：《现代汉语词典》，商务印书馆 2016 年版，第 491 页。

② 360 百科：《教育规律》，网址：https://baike.so.com/doc/6141936-6355103.html，访问日期：2021 年 7 月 27 日。

的关系或本质之间的关系，教育规律就是教育现象与其他社会现象之间本质的必然的联系或关系。教育中这种关系有许多，如生产力发展与教育发展，社会发展需求与教育结构等。当然，并不是任何教育中的关系都是规律，只有各种教育现象间本质的关系才是教育规律。因此，根据我们对规律的认识，对教育规律的特点做如下阐述：

（一）客观性

自然科学和社会科学的规律都是对客观事物发展过程中客观规律的反映。教育规律的客观性，是指教育规律是客观存在的，是不以人们的意志为转移的，不管人们是否承认它、喜欢它，它都客观地存在着。但人们能够通过教育实践认识它、利用它。同样的道理，教育规律是否在教育活动中发挥作用，也不以人们的主观意志为转移。教育规律起不起作用，关键在于教育规律发挥作用的条件是否存在。当教育规律发挥作用的条件存在时，教育规律就必然起作用。当教育规律发挥作用的条件不存在时，教育规律就不起作用。

（二）重复性

规律虽然不是一成不变的，但它具有相对稳定性，所以“只要具备必要的条件，合乎规律的现象就必然重复出现”①。按照科学的法则，重复性是教育规律最基本的属性。教育规律是教育现象中逐步巩固的、稳定的东西。古往今来，教育一直处在不断地变化与发展之中，各个历史阶段的教育有着许多的不同，任何社会之所以需要教育，是因为教育是各个社会进行社会物质财富再生产和人类自身再生产的重要手段，这是教育在一切历史时代都保存的有共同特征的基础。人们正是通过对教育现象的多次重复进行探索，抓住其内在联系，来证明它的规律性。

（三）普遍性

自然界、人类社会和人的思维，在其运动变化和发展的过程中，都遵循其固有的规律。没有规律的物质运动是不存在的，没有规律的世界是不可思议的。教育规律“当符合要求的‘必要条件’存在的前提下，规律是普遍适用的”②。在诸多种类教育现象中，教育现象是千千万万的，教育的类型和形式，也多种多样。但不管是小学教育、中学教育、大学教育，还是家庭教育、学校教育、社会教育，抑或是课内教育、课外教育、团队教育等，虽其具体形态不同，但蕴含其中普遍性的东西只有一个，即它是促进个体身心发展的工具。这就是教育中规律性的东西。

---

① 《中国大百科全书·哲学》，中国大百科全书出版社 1987 年版，第 269 页。

② 王雪峰、李为忠、高海平、李晨光：《罪犯教育理论专题研究》，法律出版社 2014 年版，第 159 页。

（四）必然性

在事物发展过程中，有的联系是必然要发生的确定的联系，有的联系是可以出现也可以不出现的联系，有的联系是可以这样出现也可以那样出现的偶然的不确定的联系。教育规律就是教育现象的内在的必然联系，而不是偶然联系。教育规律是教育活动本质的联系，不是现象的联系。教育规律和教育现象是密切相关的，教育规律是教育现象中稳定的、深刻的东西，它深藏在教育活动的内部；教育现象是教育规律的外在表现形式，教育规律要通过教育现象来表现，教育现象和教育规律统一在教育活动中。教育现象是人们认识教育规律的向导，人们只有认识了教育现象，借助抽象思维才能揭示教育规律。首先是指教育规律的存在、作用及教育规律作用的后果的不可避免性。其次是指教育规律的重复出现，即无论何时何地，只要教育规律发生作用的客观条件没有发生变化，只要决定教育规律的本质原因没有消失，教育规律就必然会重复出现并发生作用。最后是指教育活动之间必然的纵横联系，教育活动条件的发展变化必然引起相应的变化。

三、教育的基本规律

依据教育学对规律的研究，教育规律分为教育的外部规律和教育的内部规律。教育的外部规律可表述为："教育受社会发展规律制约并为社会发展服务。"① 对教育产生影响的外部因素包括：遗传、环境和教育。教育的内部规律可表述为："教育受人的发展规律制约并为人的发展服务。"② 对教育产生影响的内部因素是个体的主观能动性。也有学者采用教育规律的分类模式，将教育的"一般规律分为内部关系规律和外部关系规律两类"。③ 有学者认为，教学过程应遵循德智体美相互制约的统一发展规律、教和学相互制约协调统一规律、掌握知识和发展智能统一规律、间接经验和直接经验统一规律。④ 也有学者依据教学的过程阐述了教学过程的四大规律，即"遵循间接与直接经验相结合的规律，掌握知识与发展能力相统一的规律，传授知识与思想教育相统一的规律，教师的主导作用与学生的主体作用相结合的规律等教学过程的四大规律"⑤。据此，结合矫正教育的内在要求，本书将对如下规律进行介绍：

（一）间接经验与直接经验相结合的规律

这一规律又叫间接性规律，揭示教育过程中被教育者掌握间接经验与直接经验之间的关系。被教育者个体获得知识有两种途径：一是间接经验，即从书本、课堂和别人那里得

---

① 贾洛川主编：《罪犯教育学》（第2版），北京大学出版社2016年版，第61页。

② 王道俊、扈中平主编：《教育学原理》，福建教育出版社1998年版，第68页。

③ 王雪峰、李为忠、高海平、李晨光：《罪犯教育理论专题研究》，法律出版社2014年版，第164~165页。

④ 彭永渭：《试论教学过程的基本规律》，载《税收纵横》1992年第1期。

⑤ 马红：《遵循教学过程规律　深化高职旅游教育改革》，载《当代旅游》2019年第6期。

来的知识；二是直接经验，指通过亲身实践得来的知识。教育过程中被教育者获得的知识既有直接经验，又有间接经验。

第一，被教育者以学习间接经验为主。被教育者的主要任务是学习间接经验，学习间接经验具有高效率性，能够在较短时间内获得大量的系统知识。一是间接经验经过特殊的加工并且有教育者的指导，被教育者通过它掌握知识便捷而有效。二是被教育者在有目的、有组织的教育过程中学习间接经验，可以不受个体时空的限制，避免走前人在认识世界的过程中所经历的曲折道路，从而使被教育者用较少的时间把人类积累起来的基础知识接受过来，使个体的认识达到同人类认识水平一致的高度。三是还可以使被教育者在新的起点上继续认识和改造世界，攀登科学文化的新高峰。就教育过程中教育的任务而言，被教育者在教育过程中主要的不是探求新的真理，而是学习和继承人类已有的认识成果，即书本知识。

第二，被教育者学习间接经验要以直接经验为基础。强调以间接经验为主并不是不要直接经验。被教育者以学习书本知识为主，决不能忽视被教育者的直接经验在认识客观世界中的作用，因为被教育者的认识遵循人类认识的普遍规律，从感性到理性，不断深化，被教育者的间接经验是建立在直接经验的基础上的。

第三，反对只重视某一方面知识的片面观念。在教育理论中，以赫尔巴特为代表的传统教育派，只强调间接经验；以杜威为代表的现代教育派，只强调直接经验。这些都是片面的。教育者在教学过程中既要重视被教育者间接经验的掌握，又要重视被教育者直接经验的掌握，使间接知识和直接知识有机结合起来，防止只重视某一方面知识的片面观念。

（二）掌握知识与发展智力相统一的规律

这一规律又叫发展性规律。教育过程是向被教育者传授系统的文化科学知识的过程，又是发展被教育者智能的过程，两者有着本质上的联系。掌握知识和发展智力相互依存、相互促进。掌握知识是发展智力的基础，发展智力又是掌握知识的必要条件，两者相互联系，辩证统一。

第一，掌握知识是发展智力的基础。智力是在掌握知识的过程中形成、发展和表现出来的，引导被教育者自觉地掌握知识和运用知识才能有效地发展他们的智力。离开或排斥掌握知识，智力便无从增长。

第二，智力发展是掌握知识的重要条件。被教育者具有一定的智力、能力，是进一步掌握文化科学知识的必要条件。智力水平的高低直接影响到被教育者掌握知识的广度、深度、巩固程度和运用程度，因而智力的发展是掌握知识不可或缺的条件。实践表明：智力发展水平的高低影响着被教育者对知识的掌握。

第三，反对单纯抓知识传授或只重能力发展的片面观点。教育过程中既要重视被教育者智力的发展，又要重视知识的掌握。一方面教育者应重视被教育者智力的发展。智力的发展是被教育者掌握文化科学知识的必要条件，能有效地提高他们的学习效率。另一方面教育者应引导被教育者自觉地掌握和运用知识。知识虽然并不等于智力，知识掌握得多也并不一定表明智力发展得好，但两者互相联系，教育者调动被教育者学习的积极性，引导被教育者自觉地掌握知识，就能促进被教育者智力的发展。总之，要防止单纯抓知识或只重视智力发展的片面倾向。

（三）传授知识与思想教育相统一的规律

这一规律又叫教育性规律，是指教育过程既是传授和学习系统的文化科学知识的过程，又是被教育者在掌握知识的基础上接受思想品德教育的过程，两者具有紧密的联系。

第一，教育过程具有教育性。从社会要求看，教育活动是按照一定社会或阶级的要求来开展的，受社会意识形态的制约，并服务于一定社会的政治制度；从教育内容看，科学知识本身具有思想品德教育的因素；从教育手段看，教育组织形式、教育方法也具有教育因素；从教育者的角度看，教育者是具有一定思想观点的人，在教育过程中总是表现出一定的立场、观点、个性特征，从而对被教育者产生影响；从被教育者的角度看，被教育者的学习目的、思想状况、学习态度，对学习的积极性也起着决定性的作用，也具有教育性。因此，教育过程具有教育性。同样的道理，教育过程具有教育性，并不是说掌握了知识就等于提高了思想，养成了优秀的品德，关键是要看被教育者如何接受教学，如何掌握知识。

第二，知识是思想品德形成的基础。科学知识本身就具有一定的思想品德教育因素，被教育者思想的提高需要知识作为基础，知识的增加有助于被教育者的道德认识。

第三，被教育者的思想品德的提高又为他们积极地学习知识奠定了基础。被教育者对所学知识的学习目的、学习态度以及积极性等思想品德要素的提高可以促使被教育者积极主动地学习知识。

第四，反对只重德育或只重知识的单一思想。教育者在教育过程中应把知识教育与思想品德教育有机地结合起来，既要注意挖掘教学内容的思想因素，克服只教书不育人的倾向；又要防止教育过程中进行思想品德教育的形式主义。要寓德育于教育过程之中，做到教书育人。

（四）教育者的主导作用与被教育者的主体作用相结合的规律

这一规律又叫双边性规律，揭示教育过程是教育者和被教育者共同活动的过程。教育者在教育过程中起主导作用，被教育者在教育活动中处于主体地位，双方具有本质的联系。

第一，教育者在教育过程中处于组织者的地位，应充分发挥教育者的主导作用。被教育者在各方面并不成熟，被教育者对知识的掌握、能力的培养、品德的提高离不开教育者的组织和安排，需要教育者的指导；教育者代表社会向被教育者提出教育要求；教育者受过专业训练，有较丰富的知识。在教育过程中，教育者指引被教育者学习的方向，调动被教育者的学习积极性，选择适当的教育方法，做好教育活动的组织安排。因此，发挥教育者的主导作用能有效地促进被教育者掌握知识，使其身心各方面得到发展；否定、削弱教育者的主导作用势必会导致教育质量的下降。

第二，被教育者在教育过程中处于学习主体的地位，应充分发挥被教育者的主观能动性。一方面被教育者是完整的人，是具有主观能动性的人，因此，被教育者的积极性、主动性和创造性是教育教学成功的一个必要条件。从这个角度上讲，被教育者是学习的主体。因此只有充分发挥被教育者的主观能动性，才能促进教学活动顺利开展。另一方面被教育者是学习的主人。教育者的教育内容只有为被教育者主动地吸收、消化才能为被教育者所掌握。总之，否定被教育者在教育过程中的主体作用，必然会削弱教育的效果。

第三，反对只强调某方面作用的孤立观点，教育者的主导作用与被教育者的主体作用是辩证统一的。在教育理论上，以赫尔巴特为代表的传统教育派，只强调教育者的主导作用；以杜威为代表的现代教育派，只强调被教育者的主体作用，二者都具有片面性。教育者的主导作用与被教育者的主体作用是相互联系、相互促进的。既要重视教育者的主导作用，通过教育者的组织、调节、指导，促进被教育者的发展，又要充分发挥被教育者的主体作用，调动学习的积极性，使被教育者适应教育者的教育。将两者割裂开来，或是只强调某方面的作用是片面的、错误的。

第二节　矫正教育的规律

矫正教育的规律是指在社区矫正过程中，对社区矫正对象进行矫正教育的各个要素、各项活动、各种系统等彼此之间存在的内在的、本质的、必然的联系。

综合对社区矫正对象的矫正教育过程，我们认为，“罪犯的发展或转化方向是指罪犯在身心特别是心所要达到或追求的目标规格和水平”①。因此，矫正教育所面临的基本矛盾，是社区矫正对象原有的违法犯罪的认知结构、需要结构、情绪状态、个性缺陷等心理结构与矫正教育目标、要求之间的矛盾。本书所研究的矫正教育规律，主要基于社区矫正对象发生转变的内部规律而展开。

一、由强制教育到自我教育的规律

（一）态度变化过程的理论

1961 年凯尔曼提出了态度变化过程阶段理论，认为态度发生改变要经过服从、同化和内化三个阶段。第一阶段是服从阶段，这是从表面上转变自己的观点和态度的时期，这一阶段人们会表现出一些被迫被动的顺从的行为。第二阶段为同化阶段，这一阶段表现为不是被迫而是自愿接受他人的观点、信念、态度与行为，并使自己的态度与他人的态度相接近。第三阶段是内化阶段，真正从内心深处相信并接受他人的观点，从而彻底地转变了自己的态度。在这一阶段真正使一个人相信了新的观点和新的思想，从而把这些新的思想和观点纳入了自己的价值体系之内，成为自己态度体系中一个有机组成部分。

（二）强制性是矫正教育的法律规定性

社区矫正的环境条件，决定了社区矫正对象和社区矫正工作者之间必然是一对矛盾，

---

① 贾洛川主编：《罪犯教育学》（第 2 版），北京大学出版社 2016 年版，第 61 页。

必然地基于社区矫正对象的自身特性不可能自愿地接受矫正教育。在这种情况下，如果没有法律规制和社区矫正机构的强制力作为后盾，矫正教育就无法开展下去。依照《社区矫正法》的规定，社区矫正对象接受矫正教育是社区矫正期间必须履行的法定义务。

（三）由强制矫正教育到自我教育的内在机制

矫正教育是改造人、转化人的活动，从人的态度转化的过程看，社区矫正对象态度的改变是矫正教育能否取得实效的关键。社会心理学认为，一个人态度的形成与转变，需要经历服从、同化和内化三个阶段。所谓服从，“指在他人命令或要求下所实现的、自己本来不愿做的行为，亦即按他人旨意而行事”。“运用奖惩导致服从，这是人们最熟悉、最常用的方法。在一定限度内，奖励得越多，惩罚得越重，导致的服从行为越多。”① 由此可知，服从是基于外部压力被迫接受某种观点和态度。所谓同化，“是指人们的态度及行为与他们所参照的团体或他人的标准逐渐接近的过程。同化不是个体对社会压力的屈服，而是对自己的特定社会情境的一种自愿调适”。“社会心理学对态度的研究表明，同化是内化的前提，是形成与转变个体的信念、态度的重要环节。”② 同化是在自愿的基础上，与所在团体的观点、态度逐步协调一致，认同团体的观点和态度。所谓内化，“指社会意识向个体意识的转化，亦即意识形态的诸要素移植于个体意识之内”。“内化过程是通过群体对个体行为的赞许与鼓励（符合社会期望时）或批评与制裁（不符合社会期望时）实现的。”③ “从社会心理学角度是将一定的精神文化经社会学习而转化为稳定的心理因素的过程，内化是在个体的活动中经过语言的中介而实现的，意味着个体心理世界与一定文化因素之间的协调统一。它不仅使人类的许多知识与经验被吸收、转化为不同个体的知识与经验，而且使一定的社会规范与价值体系被吸收、转化为不同个体的信念、价值与态度。对所参照的人格规模及价值体系的内化，还决定着个体的理想自我的形成，因此可以说，个体的社会化，实际上就是个体将周围的精神文化有选择地逐步内化的过程。”④ 也就是说，内化是完全接受他人或团体的观点和态度，并把他人的观点和态度完全融化和吸收，成为自己价值观念的一部分。

（四）社区矫正对象由强制矫正教育到自我教育的基本路径

强制矫正教育是社区矫正工作的法定职责，也是实现社区矫正对象自我教育的必经阶段。对社区矫正对象而言，只有经过强制性的矫正教育，才能逐步走向同化的过程，才能最终使社会所倡导的价值规范、观点和态度转化、吸收为社区矫正对象内在的支配力量。所以说，社区矫正对象的自我教育才是社区矫正工作的目的，也是矫正教育的价值追求。由此可以看出，社区矫正对象社会态度的转变路径是服从社会观点和态度阶段—社会观点和态度的同化阶段—社会观点和态度内化为自我价值观念阶段。

---

① 朱智贤主编：《心理学大词典》，北京师范大学出版社 1989 年版，第 200 页。
② 林传鼎、陈舒永、张厚粲主编：《心理学词典》，江西科学技术出版社 1986 年版，第 144 页。
③ 朱智贤主编：《心理学大词典》，北京师范大学出版社 1989 年版，第 451 页。
④ 林传鼎、陈舒永、张厚粲主编：《心理学词典》，江西科学技术出版社 1986 年版，第 38 页。

二、社区矫正对象主体性与社区矫正工作者主导性相结合的规律

从矫正教育的两大主要构成要素看，在矫正教育中必须确立社区矫正对象的主体性地位，而不是被动地接受矫正教育的从属地位。至于社区矫正工作者的主导地位是有法律规定的，是社区矫正工作不可动摇的，它不仅是矫正教育的需要，更是社区矫正工作的政治要求。

（一）确立矫正教育“主体一元论”

传统观点是“主体一元论”，即社区矫正工作者主导矫正教育活动，当然也是矫正教育的主体，社区矫正对象是被教育者，是矫正教育的客体。现代观点是反向“主体一元论”，社区矫正机构居于主导地位，但不是矫正教育的主体，社区矫正对象才是矫正教育的主体。

辩证唯物主义认为，外因是变化的条件，内因是变化的依据。事物发展的根本原因，不在事物外部而在事物内部，在于事物内部的矛盾性。任何事物内部都有这种矛盾性，这种矛盾性才是事物发展的根本原因。尽管外因对事物的发展具有影响乃至重大影响，但不管这种外因的影响力有多大，它都必须通过内因起作用，总之，事物发展的根本因素、决定因素在于其内因而非外因。

认定矫正教育主体应当确立科学的标准。社区矫正对象矫正教育“主体一元论”对矫正教育主体的认定是以改造内因与外因的区别为标准的，因而其必然将社区矫正对象认定为唯一的矫正教育主体。社区矫正对象的矫正教育是一个自我改变的过程，是自觉的潜能开发过程。我们知道，社区矫正对象的改变和成长来自社区矫正对象的主观意愿，只有社区矫正对象自己才是自我改变的主导者，如果违背社区矫正对象的主观意愿，任何外在因素都无法使社区矫正对象真正发生改变。在这里需要说明的是：其一，社区矫正对象是矫正教育主体并不意味着他们主动接受矫正教育。其二，社区矫正对象发挥矫正教育主体作用与社区矫正机构履行矫正教育职能并行不悖。其三，采用科学的矫正教育态度与方法是尊重社区矫正对象矫正教育主体性的必然要求。与此相对的是，矫正教育的客体，在社区矫正对象矫正教育“主体一元论”的视域里，矫正教育的客体是指矫正教育主体所指向的对象，换句话说，就是要矫正教育社区矫正对象哪些方面的问题。本书认为应是矫正社区矫正对象的犯罪思想、犯罪恶习、人格缺陷、需要结构、情感结构等。

（二）主体和责任具有同步性

确认社区矫正对象的主体地位，意味着矫正教育社区矫正对象成为可能，意味着社区矫正对象对自己的矫正教育负有重大责任。社区矫正对象的矫正教育是一个内在的自我改变的过程，一般说来，都要经历“服从—同化—内化”三个阶段。而三个阶段的逐步推进，是以社区矫正对象的自我成长和进步为基础的，也就是说，社区矫正对象的改变是“内因”在起着决定性的作用，而社区矫正机构的外在因素只是影响因素，但绝对不能超

越内因而起决定作用。只有使社区矫正对象成为矫正教育的主体，居于主导地位，才能激发社区矫正对象自我改变的欲望和内在需求，才能从本质上体现“人是可以改造的”的思想。否则，仅靠外力的作用，社区矫正对象的矫正教育是无法实现的。

（三）确认社区矫正对象的主体地位，是对社区矫正对象的人的理性和良知的恢复的基础

社区矫正对象的犯罪在一定程度上是非理性的结果。确认社区矫正对象的主体地位，强调社区矫正对象对犯罪行为的认知和其对法律责任的承担，有助于帮助社区矫正对象自我醒悟，强化社区矫正对象的自我悔罪感。在社区矫正过程中，通过矫正和教育，使社区矫正对象恢复社会道德与良知，不仅在社区矫正过程中，而且在回归社会后，能够以忏悔、感恩的心态面对社会，面对受害人，使自己不再犯罪，承担起公众安全的责任，有效地预防和控制犯罪。

（四）社区矫正对象是矫正教育自己的主人

一切体制、机制及其制度的设计必须遵从“以人为本”的思想，应以矫正教育社区矫正对象为中心，以构建社会主义和谐社会为目标，让社区矫正对象参与到自己的改造中来，让他们实现自我革命。惩罚社区矫正对象是正义，矫正教育社区矫正对象也是正义，是更高要求上的正义；限制社区矫正对象的自由是正义，尊重和保障社区矫正对象的人权也是正义，是更深层意义上的正义。①

确立社区矫正对象的主体地位，有利于重塑罪犯健全的人格。这是科学改造的立足点，也是社区矫正对象自然属性与刑罚属性的必然结果。

英国的监狱长亚利山大·马克诺说过一句至理名言：“假如让犯人自己拿着监狱的钥匙，他将努力来开启监狱之门。”②

社区矫正对象社会属性的发展与提升，重构社区矫正对象健康的社会人格，这与科学改造论的改造目标具有一致性。发展和提升社区矫正对象社会人的社会属性主要包括：社会的价值行为、社会的公德行为、社会的交往行为、社会的技能行为、社会的生活行为和社会的发展行为。社区矫正机构要将社区矫正对象矫正教育成为守法之人，就应当在社区矫正对象的社会属性、健全人格和行为的重构上予以发展和提升。

社会的文明与进步，使社会公众具有了宽容、正义、法治、权利、民主等现代理念，而这一理念也成为社会主义的核心价值。所以，社会公众对待犯罪的态度以及对待社区矫正对象的态度是趋于理性、人道和人性的。因此，在人学理论中，任何人都是社会的主体，并且在社会发展和变迁中，担负着重要的使命和职责。在法治社会、公民社会，社区矫正机构应该在矫正教育的原则下运行，并且应该将社区矫正对象看作公民。从这个意义上看，社区矫正对象在整个矫正教育活动中居于主体性地位。

① 张晶：《深读矫正——现代监狱制度的理论逻辑》，江苏人民出版社 2013 年版，第 9 页。

② 王祖清、赵卫宽主编：《罪犯教育学》，金城出版社 2003 年版，第 57~59 页。

与此同时，社区矫正工作者的主导性是法定职责的体现形式，也是矫正教育活动的内在要求，主导着矫正教育活动的方向和路线，不能偏离政治方向和法定边界。主体性是矫正教育的前提，是社区矫正对象自我矫正教育的动力和责任。主体性和主导性二者是相互联系、相互促进和协调统一的，只有二者有机结合，才能使矫正教育活动效能最大化。

三、知、情、意、行相互联系和相互影响的规律

德育就是培养社区矫正对象的知、情、意、行的过程。从思想品德形成的要素看，是由知、情、意、行四个心理要素构成的，并且，四个要素是相互联系和相互影响的。

（一）思想品德是由知、情、意、行四个要素构成的

所谓知，即认知，广义的认知“是人脑反映客观事物的特性与联系、并揭露事物对人的意义与作用的心理活动。现代认知心理学强调认知的结构意义，认为认知系以个人已有的知识结构来接纳新知识，新知识为旧知识结构所吸收；旧知识结构又从中得到改造与发展”①。社区矫正对象思想品德方面的认知，首先是对道德知识和规范的认识。所谓情，即情感，“是和人的社会性需要相联系的一种较复杂而又稳定的态度体验”②。包括了责任感、义务感、道德感、审美感、理智感、爱与恨的体验等。所谓意，即意志力，是“人自觉地确定目的，并根据目的调节支配自身的行动，克服困难，去实现预定目标的心理过程。它是人的意识能动性的集中表现，是人类特有的心理现象。它在人主动地变革现实的行动中表现出来，对行为（包括外部动作和内部心理状态）有发动、坚持和制止、改变等方面的控制调节作用”③。意志是社区矫正对象自觉克服困难的心理过程，我们平常所说的勤奋、吃苦、自制、毅力、奋斗都是意志的具体体现。所谓行，即行为，“在现代心理学的用语中，行为是指人在主客观因素影响之下而产生的外部活动，既包括有意识的，也包括无意识的”④。行为是衡量社区矫正对象思想品德水平高低的主要标志。思想品德习惯是行为经过反复实践而形成的一种动力定型，是自动化行为。

（二）要充分认知社区矫正对象知、情、意、行四个要素的发展存在不平衡性

社区矫正对象的情感是一种特殊的认知，意志又是一种特殊的情感。社区矫正的客观现实对于社区矫正对象的生存与发展有着特殊的意义，接受矫正教育的本质力量是社区矫正对象的一种最重要的价值属性。从广义角度来看，知、情、意、行都是一种认知活动，只是各自侧重于不同的角度，情感侧重于从意义的角度进行认知，意志侧重于从行为效应的角度进行认知。认知、情感、意志与行为相互依存、相互联系。认知是情感的源泉，情感是意志的源泉；认知以情感为导向，情感以意志为导向；情感最初是从认知中逐渐分离

---

① 朱智贤主编：《心理学大词典》，北京师范大学出版社 1989 年版，第 536 页。
② 朱智贤主编：《心理学大词典》，北京师范大学出版社 1989 年版，第 498 页。
③ 朱智贤主编：《心理学大词典》，北京师范大学出版社 1989 年版，第 861 页。
④ 朱智贤主编：《心理学大词典》，北京师范大学出版社 1989 年版，第 786 页。

出来的，它又反过来促进认知的发展，意志最初是从情感中逐渐分离出来的，它又反过来促进情感的发展；认知、情感与意志相互渗透、相互作用、互为前提、共同发展。

（三）知、情、意、行四个要素的发展存在差异性

在社区矫正对象思想品德的形成和发展过程中，四个要素共同产生着作用，但是，由于社区矫正自身发展的不平衡性，致使个体的矫正教育模式存在差异性。对于社会认知或自我认知有缺陷的社区矫正对象，就要从认知着手，晓之以理。这是因为，认知是情感和行动的基础，只有有了正确的认知，才会有正确的情感和行为，使社区矫正对象树立科学的世界观、人生观、价值观。对于情绪情感有障碍的社区矫正对象，就需要选择情感作为突破口，以情感人。这是因为，培养社区矫正对象积极的思想情感，要坚持以情感人、以情育人，情感是沟通彼此的桥梁，是开启社区矫正对象内心世界的阀门。对于意志力薄弱，缺乏自我矫正教育毅力的社区矫正对象，应在锻炼其持之以恒的意志上下功夫。这是因为，意志是矫正教育的重要保证，因而也是矫正教育的一个必要条件。对于有行为恶习或不良行为习惯的社区矫正对象，就需要导之以行，对社区矫正对象进行行为训练，并争取家庭、社会的支持，使矫正教育形成合力，把社区矫正对象的行为规制在法治和社会规范的框架下。

（四）社区矫正对象思想品德的形成是知、情、意、行四个要素相互联系和相互影响的结果

一般来说，知是情的基础，情又影响知的提高，行是知、情、意的外部表现，知是行的先导，行是知的目的。因此，我们对社区矫正对象实施德育要知行统一，晓之以理，动之以情，导之以行，持之以恒。“知是形成思想品德的前提和基础，是情和意产生的依据；情和意是由知转化为行的桥梁和动力；行是目的，没有行，知、情、意都无法表现和检验；通过行为，又可以提高知，增强情和意。”① 在四个要素中，知具有独到的地位，是基础，是思想品德形成的开端；情是动力；行是关键，最终落实在外在行为上。

四、社区矫正对象需要结构的改变和建构的规律

需要是“个体和社会的客观需求在人脑中的反应，是个人的心理活动与行为的基本动力”②。需要是社区矫正对象参与矫正教育活动的基本动力。

（一）马斯洛的需要理论揭示了社区矫正对象的内在需要结构

美国心理学家马斯洛经过多年的研究，于 1944 年在其所著的《人的动机理论》一书中，首先提出了需要层次理论。他把人的需要归纳为五大类：第一，生理需要：是人类本

① 何为民主编：《罪犯改造心理学》，法律出版社 2002 年版，第 61 页。

② 朱智贤主编：《心理学大词典》，北京师范大学出版社 1989 年版，第 786 页。

能的最基本的需要，位于多层次需要构成的“金字塔”的底部。这种需要包括衣、食、住、行及延续种族的需要等。第二，安全需要：实质上是生理需要的保障。包括生命安全、财产安全、职业安全、劳动安全、环境安全和心理安全等。第三，社交的需要：也可称为归属和爱的需要。包括社会交往，从属于某一组织和某一团体，并在其中发挥作用，得到承认；希望同伴之间保持友谊和融洽的关系，希望得到亲友的爱等。第四，尊重的需要：即自尊、自重，或要求被他人所尊重，包括自尊心、自信心、希望有地位、有威望，受到别人的尊重、信赖以及高度评价等。第五，自我实现的需要：是人生追求的最高目标，位于“金字塔”的顶端。包括能充分发挥自己的潜力，表现自己的才能，成为有成就的人物。马斯洛说：“音乐家必须演奏音乐，画家必须绘画，诗人必须写诗，这样才会使他们感到最大的快乐。是什么样的角色就应该干什么样的事。我们把这种需要叫做自我实现。”①

国内外对马斯洛的需要层次理论各有评说，我们认为，基于一定历史条件和社会环境的限制，存在一定的缺陷是正常的，但是，它对社区矫正的矫正教育工作具有启发作用。

第一，马斯洛从研究人的需要来研究人的行为，这是抓住了问题的关键。人们为了满足最基本的需要而积极行动，进而发展生产，变革社会，不断改善人类的物质生活和精神生活，推动社会的发展。这提示我们在社区矫正对象的矫正教育中，应该重视研究社区矫正对象合理的基本需要，并尽力给予一定程度的满足，就可以调动社区矫正对象矫正教育的积极性。如果我们连社区矫正对象的最基本需要都满足不了，开展其他矫正教育活动就失去了动力基础。

第二，马斯洛把人的需要从低级到高级分成不同的层次，当低层次的需要得到满足之后，就发展到较高层次的需要，这种观点揭示了人类有多种需要的特征，在一定程度上反映了人类需要发展的一般规律性和本性。提示我们既要注重社区矫正对象的基本需要，又要研究不同层次社区矫正对象的不同需要，把握其需要结构的规律性。充分利用社区矫正对象需要层次的差异，制定具有针对性的矫正方案，增强矫正教育的科学性，提高矫正教育的效率。

第三，马斯洛理论的精华，在于重视人的需要，强调以人为核心，尊重人、关心人。对于我们了解和关心社区矫正对象的需要，并根据不同情况采取不同措施，合理地予以满足，以调动社区矫正对象的积极性，有启发意义。

第四，马斯洛指出人在某一时期，只有一种需要占主导地位，其他需要则处于从属地位。这启示我们，要想对社区矫正对象的矫正教育工作收到成效，不仅要一般地了解社区矫正对象的需要，而且要特别注意了解和掌握社区矫正对象在某一时期的主导需要。只要了解了社区矫正对象的主导需要，才能有针对性地进行工作。

（二）矫正教育活动的根基在于改变社区矫正对象的需要结构

需求论犯罪观认为，“犯罪与人的需求有关。如低层次需要中的性欲，及高层次需要中的地位、名誉、财产等欲望，都与犯罪相关。希利等人认为，正常的欲求并不构成违法

① ［美］马斯洛等著，林方主编：《人的潜能和价值》，华夏出版社 1987 年版，第 808 页。

犯罪行为，但谋求不正当的代偿性满足的行为就成为犯罪行为，在谋取优越于他人的需要（个人的名誉、地位、财产）而构成对他人或社会的侵害时，也会造成犯罪”①。在社区矫正对象的需要结构中，按其需要形态分类，主要包括了常态需要结构、违法犯罪的需要结构、违背社会规范的需要结构、变态行为的需要结构等。按照社区矫正对象实施犯罪行为的需要和动机分类，大致可以分为物欲型社区矫正对象、性欲型社区矫正对象、情感型社区矫正对象、信仰型社区矫正对象、集合型社区矫正对象、过失型社区矫正对象等需要类型。从每种类型的特点来看，物欲型社区矫正对象的特征是物质欲望强烈，具有强烈的占有欲；性欲型社区矫正对象的特征是性观念错位，性行为越轨；情感型社区矫正对象的特征是消极情感高度积累，情感需要强烈，情感缺乏自制力，挫折情绪明显，反社会情感突出等；信仰型社区矫正对象的特征是盲目崇拜，对封建迷信执迷不悟、精神迷乱，性格偏执等；集合型社区矫正对象的特征是几种或多种需要的集合；过失型社区矫正对象的特征是自我悔恨、自我辩解、宿命论思想严重、情感压抑等。不同类型的社区矫正对象具有自身特质的需要结构，既包含着常态需要结构，也包含着违法犯罪的需要结构、违背社会规范的需要结构、变态行为的需要结构等，我们对社区矫正对象的矫正教育就是要把常态需要结构进一步巩固保留下来，把违法犯罪的需要结构、违背社会规范的需要结构、变态行为的需要结构等进行改变、消除和转化。

（三）矫正教育的目的是建构社区矫正对象新的常态需要结构

社区矫正对象的需要结构是在长期的社会生活中逐步形成的，具有相对稳定性，需要结构内部各要素之间在一定时期内保持相对平衡状态。对社区矫正对象的矫正教育活动，首先要打破这种平衡，把社区矫正对象需要结构中违法犯罪的需要要素、违背社会规范的需要要素、变态行为的需要要素、越轨行为的需要要素等进行改造和改变，这就必然要打破社区矫正对象需要结构的原有平衡性，导致社区矫正对象需要结构失衡。因此，矫正教育活动是一个对社区矫正对象需要结构破旧立新的过程，在改造和改变社区矫正对象原有需要结构的同时，建构新的需要结构体系和新的需要结构平衡机制。

五、矫正教育存在个体差异性规律

个体差异原理是在遗传、环境和个体能动性三个因素共同作用下形成和发展的，个体差异的存在形式有显性的，也有隐性的。个体差异性是社区矫正对象的本质属性，在矫正教育中，对社区矫正对象个体差异进行研究，主要目的在于为矫正教育服务。

（一）个体差异性理论

矫正教育的个体差异性理论认为，由于矫正教育的社区矫正对象因个人心理因素和所处社会环境不同，在矫正教育内容、矫正教育项目和矫正教育方式等方面，因人而异，不

---

① 朱智贤主编：《心理学大词典》，北京师范大学出版社 1989 年版，第 808 页。

能一概而论。关于个体差异性问题，1970年，美国传播学者德弗勒曾提出了比较完整的理论体系。他指出，人的心理构成是千差万别的，人的先天条件和后天知识形成了个人兴趣、爱好等的差异。由于所处社会环境和经历各不相同，各自的性格、能力、需要、兴趣、动机等特点也不相同。“德弗勒将个人之间的差异分为五种：个人心理结构不同；先天禀赋和后天性格不同；认知所形成的态度、价值观念和信仰不同；社会理论所形成的观点、主张和立场不同；通过社会学习所形成的素质不同。”① 在社区矫正中，正是由于社区矫正对象个人的这些差异，决定了他们对矫正教育的态度不同，对矫正教育作出的反应不同，体现在他们的心理、态度和行为上的矫正教育效果也有很大差异。

（二）个体差异性要求差异对待

社区矫正对象的个体差异主要体现在个体之间先天禀赋差别、后天环境条件差异和由此形成的个体的差异结果，包括出生时空环境、遗传资源、才智身心素质、教育学习、人脉力量、组织关系、生活经历、先天智力水平、学习态度、家庭教养、身体素质等各方面生存发展条件的差异性，包括先天因素和后天因素。

第一，正确认识和评价社区矫正对象的个体差异。社区矫正工作者首先要承认并正确认识社区矫正对象个体的差异。准确了解社区矫正对象的个性差异，准确预测和引导社区矫正对象个体的行为，关注每一位社区矫正对象的个性差异，调动社区矫正对象主观能动性，积极参与矫正教育活动，促进社区矫正对象发展。

第二，关注矫正教育要素的差异性。现代心理学和行为科学研究证明了每个个体都有其独特的能力体系和能力结构，有独到的性格特征。这些个体的能力要素都是有用的，关键是要求社区矫正工作者要善于在矫正教育中创造一种“发挥要素长处，避免要素弱点”的环境。因此，社区矫正工作者必须认识到每个社区矫正对象的能力有大小，性格各有特征，只有对社区矫正对象采取最适合的矫正教育方式、矫正教育内容和矫正教育项目，才能最大限度地发挥社区矫正对象的潜力。社区矫正工作者要善于了解、把握社区矫正对象的能力特征。善于发现社区矫正对象身上的闪光点。

第三，重视矫正教育方法的差异性。社区矫正工作者在选择矫正教育方法时也要因人而异。社区矫正工作者全面准确地掌握社区矫正对象个体的能量的大小、结构和特长，科学地将其安排到相应的矫正教育项目中，使其能力与具体的矫正教育内容相匹配，从而达到因人施教。首先要制定出切实可行的矫正教育内容，在矫正教育过程中，每一个矫正教育步骤，每一种矫正教育方法，都要着眼于为社区矫正对象服务。社区矫正对象是矫正教育的主体，矫正教育应根据不同层次社区矫正对象的水平和矫正教育目标，对矫正教育内容作相应的调整和组合，注意内容的难度和坡度。发展思维，形成能力。其次对社区矫正对象的情感教育、意志品质的教育也要区别对待。给予社区矫正对象更多的真诚和关爱、信任和关怀、帮助和鼓励。对于不同性格特征的社区矫正对象要采取不同的矫正教育方式。比如对性格开朗、直率的社区矫正对象，我们在矫正教育中可以直接明确地指出错误

① 360百科：《个体差异论》，网址：https://baike.so.com/doc/1496620-1582578.html，访问日期：2021年7月27日。

性质、危害程度以及改正方法；对于性格孤僻、脾气暴躁的社区矫正对象则可以采用迂回的矫正教育方法。

第四，实施差异化考核标准。社区矫正工作者对不同的社区矫正对象的矫正教育效果所指定的考核标准和措施也应各不相同。关注社区矫正对象的个体差异，实施差异性矫正教育考核标准，才能发掘每个社区矫正对象的潜能，调动一切积极因素，使社区矫正对象都能得到发展，实现矫正教育的工作目标。

（三）矫正教育差异性的内在要求

遵循受教育者身心发展特点的差异性是教育者必须遵循的规律。在社区矫正工作中，矫正教育活动不仅要遵循这一规律，而且要依据社区矫正对象的个体差异性因材施教，这是矫正教育差异性的内在要求。

因材施教的矫正教育思想和原则认为，社区矫正工作者要了解和把握社区矫正对象的个性特点、学习情况和学习能力等方面的差异，要从社区矫正对象的实际出发，采取不同的矫正教育措施，针对不同社区矫正对象的不同情况，有的放矢地组织矫正教育。在教育教学过程中，虽然社区矫正对象的身心发展在一定年龄阶段具有一定的稳定性和普遍性，但由于每个社区矫正对象的素质、环境和所受教育的影响不同，以及主观努力等诸方面的差异，使处在同一年龄阶段中的不同社区矫正对象的身心发展水平又表现出其特殊性和差异性。因此，矫正教育要照顾社区矫正对象的个体差异，针对不同社区矫正对象的不同特点，采取特殊措施，以适应每个社区矫正对象的需要。

六、矫正教育多元要素相互协调、共同影响的规律

这一规律是运用系统论的基本原理，把矫正教育作为系统工程来分析的。在矫正教育系统工程中，各个参与要素和社区矫正对象交互作用，共同促使社区矫正对象的转变。

（一）系统论的基本理论观点

系统论是美籍奥地利理论生物学家 L. V. 贝塔朗菲（L. Von. Bertalanffy）创立的，贝塔朗菲创立的一般系统论奠定了系统论的理论基础。系统论是研究一切系统的一般模式、原则和规律的理论体系，它研究各种系统的共同特征，用数学方法定量地描述其功能，寻求并确立适用于一切系统的原理、原则和数学模型，是具有逻辑和数学性质的一门科学。系统论认为，整体性原理、相关性原理、层次性原理、有序性原理、动态性原理、调控性原理和最优化原理等①，是系统论的基本原理。这些原理不仅是系统论所具有的基本思想观点，而且它也是系统方法的基本原则，表现了系统论不仅是反映客观规律的科学理论，而且具有科学方法论的含义，这正是系统论这门科学的特点。系统论的核心思想是系统的

① 在网上介绍系统论的资料中，认为系统论有系统整体性原理、系统层次性原理、系统开放性原理、系统目的性原理、系统突变性原理、系统稳定性原理、系统自组织原理、系统相似性原理等八大原理。

整体观念。贝塔朗菲强调，任何系统都是一个有机的整体，它不是各个部分的机械组合或简单相加，系统的整体功能是各要素在孤立状态下所没有的性质，即整体的功能总有大于或不同于部分功能之和的新功能。同时认为，系统中各要素不是孤立地存在着，每个要素在系统中都处于一定的位置上，起着特定的作用。要素之间相互关联，构成了一个不可分割的整体。要素是整体中的要素，如果将要素从系统整体中割离出来，它将失去要素的作用。①

（二）矫正教育是由子系统和多元要素构成的共同体

根据系统论的观点，社区矫正本身就是由若干子要素或者子系统组成的一个系统。其中，矫正教育作为社区矫正的一个子系统，也必然是由多个子系统构成的共同体。在矫正教育系统中，包括的子系统有：

第一，人力资源子系统。主要的要素有党委、政府和政法机构层面包括党委、政府、社区矫正委员会、司法局、社区矫正机构、司法所、监狱管理、公安机关、检察院、法院、人力资源和社会保障、财政、卫健委、民政等部门；自治组织层面包括了居民委员会、村民委员会等；社会团体层面包括了妇联、共青团；社会力量层面包括了社会工作者、社会志愿者、企事业单位、社会组织、社区矫正对象、社区矫正对象监护人、社区矫正对象家庭成员、社区矫正对象所在单位、社会企业、经济组织等。第二，矫正教育内容子系统。主要有专业技能教育项目、法治教育项目、思想政治教育项目、道德教育项目、行为矫正项目、自我认知矫正项目、情绪情感控制项目、毒品戒除项目、人际关系教育项目、社会适应项目等。第三，矫正教育物质保障子系统。主要是指矫正教育所必备的设施设备和资金等。这些子系统中的要素相互联系、相互作用并形成矫正教育相对稳定的结构和特定功能的有机整体，同时又作为组成要素从属于社区矫正的整体系统。

（三）多元要素中，各个要素的地位和作用是不同的

矫正教育系统中的各个子系统和多元要素之间相互关联，构成了矫正教育不可分割的整体。同样的道理，矫正教育系统中的各个子系统和多元要素不是孤立地存在着，每个子系统和要素在矫正教育系统中都处于一定的位置上，起着与自己的功能相对应的特定的作用。

在人力资源子系统中，党委和政府是社区矫正的领导机构，是矫正教育工作的“掌舵者”，同时，政府又是社区矫正规则的制定者，矫正教育项目和资金的提供者，社区矫正环境共建共治共享的促进者；社区矫正委员会是组织、协调、指导矫正教育工作的综合协调机构；司法行政部门是矫正教育的主管者；社区矫正机构和司法所是矫正教育的主导者、实施者；监狱管理部门、公安机关、检察院、法院、人力资源与社会保障、财政、卫健委、民政等部门，在自己职能的范围内参与矫正教育工作；居民委员会和村民委员会是矫正教育的直接参与者；妇联和共青团以社会团体的名义，直接或间接参与社区矫正对象

① 陶成德主编：《现代科学方法论》，河南人民出版社1987年版，第110~129页。

的矫正教育工作；社会工作者、社会志愿者、企事业单位、社会组织、社区矫正对象监护人、社区矫正对象家庭成员、社区矫正对象所在单位、社会企业、经济组织等社会力量是矫正教育的协助力量，是矫正教育活动的参与者、矫正教育项目的提供者和服务者；社区矫正对象是矫正教育的主体。很明显，各个参与要素的地位和作用是不同的。

除此之外，矫正教育内容子系统和矫正教育物质保障子系统为矫正教育提供支持体系。

（四）各个子系统和多元要素的共同影响

矫正教育多元要素相互协调、共同影响规律的运行机制是通过内在的基本运行原理实现的。

第一，矫正教育系统的整体性原理。整体性原理强调矫正教育系统是由若干子系统或若干要素组成的具有一定新功能的有机整体，各个子系统或单个要素一旦组成矫正教育的系统整体，就具有各个子系统或单个要素所不具有的性质和功能，形成了新的矫正教育系统的质的规定性，从而表现出矫正教育整体的性质和功能不等于各个子系统或单个要素的性质和功能的简单相加。因此，在矫正教育整体系统中，各个子系统和多元要素的综合功能总有大于或不同于各个子系统和各个子要素功能之和的新功能。

第二，矫正教育系统的层次性原理，强调由于组成矫正教育系统的诸要素的种种差异，包括结合方式上的差异，从而使矫正教育系统组织在地位与作用、结构与功能上表现出等级秩序性，形成了具有质的差异的矫正教育系统等级，层次性就是反映这种有质的差异的不同的矫正教育系统等级或矫正教育系统中的高级差异性。在矫正教育整体系统中，矫正教育系统属于高层次系统，它是由各个子系统或单个要素等低层次系统构成的。高层次的矫正教育系统和低层次的各个子系统或单个要素之间的关系，是一种整体和部分、系统和要素之间的关系。矫正教育系统和各个子系统或单个要素，不仅具有不同的性质和地位，而且具有不同的作用，各个子系统或单个要素具有自己的一定的独立性。

第三，矫正教育系统的开放性原理，强调矫正教育系统具有不断地与外界社区矫正环境进行物质、能量、信息交换的性质和功能，矫正教育系统向环境开放是矫正教育系统得以向上发展的前提，也是矫正教育系统得以稳定存在的条件。在矫正教育中，要求矫正教育系统必须具有开放性。矫正教育系统只有与社区矫正环境相互联系和相互作用，社区矫正对象潜在的转变的可能性才有可能转化为现实性，转化为遵纪守法的公民。

第四，矫正教育系统目的性原理，强调矫正教育组织系统在与社区矫正环境的相互作用中，至少在社区矫正期间内，无论社区矫正的环境条件怎样改变，矫正教育系统总是要朝着确定的方向发展，坚持表现出某种趋向预先确定的状态的特性。

第五，矫正教育系统稳定性原理，强调在外界作用下开放矫正教育系统具有一定的自我稳定能力，能够在一定范围内自我调节，从而保持矫正教育系统的有序状态，保持矫正教育系统的结构和功能。

第五章 形势政策与道德教育

公民基本素质教育是指在一定的教育思想、教育理论、教育原则的指导下，对社区矫正对象作为公民应具备的基本素质的教育活动。《社区矫正法》第36条规定："社区矫正机构根据需要，对社区矫正对象进行法治、道德等教育，增强其法治观念，提高其道德素质和悔罪意识。对社区矫正对象的教育应当根据其个体特征、日常表现等实际情况，充分考虑其工作和生活情况，因人施教。"2020年《社区矫正法实施办法》第43条对教育矫正问题又进行了细化："社区矫正机构、受委托的司法所应当充分利用地方人民政府及其有关部门提供的教育帮扶场所和有关条件，按照因人施教的原则，有针对性地对社区矫正对象开展教育矫正活动。社区矫正机构、司法所应当根据社区矫正对象的矫正阶段、犯罪类型、现实表现等实际情况，对其实施分类教育；应当结合社区矫正对象的个体特征、日常表现等具体情况，进行个别教育。社区矫正机构、司法所根据需要可以采用集中教育、网上培训、实地参观等多种形式开展集体教育；组织社区矫正对象参加法治、道德等方面的教育活动；根据社区矫正对象的心理健康状况，对其开展心理健康教育、实施心理辅导。社区矫正机构、司法所可以通过公开择优购买服务或者委托社会组织执行项目等方式，对社区矫正对象开展教育活动。"公民基本素质教育的内容，直接关系到社区矫正工作的开展，直接影响着教育矫正工作计划的制定和实施。因此，只有深入研究公民基本素质教育的基本内容，才能制定出切实可行的矫正方案，才能使公民基本素质教育规范有序。

第一节 形势政策教育

对社区矫正对象规范有序地开展形势政策教育是矫正教育的常规教育内容，也是社区矫正工作中思想政治教育的重要组成部分；是对社区矫正对象进行形势政策教育的主渠道、主阵地，也是每个社区矫正对象必须接受的教育活动，在社区矫正对象思想政治教育中担负着重要使命，具有不可替代的重要作用。

一、形势政策教育的概念与本质

形势与政策教育包括了"形势"和"政策"两个概念。"形势"主要是指"局势和趋势"；"政策"是指一定时期一定社会的统治者所制定的行动准则和规范。形势政策教育包含着教育的主体、客体、介体等相关因素。这里的主体应是教育者，即社区矫正工作者；客体指受教育者，即社区矫正对象；介体包含着教育内容、教育目的、教育手段等。因此，形势政策教育的概念应当理解为：在矫正教育活动中，社区矫正工作者帮助社区矫正对象认清国际国内局势和发展趋势，树立正确的形势观，并在此基础上理解国家在当前形势下制定相应政策的必然性与合理性的教育实践活动。

哲学中对本质的定义是事物存在的根据，事物之所以为该事物而非他事物的基本特质。因此，形势政策教育的本质则是研究其得以存在的根据。形势政策教育是在社区矫正对象思想政治教育中起不可或缺作用的组成部分，因此，它具有思想政治教育所具有的特征，同时又具有相对的独立性，有其之所以为形势政策教育的基本特质。首先，马克思主义形势政策观是对马克思主义世界观的应用，是马克思主义分析判断形势、制定执行政策的立场、观点和方法。形势政策教育以马克思主义的形势政策观为理论基础，形势与政策教育需要社区矫正对象掌握的内容实际上是对马克思主义形势政策观的继承和发扬，引导社区矫正对象分析形势、理解政策。其次，形势政策教育以思想政治教育环境为现实依托，在环境的变化发展中不断变化和发展，这当中的发展包含形势政策教育内容的变化及其自身形态的变化发展。一方面，形势政策教育将思想政治教育环境的变化作为教育内容传递给社区矫正对象，这就规定了其必须时刻关注思想政治教育环境变化及其对人的影响；另一方面，其自身也需要适应思想政治教育环境的变化而不断演变发展，以求更好地发挥自身的实效性。综合以上两点，可以看出形势政策教育存在的根据就是引导受教育者运用马克思主义形势观与政策观分析思想政治教育环境的变化，在分析环境和运用环境的过程中形成自己的价值判断和价值选择。归根结底，形势政策教育的本质是社会主义核心价值观教育。

二、形势政策教育的特征

形势政策教育包括知识性、意识形态性、动态性、稳定性等特征。同时，这些特点之间又存在相互的关联性，表现为意识形态性与知识性的统一、动态性与稳定性的统一、系统性与针对性的统一，构成了形势政策教育的特征。

（一）知识性与意识形态性统一

形势政策教育有独立的教育目标、内容方法、手段以及评价机制，是一个完整的教育体系。其教育目标是社区矫正对象在一定知识目标达成的基础上形成正确的价值观与形势政策观，因此，它具有知识性的特征。但这种知识性只是为社区矫正对象形成社会主义意识形态提供的一个认知基础，是一种过程性的、阶段性的特点。意识形态性是其最为突出的特点。形势政策教育担负着向社区矫正对象传播社会主义意识形态的重要使命，无论是基础理论部分，还是对国际国内形势以及社会热点部分，都需要坚定的政治立场的支撑，其教育目标也一定是：帮助社区矫正对象树立社会主义核心价值观，保证社会主义意识形态阵地的稳定。同时应当注意到，意识形态性的达成需要在形势政策知识积累到一定程度之后才能自然而然地形成。缺少意识形态性，则会使形势政策教育失去其存在的价值；缺少知识性，则会让其空洞单薄，使教育目标难以达成。因此，形势政策教育的知识性与意识形态性是相辅相成的，是过程与结果的统一。

（二）稳定性与动态性共存

形势政策教育由相对比较稳定的基本理论以及客观动态的国际国内形势和国家相关政策构成。但如果将基本理论看作稳定不变、将形势与政策看作变动不居的话，则会出现认知上的偏差。一方面，形势政策教育既具有动态性，又具有稳定性。从其理论基础方面来看，马克思主义基本原理以及党的基本理论、基本路线、基本纲领和基本经验，是经过数百年、数十年实践检验的真理，是可以作为指导思想和行动准则的部分，因此是相对稳定的。这些相对稳定的理论能够引导社区矫正对象关注党和国家的路线方针政策，了解党的基本纲领和基本经验。这部分是基础，但也并非一成不变。世界是永恒变化发展的，这些基本的理论也会随着实践的发展而不断完善和发展。因此我们说基本理论是相对稳定的，这是相对于动态性较强的国际国内形势而言的。形势政策教育的“形势”部分是变动性最强的部分，也是与思想政治教育环境联系最为密切的部分。因为国际国内的热点是随时变化的，这就要求形势政策教育必须与时俱进，根据国际国内形势的变化及时更新教育内容，调整自己的教育内容、方法、模式。另一方面，形势政策教育的动态性与稳定性并非孤立存在，而是相辅相成的统一关系。形势政策教育并不总是处于一种变动不居的无规律可循的变化状态，其基本理论、基本研究方法和基本实现形式是相对稳定的。首先，规律是普遍客观存在的，任何事物的发展都要遵循一定的规律，形势的变化也是遵循一定的规律而变化的；其次，复杂的国际国内形势在变化中也有其相对稳定的部分，形势的改变也并不是毫无征兆说变就变的，一定是有一个内在转化的过程，会经历一个量变的过程才会发生改变。例如，大国之间的外交形势的变化会有一个相对稳定的态势，外交形势的变化必然是局部的微小的量变积累到一定程度才发生整体形势的变化，这些变化是有其必然性的，而这种必然性就是形势政策教育相对稳定的部分。通过上述分析可以看出，形势政策教育具有稳定性与动态性并存的特征，即在稳定中有变化，在动态中又存在稳定，二者是相互统一的。

（三）系统性与针对性统一

形势政策教育涵盖的内容相对比较广泛，其内容包括党的指导思想、经验精神；党和国家的各项改革措施和路线方针；社会主义现代化建设特别是改革开放取得的成果及未来规划和任务；国际形势、国际重大事件等几个方面，是系统性比较强的。这些内容涵盖范围广，需要在内容、方法、评估等方面做系统规划，避免形势政策教育由于内容覆盖面广而出现面面俱到而又缺乏重点的状态。形势政策教育正是具有系统性这一特征才使得其在实施过程中能够把握重点，详略得当。同时，形势政策教育还具有针对性的特点。也就是形势政策教育具有一整套较为完善系统的体系机制，同时也能够有针对性地选择教育内容、教育方式、方法、手段、评价方式等方面。而这里所说的针对性，主要是充分照顾社区矫正对象的认知水平、思想特点和现实需要，有针对性地分析某一方面的形势，分析与该形势相关的政策。针对社区矫正对象关心、关注的热点问题和有困惑的问题进行重点分析，关心社区矫正对象之关心，关注社区矫正对象之关注，则会更有针对性地提高形势政策教育的效果。因此，形势政策教育一方面要注重教育内容的完整性，将重要的、社区矫正对象应当了解的内容系统地传递给他们，同时还要注重针对性，针对社区矫正对象的实际需要对其进行教育，做到“有点有面，以点带面”，体现的是系统性与针对性的统一。

三、形势政策教育的宏观设计

形势政策教育以马克思主义、毛泽东思想、邓小平理论、“三个代表”重要思想、科学发展观和习近平新时代中国特色社会主义思想为指导，着重进行党的基本理论、基本路线、基本纲领和基本经验教育；进行我国改革开放和社会主义现代化建设的形势、任务和发展成就教育；进行党和国家重大方针政策、重大活动和重大改革措施教育；进行当前国际形势与国际关系的状况、发展趋势和我国的对外政策，世界重大事件及我国政府的原则立场教育；进行马克思主义形势观、政策观教育。

形势政策教育的目的在于帮助社区矫正对象了解国际国内社会形势，适应社会生活，消除思想疑虑，增强回归社会、与社会相融合的信心。

四、形势政策教育的主要内容

形势政策教育是随着时代的发展而不断变化的，目前来看，具体内容应包括：我国政治、经济、社会发展形势与对外政策，党中央、人大、政府召开的重大会议精神的学习宣讲，国内热点问题、突出的重大事件，两岸关系和对台政策问题，与相关国家的关系问题等。

（一）我国的政党制度与建设认同教育

我国政党制度的建立和完善，我国政党制度的内容与特点，我国政党制度是我国社会历史发展的必然选择，中国共产党是我国社会主义事业建设的领导核心，中国共产党的先进性建设，中国共产党的执政能力建设。

（二）我国的经济形势与经济任务认知教育

我国的经济形势分析，我国制定的第十四个五年规划，我国经济工作的主要任务，我国经济工作的主要要求。

（三）新时代中国特色社会主义的理论与实践教育

新时代中国特色社会主义的提出与时代背景、国内背景、国际背景，新时代中国特色社会主义的具体表现、基本内容，新时代中国特色社会主义的基本要求，提高自主创新能力，建设创新型国家的紧迫性，建设创新型国家的主要要求。

（四）坚持和完善中国特色社会主义制度，推进国家治理体系和治理能力现代化教育

坚持和完善中国特色社会主义制度、推进国家治理体系和治理能力现代化的重大意义和总体要求；坚持和完善党的领导制度体系，提高党科学执政、民主执政、依法执政水平；坚持和完善人民当家作主制度体系，发展社会主义民主政治；坚持和完善中国特色社会主义法治体系，提高党依法治国、依法执政能力；坚持和完善中国特色社会主义行政体制，构建职责明确、依法行政的政府治理体系；坚持和完善社会主义基本经济制度，推动经济高质量发展；坚持和完善繁荣发展社会主义先进文化的制度，巩固全体人民团结奋斗的共同思想基础；坚持和完善统筹城乡的民生保障制度，满足人民日益增长的美好生活需要；坚持和完善共建共治共享的社会治理制度，保持社会稳定、维护国家安全；坚持和完善生态文明制度体系，促进人与自然和谐共生等。

（五）我国的民族与宗教政策教育

我国自古就是统一的多民族国家，我国的民族区域自治制度，我国处理民族问题的基本原则。我国的宗教分布（人口、民族、地域）及状况，我国的基本宗教政策（以国务院颁布的白皮书为依据）。

（六）台湾问题教育

台湾问题的由来；台湾问题的实质；美国等国家插手台湾问题；台湾问题不可能“国际化”；我国处理台湾问题的原则；我国处理台湾问题的立场；我国努力维护台海和平，同“台独”势力作坚决斗争。

（七）我国的和平发展战略与外交政策教育

我国和平发展战略的提出，我国和平发展战略的主要表现，我国的和平发展对世界的贡献。我国的外交方针，我国的对外政策，我国推进建设公正合理的国际新秩序。

（八）当今世界经济政治格局与发展趋势教育

世界经济格局的现状，世界经济格局的发展趋势，科技发展对世界经济的作用，我国对世界经济的贡献，冷战结束与世界政治格局的现状，世界政治格局的发展趋势，我国为建立公正的世界政治新格局所做的贡献。

（九）中美关系的现状与发展教育

中美关系的建立与发展，当前中美关系面临的机遇与挑战，我国建立中美关系的原则，我国建立中美关系的立场。

（十）中日关系的现状与发展教育

中日关系的建立与发展，当前中日关系面临的障碍及原因（历史问题、参拜靖国神社、教科书问题、钓鱼岛问题），我国建立中日关系的原则，我国建立中日关系的立场。

（十一）我国与其他国家的关系教育

我国与俄罗斯的关系，我国与欧盟的关系，我国与东南亚国家的关系，我国与上海合作组织国家的关系，我国和非洲国家的关系，我国和南美洲国家的关系等。

五、国际社会发展的有关热点问题教育

（一）国际组织及其作用

国际组织的形成与发展、特征、作用；联合国的建立和作用，联合国的组织结构、运行方式，联合国同中国的关系。WTO 的建立和发展，WTO 的组织结构，WTO 在世界经济与贸易中的影响和作用；WTO 与中国。

（二）当前世界的热点问题

第一，民族主义问题。民族主义的由来及特征，民族主义问题的表现，民族主义问题的实质。

第二，国际人权问题。人权问题及其国际化，国际人权斗争（表现及其实质），几种不同的人权观（西方国家、发展中国家、中国的人权观）。

第三，恐怖主义问题。恐怖主义的产生，恐怖主义的特征，恐怖主义问题的实质。

第四，核不扩散问题。核不扩散的国际规范，核不扩散的作用，核不扩散问题的实质。

第五，突发事件问题。海啸、地震等自然灾害问题，恐怖袭击问题，突发局部战争和冲突问题，新冠肺炎问题等。

六、形势政策教育的基本要求

对社区矫正对象形势与政策教育要坚持与时俱进和以人为本的原则。与时俱进原则是指要根据时代变革和社会进步的发展需要，努力研究社区矫正对象所面临的社会现实，探索新规律，总结新方法，是对社区矫正对象形势与政策教育的内容实现理论创新、方法创新，把握时代发展的脉搏，符合时代的价值追求。以人为本的原则是指要从社区矫正对象的自身情况和特点出发，针对他们回归社会的实际需要，科学地安排教育内容，选择生动活泼的教育形式，体现人文关怀，调动社区矫正对象的学习积极性。

第二节　道德教育

道德是调整人们之间及个人和社会之间关系的一种行为规范的总和。它是依靠社会舆论和人的内心信念来维持的、调整人们之间相互关系的行为规范。道德渗透于社会政治的、经济的、法律的、思想文化的一切社会关系之中，贯穿于社会生活的一切范畴和实践活动之中。

一、道德教育及其意义

道德教育是社区矫正机构按照新时代中国特色社会主义公民道德规范的要求，对社区矫正对象进行的以《新时代公民道德建设实施纲要》为主要内容的，一种有目的、有计划的系统性教育活动。在社区矫正工作中，社区矫正对象道德教育是以具有独立人格和主体身份的公民为对象，以培养公民德行素质为目标，通过公共生活实践教育活动，使社区矫正对象形成道德观念，养成遵守社会道德的行为习惯。其意义在于：

第一，提升道德水准，维护社会安全和秩序。从社区矫正对象的道德现状看，随着我国社会主义市场经济的逐步完善和确立，公民的价值观也受到各个方面所带来的冲击。在社区矫正中，社区矫正对象的价值观也发生了很大的变化，“社会的一些地方道德失范，是非、善恶、美丑界限混淆，拜金主义、享乐主义、极端个人主义有所滋长，见利忘义、损公肥私行为时有发生，不讲信用、欺骗欺诈成为社会公害，以权谋私、腐化堕落现象严重存在”①。社区矫正对象中个人享乐主义、极端主义等价值取向十分严重，这都严重影响了整个社会的和谐。这些问题必须采取有效措施加以解决，否则就会损害社会的安定和秩序，影响整个社会的有序发展。

第二，突出以人为本的原则。从构建和谐社会的价值取向来看，我们所要建立的和谐社会是民主法治、诚信友爱、充满活力、安定有序、人与自然和谐相处的社会。这一切都要求我们一切从人出发，坚持以人为本，关注每一位公民，服务于每一位公民，不断提升人们的思想道德素质，从而促进整个社会的和谐。

第三，把社区矫正对象置于道德教育的主体地位。从构建和谐社会的主体来看，社区矫正对象是这个社会的个体，是这个社会的一分子，也是构成社会的单位要素。只有实现了社区矫正对象个体的和谐，才能谈及整个社会的和谐。只有加强社区矫正对象道德教育，提升社区矫正对象道德素质，坚持以人为本的原则，才能最终完成构建社会主义和谐社会的任务。

---

① 中共中央宣传部宣传教育局：《公民道德建设实施纲要学习读本》，学习出版社 2001 年版，第 4 页。

二、道德教育的目标

依据2019年10月27日中共中央、国务院印发的《新时代公民道德建设实施纲要》的要求，对社区矫正对象的道德教育的目标是“要以习近平新时代中国特色社会主义思想为指导，紧紧围绕进行伟大斗争、建设伟大工程、推进伟大事业、实现伟大梦想，着眼构筑中国精神、中国价值、中国力量，促进全体人民在理想信念、价值理念、道德观念上紧密团结在一起，在全民族牢固树立中国特色社会主义共同理想，在全社会大力弘扬社会主义核心价值观，积极倡导富强民主文明和谐、自由平等公正法治、爱国敬业诚信友善，全面推进社会公德、职业道德、家庭美德、个人品德建设，持续强化教育引导、实践养成、制度保障，不断提升公民道德素质，促进人的全面发展，培养和造就担当民族复兴大任的时代新人”。依照社区矫正对象道德教育的要求，可以把道德教育的目标归纳为以下几个方面：

（一）培养道德认知

培养正确的道德认知，是道德教育的基础。培养理性的道德认知，首先需要认识道德规范的内在本质，经过对道德规范的思考以及思维加工进行道德选择和判断，才能更好地将规范内化以提升自身认知水平的发展。道德认知不仅是在概念的层面上，还有在道德实践层面上，对具体道德实践进行判断与分析。社区矫正对象只有将社会道德规范和秩序转换为个人的道德认知，才能将其外化为道德行为。因此，在培育社区矫正对象的道德认知时，教育内容的选择应当以社区矫正对象容易接受理解的内容为起点，与现实生活相结合，使社区矫正对象能够从实际出发，更好地将具体内容转化为内在稳定的德行。在培育方式的选择上，选择社区矫正对象喜闻乐见的活动，寓教于乐，使其在活动中潜移默化地形成正确的道德认知，并修正自身的道德行为。道德认知是道德理性的基础，社区矫正对象拥有了对道德的正确认识，就会表达出相应的道德情感，从而做出正确的道德行为。

（二）提升道德判断

道德判断是道德理性的重要组成部分，是在原有道德认知的基础上，分析道德情境、道德关系、道德现象并做出判断。道德判断验证道德认知，若道德判断与道德认知相一致，则是积极的反馈，原有道德认知能够成为正确道德选择的依据。道德判断是道德理性思维运动过程中的一部分，起着承上启下的作用，对于道德行为也具有引导作用，在引导的过程中，往往涉及对道德现象或道德行为的价值判断，如是非善恶等。提升社区矫正对象的道德判断，不能只注重道德规范与道德知识的教育，在复杂的社会环境下，一定要注重社区矫正对象的道德判断实践，因为道德判断对行动具有指引作用。社区矫正活动本身必然会产生一定的社会舆论，对道德判断也会产生影响。所以需要道德理性来帮助社区矫正对象进行推理选择。社区矫正对象的道德判断发展与智力发展阶段相关，所以在针对社区矫正对象的道德判断力进行培育时，要注重道德教育内容的选择和道德教育的方式，充分调动社区矫正对象主动学习的积极性，促使他们培养良好的道德行为。

（三）强化道德自律

外部力量是道德发展的条件，内因是推动个体道德发展的主要原因，道德教育不能单纯依靠外部力量，例如家庭、学校和社会的教育，道德水平的提高需要发挥社区矫正对象主体的能动性以实现道德自律，从内心认同道德规范，对照道德规范寻找自身存在的不足，并在理性的指导下形成良好的道德行为。自律是社区矫正对象自我教育、自我反省、自我监督的过程，道德自律是社区矫正对象对自我道德认知的教育和约束，对道德行为的调节和完善，道德自律是个体对道德规范的认同并外化成道德行为，最终形成高水平的道德理性。新时代，随着现代信息技术的应用，对社区矫正对象的道德自律提出更高的要求，因此呼唤增强社区矫正对象的道德自律水平，有助于社区矫正对象理性思考问题，自觉主动发挥能动性，辨别不良信息，帮助个人抵挡负面信息的诱惑。

（四）规范道德行为

社区矫正对象之所以会犯罪，往往是因为不能严格控制自身的道德行为，从而很容易出现道德失范的现象。非理性的道德行为对社区矫正对象的认知与判断产生负面影响，污染社会生态环境，所以对理性的道德行为进行培养是十分必要的，道德理性若没有落实在行为上，仅仅停留在对道德理性的认识层面，就无法在具体的道德情境中检验主体的道德认知，从而降低道德教育的实效性与针对性。培育理性的道德行为，要发挥道德认知、道德判断、道德选择等多种因素的共同作用，来保证最终形成理性的道德行为。道德行为的培养不是一蹴而就的，需要一个漫长的过程，所以培养理性的道德行为具有实践性与长期性，注重道德认知外化的实践过程，并不断反复纠偏，努力夯实巩固，在曲折和上升中达成统一，形成“知行合一”理性的道德行为。

三、道德教育的内容

依据 2019 年 10 月 27 日中共中央、国务院印发的《新时代公民道德建设实施纲要》的要求，对社区矫正对象的道德教育的内容包括：“要把社会公德、职业道德、家庭美德、个人品德建设作为着力点。推动践行以文明礼貌、助人为乐、爱护公物、保护环境、遵纪守法为主要内容的社会公德，鼓励人们在社会上做一个好公民；推动践行以爱岗敬业、诚实守信、办事公道、热情服务、奉献社会为主要内容的职业道德，鼓励人们在工作中做一个好建设者；推动践行以尊老爱幼、男女平等、夫妻和睦、勤俭持家、邻里互助为主要内容的家庭美德，鼓励人们在家庭里做一个好成员；推动践行以爱国奉献、明礼遵规、勤劳善良、宽厚正直、自强自律为主要内容的个人品德，鼓励人们在日常生活中养成好品行。”据此，道德教育的内容主要包括：

（一）道德基本知识的教育

道德基本知识的教育，是指对道德的基本原理所进行的系统教育。主要涉及道德的本质、特点与作用，道德与法律的关系以及道德评判的标准等内容。通过道德基本知识的教育，使社区矫正对象明确什么是道德，道德是怎样产生的，道德对人的思想意识以及行为习惯的养成起到了怎样的作用，道德与法律之间的关系如何，如何从道德层面来认识犯罪行为，用什么样的标准来衡量思想与行为是否符合道德规范等。社区矫正对象掌握了这些相关的知识，就能对道德这一抽象的概念有一个较为全面、系统的认识，有助于其养成正确的道德观念和是非标准，从而改造其思想意识，引导其行为向符合道德要求的方向发展。

（二）爱国主义教育

爱国主义教育是培养社区矫正对象爱国精神的思想教育，是道德教育的重要内容。在我国，爱国主义历来是一面具有极大号召力的旗帜，是中华民族的优良传统。几千年来，我国人民的爱国主义精神从来就是推动历史前进的巨大力量。它是在中华民族悠久历史文化的基础上产生和发展起来的，反过来又给中华民族的历史发展以重大的影响。热爱祖国，为祖国的繁荣富强而奋斗，是作为一国国民应尽的义务和应有的情怀。社区矫正对象作为中华人民共和国的公民，自然也应当接受这一基本的道德教育。通过爱国主义教育，使社区矫正对象了解我国的悠久历史文化，了解中华民族对世界所做出的不朽贡献，了解社会主义建设的光辉历程和伟大成就，培养其民族自尊心、自豪感，激发其积极改造的热情，强化矫正教育的自觉性。

（三）人生观教育

人生观就是人们对人自身的理性思考，是对人自身存在的价值、意义、发展趋势和规律的理性认识。实际上，人生观就是人们对人生的根本看法，即人们对人的本质、人生目的、人生意义、人生理想、人生价值和人生态度等的根本看法。原则上说，每个人都有自己的人生观，但不同的个人、阶级有着不同的人生观。有的人认为，“人生如梦，对酒当歌”，他们把人生视为虚幻，应该及时行乐；有的人认为，“人生如苦海，苦海无边，回头是岸”，他们把人生看成一部苦难史；还有的人认为，“人生如浮云，漂泊不定”等。在人生观如此纷杂的情况下，我们应该使社区矫正对象树立起正确的人生观，要告诉他们不能贪财，要正己修身，要立志，要有独立人格，要爱人爱己等。人生观在个体人生发展中具有重要的作用，一旦使社区矫正对象树立起正确的人生观，对于社区矫正对象的矫正教育以及今后步入社会具有重要的促进作用。

（四）理想信念教育

信仰信念指引人生方向，引领道德追求。要坚持不懈用习近平新时代中国特色社会主义思想武装和教育社区矫正对象，引导社区矫正对象把握这一思想的丰富内涵、精神实质、实践要求，打牢信仰信念的思想理论根基。对社区矫正对象开展理想信念教育，深化社会主义和共产主义宣传教育，深化中国特色社会主义和中国梦宣传教育，引导社区矫正对象不断增强道路自信、理论自信、制度自信、文化自信，把共产主义远大理想与新时代中国特色社会主义共同理想统一起来，把实现社区矫正对象的个人理想融入实现国家富强、民族振兴、人民幸福的伟大梦想之中。

（五）传承中华传统美德教育

中华传统美德是中华文化精髓，是道德建设的不竭源泉。要以礼敬自豪的态度对待中华优秀传统文化，充分发掘文化经典、历史遗存、文物古迹承载的丰厚道德资源，弘扬古圣先贤、民族英雄、志士仁人的嘉言懿行，让中华文化基因更好地植根于社区矫正对象的思想意识和道德观念。深入阐发中华优秀传统文化蕴含的讲仁爱、重民本、守诚信、崇正义、尚和合、求大同等思想理念，深入挖掘自强不息、敬业乐群、扶正扬善、扶危济困、见义勇为、孝老爱亲等传统美德，并结合新的时代条件和实践要求继承创新，充分彰显其时代价值和永恒魅力，使之与现代文化、现实生活相融相通，成为社区矫正对象精神生活、道德实践的鲜明标识。对社区矫正对象开展中华民族传统美德教育，主要包括：

1. 感恩教育。在中国传统文化中，感恩思想一直占据主流地位。儒家讲求的“忠、孝、节、义”等思想引发出来的感恩意识，成为中国社会“人性”的根本、秩序的来源和社会的基础。感恩是中华民族的传统美德，能够感恩的人，首先是一个能够正确认识自己与他人以及与社会关系的人，同时，也必定是一个具有责任感的人。而社区矫正对象往往不能正确认识自己与他人以及与社会之间关系，很多是缺乏社会责任感的人。因此，感恩教育具有很强的针对性。

培养社区矫正对象的感恩意识，要从对父母感恩做起，做到对父母的养育感恩，对家人的关爱感恩，对师长的培养感恩，对别人的帮助感恩，并以此为基础，唤起社区矫正对象内心的良知，逐步培养其社会责任感，以促进其思想的转化，道德品质的提高。

2. 诚信教育。诚信实际上是一个人对自己的言行负责任的伦理规范，其基本内涵包括“诚”“信”两个方面。“诚”主要讲忠诚老实，诚恳待人；“信”主要讲取信于人，信任他人。为人讲诚信，是人的基本道德要求，也是中国传统的美德。中华民族曾以“童叟无欺”“民无信不立”而骄傲，诚信是中国传统伦理道德思想的基石，诚信是天地之道，为人之本。而社区矫正对象的许多行为，则在很大程度上破坏了人与人之间的相互信任，毁坏了社会诚信体系。因此，必须对社区矫正对象开展诚信教育。

3. 礼仪教育。礼仪能够充分反映一个人的思想修养和文明水准，在社会生活和社会交往中发挥着重要的作用。礼仪教育不是一般的礼貌教育，而是一种道德修养、健全人格的教育。礼仪教育对人的行为的影响是巨大的，是社会主义道德建设的重要组成部分和基础。

礼仪教育的内容涵盖着社会生活的各个方面。从内容上看有仪容、举止、表情、服饰、谈吐、待人接物等；从场合上看有个人生活礼仪、公共场所礼仪等。通过礼仪教育，可以培养社区矫正对象尊重他人、自律的健康思想素养，养成良好的行为习惯。

（六）社会主义核心价值观教育

社会主义核心价值观是当代中国精神的集中体现，是凝聚中国力量的思想道德基础。

要持续对社区矫正对象进行社会主义核心价值观宣传教育，增进认知认同、树立鲜明导向、强化示范带动，引导社区矫正对象把社会主义核心价值观作为明德修身、立德树人的根本遵循。坚持贯穿结合融入、落细落小落实，把社会主义核心价值观要求融入监督管理、矫正教育和日常社会生活中，使之成为社区矫正对象自觉遵守的道德规范和行为准则。

（七）民族精神和时代精神教育

以爱国主义为核心的民族精神和以改革创新为核心的时代精神，是中华民族生生不息、发展壮大的坚实精神支撑和强大道德力量。要深化改革开放史、新中国历史、中国共产党历史、中华民族近代史、中华文明史教育，弘扬中国人民伟大创造精神、伟大奋斗精神、伟大团结精神、伟大梦想精神，倡导一切有利于团结统一、爱好和平、勤劳勇敢、自强不息的思想和观念，构筑中华民族共有精神家园。要继承和发扬党领导人民创造的优良传统，传承红色基因，赓续精神谱系。要紧紧围绕全面深化改革开放、深入推进社会主义现代化建设，大力倡导解放思想、实事求是、与时俱进、求真务实的理念，教育社区矫正对象“幸福源自奋斗”“成功在于奉献”“平凡孕育伟大”的理念，弘扬改革开放精神、劳动精神、劳模精神、工匠精神、优秀企业家精神、科学家精神，培育社区矫正对象保持昂扬向上、奋发有为的精神状态。

（八）社会公德教育

社会公德是指社会全体公民为维护社会正常生活秩序和人际关系而必须共同遵守的最简单、最起码的社会公共生活准则。它是调节人们在社会公共生活中的相互关系，维护公共生活秩序和社会共同利益，为社会普遍公认的最基本的行为准则，如尊老爱幼、爱护公物、遵守公共秩序等。

社会公德是全体公民共同遵守的道德，属于社会主义道德教育和建设中的基础层次，是最基本的道德规范。社会公德作为调节社会公共生活中所发生的人与人、人与社会、人与企业、人与自然之间关系最基本的行为准则的总和，其出发点和归宿是维护社会公共利益。维护社会公共利益是全社会成员的需要，社会公德正是为了维护人类社会的共同生存和发展，为了维护人类社会的公共利益，调整社会和企业成员之间的关系，调整人们共同生活的内容而逐渐形成的。

犯罪行为是反社会的行为，社区矫正对象大多社会公德意识淡薄，为人自私狭隘，缺乏对他人的尊重，行事多从一己私利出发，很少顾及他人。社会公德观念的缺失，在很大程度上会使人的自我约束、自我控制能力下降，漠视社会公德，无视社会秩序，久而久之，会形成不良的行为习惯，从而引发犯罪。因此，必须大力加强对社区矫正对象的社会公德教育，使社区矫正对象形成公德意识，学会尊重他人，遵守社会生活所必须遵守的秩序，自觉维护社会共同生活的规范。应当教育社区矫正对象掌握一些具体的行为规范，督促其按照社会公德的要求规范自己的行为。

第六章　公民意识和羞耻感教育

公民意识教育是指“以现代公民的本质特征为基本内容和基本目标而实施的各项教育活动的集合体，其核心是要使受教育者正确地认识、积极而负责地参与国家和社会公共生活，以发展国家和社会为己任”①。包括了主体意识教育、规则意识教育、公德意识教育等内容。结合社区矫正对象公民意识教育的实际情况，本章主要介绍公民意识教育和羞耻感教育的内容和途径。

第一节　现代社会的公民意识

公民是现代社会的主体，他们广泛参与到经济、政治、文化、社会生活的各个领域。公民这一群体的受教育程度如何、素质高低，直接影响着社会主义现代化建设的顺利进行。对社区矫正对象进行公民意识教育，激发他们的主人翁意识，调动他们参与社会治理的积极性，是社区矫正对象社会适应性教育的现实任务。

一、公民意识教育的内容

公民与人民之间有不同的内涵与范围。人民是集合概念和政治性概念，是相对于“敌人”而言的，不同时期人民的范畴是不同的。公民是群体概念和个体概念，是侧重于法律意义上的概念，反映了个人与国家之间关系的法律资格，强调社会成员的权利和义务的对等性。

在现代社会，公民意识通过人的行为表现出来，是人的行为选择的内在依据，其关键在于主体性的确立和主体意识的培养。具备公民意识才有可能产生公民行为。从法律意义上讲，公民身份和相应的权利、义务等是公民出生时便具备的，但公民对这种身份和责任的认同却需要一个社会化的过程，这就需要加强公民意识教育。我国当代公民意识教育主要包含以下内容：

（一）公民与国家关系的教育

与之相关的公民意识有国家意识、民族意识、民主意识、政治参与意识、法治意识、

① 360百科：《公民意识教育》，网址：https://baike.so.com/doc/7857046-8131141.html，访问日期：2021年12月15日。

权利意识、国际意识等。公民本质上是国家与国家成员之间的一种特定关系，从现代化角度上讲，公民与国家是密不可分的，公民的国家意识是国家团结和民族振兴繁荣的内在前提。从公民与国家的关系维度开展公民意识教育的目的是培养公民的归属感和认同感，使其意识到自己是国家的成员，有义务也有权利参与国家事务的管理。在众多公民意识中，国家意识是核心。民族意识、国际意识是国家意识在一定历史条件下的延伸，而民主意识、政治参与意识等有助于强化公民的国家意识。当然，在不同的现实条件下，每个意识又有自身的侧重点和现实价值。

(二) 公民与社会关系的教育

与之相关的公民意识有公共意识、平等意识、公平意识、正义意识、社会参与意识等。公民的公共意识，是公民对公共生活的认识，并对如何参与公共生活的理性认知。现代社会，公民的开放性增强，公共领域被拓宽，参与公共生活成为公民生活中的重要组成部分。公民的公共意识在很大程度上反映了一个社会的文明程度。具备平等意识和公平意识是成为现代公民的重要标尺。当前，我国社会对平等和公平的诉求越来越高。这不仅需要我们进一步调整社会结构，完善分配制度，也需要加强对公民的平等观、公平观教育。正义历来是人们对美好社会的描述和追求，弘扬正义的精神，是公民教育的现实任务。现代公民也需要具备社会参与意识。受传统文化的影响，我国公民的参与意识不高，对国家和政府有依赖的情结，习惯于被动地接受上级的安排。这种文化特性有利于国家集中有效地调配资源，但在现代化建设中，社会的发展更需要人们树立主人翁意识，积极有效地参与社会生活，与国家、政府、社会一起，共谋发展。

(三) 公民个体之间关系的教育

与之相关的公民意识有责任意识、道德意识、节俭意识、诚信意识、自强意识等。公民是一个法律概念，但同时公民也是社会生活中“现实的人”，需要正确处理人与人之间的关系，需要具备基本的道德素养。培养公民的责任心、道德感、诚信意识，是公民教育的重要内容。尤其是面对当今社会拜金主义、享乐主义、奢靡之风的冲击，社会更需要加强道德教育，弘扬社会的正能量。节俭、自强不息是中华民族优良的传统美德，培养公民的节俭意识和自强意识，在实现现代化的今天，依然具有重要的现实意义。

在现实生活中，公民意识的各个层面之间相互重叠、相互影响，共同指引着公民的行为。根据我国社会公民意识的现状和社区矫正的现实需求，社区矫正对象的公民意识教育主要包括公民责任意识、公民法治意识、公民公共意识等。

二、公民责任意识培育

社区矫正中，培养社区矫正对象的责任意识成为现代公民教育的目标之一。一个人生活在社会中，就必须对自己、对家人、对社会负责。只有这样，社会才会得到良性运转，逐步走向和谐。社区矫正对象作为一个公民，不仅应对自己负责，使自己获得德智体美劳全面的发展，而且应主动担当起推动社会发展的使命，在为社会、民族、国家做出应有贡献的同时也实现了自身的价值。因此，一个自觉、自主的人，必然是一个勇于承担责任的人。

公民责任是社区矫正对象基于选择的自由以及由此而承担的有利或不利的后果。社区矫正对象对责任的认识只有转化为责任意识之时，才会真正为社区矫正对象所接受、认同和遵从。公民责任既是一个积极的概念，也是一个消极的概念。当社区矫正对象的行为符合公共善的道义标准时，就是指积极意义上的公民责任。积极的公民责任有助于推动社会生活有序、健康、合理地进行，最终促进社会不断发展和进步。反之，如果社区矫正对象履行责任是出于对法律的畏惧、出于害怕承担不履行这种法定责任所承担的后果，以及出于对社会舆论的恐惧，不得不做出相应的行为之时，就是消极意义上的公民责任。可以看出，消极意义上的责任履行是公民责任的较低层次，而积极意义上的责任履行是公民责任的较高层次。具有高度的责任感是社区矫正对象履行责任的内核动力和力量源泉。

公民责任具有一定的层次性和系统性。社区矫正教育矫正中，可以将社区矫正对象的公民责任划分为三个层次：一是社区矫正对象自身的责任。公民是现代社会的主体，首先应成为自己的主人。对自己负责是履行其他一切责任的前提和基础，体现为公民要珍爱生命、维系生存、不断促进自我的成长与发展。生命是可贵的，拥有宝贵的生命是公民得以生存和发展的基础，也是人们追求幸福生活的前提。一个连最基本的生存需要都得不到满足的人，也谈不上对更高层次的发展和高质量的人生价值的追求。在日常生活中，社区矫正对象应珍惜、敬重生命，做自己思想和情感的主人，对自己的言行负责，培养良好的习惯和品质，做一个合格的现代公民；不断加强自身的修养，锤炼道德品质，获取有益的知识，促进自身的不断完善和发展，最终成为一个对社会有用的人。一个对自己负责的人，才能对他人、对社会负责。二是社区矫正对象对他人的责任。人是在各种各样的社会关系中生存的，人在与他人交往中实现共生共存。社区矫正对象在对自己负责的同时还必须对他人负责。对他人负责是自我实现生存和发展的必要条件。对社区矫正对象而言，对他人负责体现在：在家庭中要爱亲人、爱家庭、尽孝心；在学校要尊敬老师，和同学和睦相处；走向工作岗位要尽职尽责，兢兢业业。三是社区矫正对象对社会的责任。社区矫正对象在社会中必然要充当和扮演特定的角色，承担相应的职责和任务，这是由社区矫正对象的社会属性决定的。个人的价值只有在社会中才能得到体现，个人幸福只有融入社会整体之中，才具有更高的价值和意义。社区矫正对象的生存和发展离不开具体的社会条件，社会为社区矫正对象的成长成才提供了必要的条件。社区矫正对象履行社会角色的责任主要体现在忠于自己职业，积极参与社会公共生活，参与中国特色社会主义事业的建设等。社区矫正对象只有站在时代和历史的高度，才能认清和认识自己所肩负的社会责任，才能以自己的切实行动来维护社会安定、保证人际和谐、美化生存环境、推动社会不断发展。

三、公民公共意识培育

公民的公共意识就是指在公共生活领域的基础上产生的，基于公共关怀所产生的对社会、对他人负责的社会意识。培育社区矫正对象的公共意识就是使社区矫正对象树立集体意识。集体意识是指社区矫正对象融合在集体中的一种意识，即社区矫正对象与集合体的成员有共同的利益、志向、精神风貌等。它要求社区矫正对象从全局出发，从整体出发，把整体的利益放在首位。集体意识的特征，一方面表现在集体成员有着共同的利益和共同的目标，在工作、生活与交往过程中，集体成员互相关心、互相爱护、互相帮助，在互帮互爱中使整个集体得到更好的发展。另一方面表现在人人关心集体，有强烈的主人翁责任感。人总是生活在一定的集体之中，具备集体意识的社区矫正对象总是时刻将自己的言行与集体联合起来，把集体的利益置于个人利益之上，对集体自觉地表现出一种责任感、荣誉感和自豪感。我们对社区矫正对象进行公民意识教育，是把我们的祖国看作一个紧密团结在一起的集体，我们有共同的利益、共同的目标、共同的信念和民族精神，在此基础上形成强大的集体意识，为和谐社会的建设提供精神动力。

培育社区矫正对象的公共意识，还体现在社区矫正对象具备公共良心。公民意识教育所讲的公共良心与一般伦理学的良心有所不同。它带有整体性，反映社区矫正对象在参与公共生活时的态度、评价和判断，关注良好道德环境的构建和良好道德风尚的实现。公共良心具有利他性，它虽然不排斥个人正当权益的实现，但更关注他人利益的实现，关注整体利益的实现；公共良心还具有公益性的特征，也就是说，公共良心反映的是一种公共伦理价值，它所维护的是社会的公共利益。公共良心不仅反映社区矫正对象对公共利益关系的认知，也体现为社区矫正对象对于实现公益所做出的努力和贡献，包含社区矫正对象在主张公共利益时的勇气和能力，在个人利益与集体利益发生矛盾和冲突时，理性地舍弃个人利益去维护社会公益。公共良心是社区矫正对象公民公共意识的提升和最终落脚点。社区矫正对象的公共意识最终体现为公共良知和公共良心。公共良心是社区矫正对象善良的本能与行为的自觉。在善良本能的驱使下，社区矫正对象不仅关注自身利益，而且关注他人利益和集体利益。当这种关注变为一种自觉的行为时，公共良心就得以彰显。公共良心反映出社区矫正对象的社会责任感和正义感。良心是人之为人的根本，公共良心也是社区矫正对象参与公共生活的立身之本，更能显示出社区矫正对象的无私性和高尚性。因此，激发并培养社区矫正对象的公共良心，是矫正教育的重要切入点，也是矫正教育的重要内容。

四、公民意识教育的路径

（一）新闻媒体的舆论引导

新闻媒体作为社会公众态度的收集者，意见风向的监察者，有着对社会热点问题、社会公开事务行舆论引导的责任与义务，突出强调正向的、符合社会主流价值观的观点，弱化负面的、容易造成不良影响的信息，在这一过程中能够形成得到社会公众比较一致认同的信念、意见和态度，输出成为舆论观点。社区矫正中的社区矫正对象可以通过与主流舆论观点进行对照，从而判断自身的公民意识与公民行为是否符合社会普遍要求。新媒体作为新闻媒体中受众基数大，传播范围广的媒介平台，需要对社区矫正舆论进行正向引导，才能保证正确的舆论导向。舆论引导社区矫正对象的公民意识教育应该注意以下几个方面：第一，新媒体应该准确把握党和国家的路线方针政策，牢牢把握正确的舆论导向，要以社会主义核心价值观为引导，坚持党的领导不动摇。新媒体环境鱼龙混杂，各类观点不一而足，具有诸多不稳定性与不确定性，是各种舆论的策源地和放大器。因此新媒体在此背景下对社区矫正对象公民意识教育进行舆论引导，一定要从源头确定观点的来源与指导思想，对意见的属性进行及时准确的判断，随时跟进事态的发展与舆论的发酵，发挥新媒体的积极作用，把握舆论的主动权，面对社区矫正对象这个受众输出符合群体需求的态度，对社区矫正对象的舆论判断进行理性引导。第二，新媒体具有主动营造积极正向的网络舆论环境的工作职责。在新闻选择与宣传发布时，做好信息与意见的“把关人”，确保新闻信息的真实准确，保证公众观点的积极正向，同时应注意减少甚至避免大量繁芜信息对舆论的负面影响。肃清新闻宣传的源头，坚持健康的舆论导向，维护良好的网络舆论环境，才能使社区矫正对象在其中做出理性选择，形成良好的公民意识。

（二）道德榜样示范

榜样的力量是无穷的。道德榜样与生活的联系十分紧密，对社区矫正对象的公民意识和公民行为有着潜移默化的作用。能够让社区矫正对象的公民行为从认知方面增进对道德榜样的认同感，从行动方面衡量自身与道德榜样之间的差距。在社区矫正中道德榜样的选树路径是多元的，可以源自多种社会原型。第一，社区矫正工作者应当努力成为社区矫正对象的道德榜样。从德行、工作态度、文化教养、学识水平等多个方面为社区矫正对象树立良好示范，主动提升自身的道德水平，吸引更多的社区矫正对象效仿。第二，社区矫正对象日常生活中接触最多的是同龄人，彼此之间相互影响，发掘树立朋辈道德榜样带动社区矫正对象，发挥正向引导作用促使他们自觉调整自身的道德行为，向道德榜样靠近。还要构建新媒体朋辈教育的平台，传达向上的力量，使道德榜样不再遥不可及，而是更加贴近生活。第三，社会生活中的道德模范是强有力的榜样力量，这些道德模范高尚的道德行为，激励社区矫正对象，引起情感的共鸣。从而通过对道德模范的学习，内化社区矫正对象道德情感，外化个人道德行为。

（三）自我提升

社区矫正对象公民意识和公民行为的培育，归根到底需要社区矫正对象本身的力量，社区矫正对象积极主动地从自身做起，提高道德修养，能够使公民意识教育达到事半功倍的效果。首先，社区矫正对象应充分认识公民意识教育的重要性与必要性，明白自身在认知世界，了解世界，与世界互动的过程中还存在思想道德上的不足，是需要受到社会、学校以及其他第三方平台的引导与监督的。保持谦逊的态度，以不断学习新知识，拓宽个人思想发展边界为目的，在社会交往、矫正教育、网络接触等各个情景中不断汲取力量，进行自身化的公民意识教育。其次，因为置身于新媒体时代，社区矫正对象在日常生活中使用新媒体工具上网的时间较多，出现了网络信息复杂多变与社区矫正对象不能准确辨别处理信息之间的矛盾。因此社区矫正对象需要在平时努力培养信息识别与判断能力，提高道德水准，在使用新媒体工具时保持清醒冷静的头脑，注意甄别信息真伪，注意判断信息正负属性，在实践中不断提高个人道德理性发展水平。最后，因为在新媒体工具使用过程中强调及时反馈与互动，鼓励传播者与收受者的身份合一，导致社区矫正对象中的绝大多数人都喜欢在网络上发表自己的言论与观点。在这个层面上，公民意识教育机制的开展要求社区矫正对象保持个人言行的理性和自律，表达言论和态度时要考虑到对舆论环境的影响，保持真实与真诚，避免传递虚假信息，同时也要充分尊重他人表达意见的权利。在新媒体网络环境中进行友好的互动，从而提高社区矫正对象的公民素养。

第二节　羞耻感教育

一、羞耻感教育

羞耻感是道德情感的一种。开展羞耻感教育，培养社区矫正对象的羞耻感意识，意在让社区矫正对象通过自身力量反思自己的行为，努力约束不良行为的发生。羞耻感作为一种内在的教育力量，具有外在约束不可比拟的优势，在自我反思的过程中，羞耻感将得到加强和巩固。由此，羞耻感教育就是有计划、有目的、系统地培养人的羞耻感，让人以行不道德之事为耻，严格约束自己的行为，对自己的人格尊严负责，从而养成良好道德品质的教育活动。很明显，羞耻感教育是道德教育和心理教育的交叉。在羞耻感教育的过程中，需要利用德育和心理学的相关研究成果培养羞耻感，并针对一些客观存在的问题采取适宜的应对策略，以达到促进道德品质不断完善的目的。

本书认为，在社区矫正工作中的羞耻感教育，是指社区矫正工作者依据社会的道德规范、价值标准，对社区矫正对象通过一定的矫正教育方法和矫正教育手段，进行有组织、有计划、有目的的道德教化过程，激发和培育社区矫正对象的羞耻心，帮助其增强羞耻感，进而促进其整体法治意识和道德水平提高的矫正教育活动。

二、羞耻感教育的目标

教育是人类特有的有意识有目的的活动，它总是按照一定目的进行，没有目的的教育实际上是不存在的。社区矫正对象羞耻感教育的目标是指在社区矫正期间实施羞耻感教育活动所要达到的预期结果。羞耻感教育的目标是社区矫正对象矫正教育的首要问题，羞耻感教育的目标指导和支配着整个矫正教育过程，制约着矫正教育的内容、原则、环境、操作过程以及实施策略，影响着矫正教育活动的效果，一切矫正教育措施和矫正教育活动都是为实现既定的教育目标而服务的。因此，只有确定科学而明确的目标，才能为羞耻感教育过程的组织、教育活动的设计和预测提供基本依据，才能使羞耻感教育有统一的步调，确保矫正教育过程中的每一个步骤和环节都指向预期目标。此外，羞耻感教育目标的形成和确立要受到社会、心理、认知、情感等多方面因素的制约，所以必须依据一定的主、客观条件来制定，而且只有通过社区矫正工作者和社区矫正对象的共同努力，才能得以实现。社区矫正对象羞耻感教育的目标包括：

（一）培养社区矫正对象的羞耻感，增强道德自觉性

羞耻感教育的目标首先是要培养社区矫正对象的羞耻感，激发其内心潜在的羞耻意识，让他们知耻明耻，逐步树立正确的是非观、善恶观、美丑观、荣辱观，形成正确的社会价值认定标准和价值尺度，引导他们自觉地产生由于做了违背法律规范和道德规范之事而导致的心理上的耻辱感。社区矫正对象一旦有了羞耻感，就能够意识到自己的所作所为与道德规范之间存在的差距和冲突，并为了避免这种差距和冲突所带来的内疚、不安以及他人的指责而停止实施不道德行为或违法违纪行为，甚至有时候还会为了缩小差距和减少冲突而不断地调整、完善自身，以期使自己的行为与道德规范的要求保持一致。这样，社区矫正对象就会把自己的思想和行为控制在合理的法律规范和道德规范之内，知可为与不可为，时时提醒自己、警策自己，自觉遏制不道德行为、越轨行为的发生，道德发展由“他律”转向“自律”，道德自觉性得以提高。社区矫正中，一些社区矫正对象之所以会做一些与道德规范的要求格格不入的事情，就是因为他们没有羞耻感，不能根据社会道德规范的要求确立自己的价值原则和行为规范，没有把外在道德规范的要求转化为自己内在的道德需要，不能确定哪些事情该做，哪些事情不该做，不懂得哪些事情如果做了，将会玷污自己的人格尊严，使自己感到耻辱，更不会自觉约束自己的可耻行为。

（二）社区矫正对象树立羞耻观念，净化人格结构

我们判断羞耻感教育在社区矫正中有没有实现矫正教育目标，衡量它是否取得了预期的效果，不仅要看社区矫正对象心中是否具有羞耻感，头脑中是否树立了正确的羞耻观念，更为重要的是要看他们是否发生了“外化”的实际道德行动。一切道德教育的最终目标都是要使社区矫正对象在行为上发生某种预期的变化。社区矫正对象良好道德品质的养成是知、情、意、行彼此结合，共同发展的结果。外部的教育和他人的帮助只是羞耻感养成的外部机制，羞耻观念通过教育手段进入社区矫正对象的大脑只是羞耻感教育的起点，只有当这些羞耻观念在多种多样的实践活动中内化为社区矫正对象内心的坚定信念，进而转化为高尚的道德行为时，羞耻感教育才算是完成了它的最终目标，这是一个复杂而长期的过程。羞耻感教育旨在以人为本，注重实践，注重养成，注重体验，把培养羞耻感渗透到社区矫正对象日常的生活、学习和工作之中，融入社会实践活动之中，让社区矫正对象在实践中的知耻意识转化为趋荣拒耻的道德行为，不断追求人格的净化和提升。

三、羞耻感教育的内容

（一）基本人性教育

儒家哲学将知耻求荣当作人生极其重要的大事，羞耻感是保持人格尊严、人性崇高的关键。古代先贤们一贯认为，不知耻无以为人。诚如欧阳修所说，“廉耻，立人之大节”。羞耻感教育就是让人成为一个人，既然要成为一个人就要具有一个人的基本道德和品格，

就要有人性，像人一般地生活。儒家认为，作为人应当追求一种崇高的精神生活，并把精神追求看作人生的最大快乐。孔子说："志于道，据于德，依于仁，游于艺。"① 在先圣孔子看来，人生追求最高的目标就是仁义道德，是崇高的精神生活。所以，孔子被后世拜为万世师表，这不仅是对他学问的肯定，更是对他崇高人格的敬仰。

社区矫正工作者在对社区矫正对象进行羞耻感教育的过程中，应当引导、鼓励社区矫正对象有基本的人性，在道德、学业、事业诸多方面提出切合实际的标准，这样才能激发社区矫正对象对自己罪错的认识和对自己犯因性问题的反思。

（二）是非观教育

是非观属于道德认知范畴。在道德教育中，道德认知是进行道德教化的第一步，社区矫正对象如果没有辨别事物是非的能力，而一味奢望其有较强的羞耻感是不可想象的。对社区矫正对象进行是非观的教育就是培养道德主体"辨知是非，好荣憎辱"的道德认知。陆九渊曾说"人惟知所贵，然后能知耻，不知吾之所当贵，而谓之有耻焉者，吾恐其所谓耻者非所当耻矣"②。就是强调只有知道了什么是人应当追求的东西，才能产生正确的羞耻感。这种应当的追求就是"善"。荀子认为善就是合乎礼义法度，遵守社会秩序的行为和品德，是谓"凡古今天下之所谓善者，正理平治也"。③

是非观的教育不仅是知道、了解教育的内容，而且要增强社区矫正对象对"是"的赞同和对"非"的回避。社区矫正工作者应当改变以往照本宣科式的道德灌输，文本再现式的考核评价，这种教育容易造成社区矫正对象的知行背离。社区矫正的羞耻感教育应当以"五爱""四有"为教育的基本导向④，教导社区矫正对象遵循社会公德、职业道德和家庭美德，宣扬社会道德主旋律。社区矫正工作者可以从身边发生的具体的、鲜活的事例入手，让社区矫正对象小组讨论、各抒己见，在交流和对话中发现事件中的是非曲直，最后社区矫正工作者做总结发言。这样，不仅可以及时了解社区矫正对象真实的想法，而且也可以提高社区矫正对象自我教育的能力。

（三）自尊教育

自尊感是一种重要的道德品质，它由自爱和自敬两大元素组成。自爱，也就是自己关爱自己，体现的是对自我的关心与要求；自敬也就是自重，表达的是对自我的尊重，它是尊重他人以及获得他人尊重的前提。人的自尊心与羞耻感关系密切，一个人自尊水平的高

① 孔子：《论语》，中华书局2002年版，第63页。

② 陆九渊：《陆九渊集》，中华书局1980年版，第256页。

③ 张法祥：《柯美成荀子解说》，华夏出版社2009年版，第144页。

④ 在1986年9月28日举行的中国共产党第十二届中央委员会第六次全体会议上通过的《中共中央关于社会主义精神文明建设指导方针的决议》中首次提出："社会主义精神文明建设的根本任务，是适应社会主义现代化建设的需要，培育有理想、有道德、有文化、有纪律的社会主义公民，提高整个中华民族的思想道德素质和科学文化素质。"简称为"四有"。该决议还指出："社会主义道德建设的基本要求，是爱祖国、爱人民、爱劳动、爱科学、爱社会主义。"简称为"五爱"。

低直接影响着其羞耻感的强弱，有自尊心的人才会有羞耻感，自尊心不能脱离羞耻感而单独存在。同时，羞耻感也是自尊心的一种表现形式。自尊心是人对自己存在的社会价值的自我评价和自我确认，是个体的自我尊重和要求得到他人尊重的一种情感，即尊严感。有自尊心的人珍视自己在社会中的地位，维护自己的名声，并希望得到他人和社会的肯定，自尊心是通过承担社会义务和责任而间接获得的，个体取得的成就促使了自尊心的增强。因此，我们可以通过社区矫正对象自尊心的教育来培养他们的羞耻感。

首先，自尊感教育有助于培养社区矫正对象的合理情绪。自尊感教育的一个内容就是实施情绪教育，情绪教育是以传授情绪的产生、发展为内容，以培养社区矫正对象具备良好的情绪调节及理解能力为目标的教育。情绪教育的任务是培养社区矫正对象情绪活动的能力，并对心理健康存在的问题进行辅导。自尊是以存在价值感和生存能力感为主要维度的自我喜欢的情绪体验。所以，自尊的培养本身就是一个情绪教育的过程。合理的情绪对于自我认知及与他人的相处有重要作用，对于理解羞耻感教育也存在积极意义。其次，自尊感教育能够使主体辩证理性地看待自己。作为社区矫正对象个体，既是认识的主体，同时也是自我认识的客体，自尊感正是社区矫正对象个体面对自我时所产生的积极、客观的认识。我们在对社区矫正对象的心理测试中会发现这样一种现象：具有自尊感的社区矫正对象往往光明磊落，不惧怕暴露自己的缺点和劣势，能够自省和自我检查，从而更好地提升自己。同样地，他们也可以增加对羞耻感的体验，懂得自尊自爱，明确了解羞耻感的标准线。同时，自尊感强的社区矫正对象往往不满足于现状，他们在不断改正不足的过程中完善自己的人格，这对于羞耻感教育来讲，是极其重要的。最后，自尊感教育可以提升社区矫正对象个体品德修养。“道德的基础是人类精神的自律，而宗教的基础则是人类精神的他律。”① 自尊感作为一种精神力量可以约束个体行为，形成自律精神，因此它是道德的基础之一。自尊感使社区矫正对象个体能够做出契合社会道德规范的行为，自觉地按照道德要求审视自己的言行。相反，缺乏自尊就可能做出损害他人利益的无德之事。因此，我们要把自尊感教育作为羞耻感教育的重点，不断丰富自尊感教育的内容，以促进羞耻感教育的发展。

(四) 荣辱观教育

“荣”，代表着光荣、荣誉。“辱”代表着耻辱、羞耻。那么，荣辱观便是人们对“荣”和“耻”的基本观点和根本看法。荣辱观体现在一个人的人生观和价值观上。同时，荣与辱是紧密联系在一起的，两者总是处于相对立的状态中，有荣誉的存在就必然会有耻辱的存在，二者共生共存，共同调节着人们的行为。“荣”是人们共同的价值追求；“辱”则作为其对立面受到人们的贬斥，一个具有羞耻感的人必然是知耻明辱的，所以荣辱观是羞耻感教育的基本内容。

荣誉与耻辱紧密相连，共同发挥着调节人的行为的作用，二者就像一个硬币的正反两面，不可分割。一般说来，羞耻感的存在有两个直接前提，一是对理想、应然等所标识的善的自觉意识，二是对自我的自觉意识。羞耻感就形成于这两种自觉意识的比较过程中。

① ［德］马克思、恩格斯：《马克思恩格斯全集（第一卷）》，人民出版社 1956 年版，第 15 页。

可以说，不明白荣誉感几乎就不懂羞耻感，羞耻感是以荣誉感的把握为前提的，没有荣誉感就没有羞耻感。当然，羞耻感是以否定的方式来把握善的。

荣誉表现为个体履行了一定的社会义务后，社会对其道德价值给予肯定评价。同时，个体也会因此产生自尊、自爱等一系列积极的情感反应。荣誉感就是利用了社会评价转化为主观意识的心理基础，发挥着荣誉感调节个体道德行为的作用。羞耻感是个体背离了一定的社会义务，社会对其进行否定性的评价。荣誉感是一种愉悦的、肯定的心理情绪，羞耻感是一种痛苦的、否定的心理情绪，为了避免痛苦，人们便会自觉地趋荣避辱。

对社区矫正对象进行荣辱观教育，就是要让社区矫正对象体验荣誉带来的愉悦情绪和避免羞耻造成的痛苦情绪，社区矫正工作者要培养社区矫正对象形成正确的荣辱观。例如，荀子就将荣辱分为“义荣”“势荣”“义辱”“势辱”四种，“义荣”是由主体自身的善德善行所带来，“势荣”则是由高官厚禄、权势威严等外在的东西所带来，“义辱”是由人们自身的恶德恶行所造成，“势辱”则是因权力地位财富弱小而造成。求荣避辱的实质在于使社区矫正对象知道何谓荣、何谓辱，不能荣辱不分，其次要知道以何为荣、以何为耻，不能混淆“义荣”与“势荣”，“义辱”与“势辱”，更不能以“势荣”和“势辱”代替“义荣”和“义辱”。

社区矫正工作者对社区矫正对象进行“义荣”“义辱”教育，让其明白荣与辱是自身道德水平所带来的，而与地位、财富的多寡无关。在社区矫正中，要指导社区矫正对象树立起自身的理想，从各个方面对自己严格要求，耻于平庸和低俗，不断奋发向上。以“八荣八耻”为主要内容的社会主义荣辱观是社区矫正对象应该具有的最基本的道德情感，是在社会生活中应遵守的基本的价值取向和行为准则①。应当自觉地以“八荣八耻”的内容规范自己的言行，并使这种要求内化为每个人内心的道德意识。

（五）正义感教育

正义感是个体羞耻感形成的重要前提，一个没有正义感的人就是没有羞耻感的人，因此正义感教育在羞耻感教育过程中既是重要内容，更是归宿。“正义”一般包含两个方面的含义：一是指按同一原则或标准对待处于相同情况的人和事，亦即通常所说的一视同仁，包含平等的意思；二是指所得到的与所付出的相称或相适应，如贡献与索取、功过与奖惩之间相适应的就是公正，不相适应的就是不公正。同样地，对社区矫正对象的正义感教育也应做到以下两点：其一，就社区矫正对象个体而言，培养平等观念是正义感教育的首要目标，不仅包括维护自己的合法权益，也包括面对不公平对待时的勇气。其二，就社会而言，正义感教育就是要健全社会机构的评价体系以及监督体系，营造公正平等的社会氛围。就正义感与羞耻感的关系而言，一个具有正义感的社区矫正对象必定是有羞耻感的

---

① 2006 年 3 月 4 日，时任中共中央总书记胡锦涛在看望政协委员时强调，要引导广大干部群众特别是青少年树立社会主义荣辱观，坚持以热爱祖国为荣、以危害祖国为耻，以服务人民为荣、以背离人民为耻，以崇尚科学为荣、以愚昧无知为耻，以辛勤劳动为荣、以好逸恶劳为耻，以团结互助为荣、以损人利己为耻，以诚实守信为荣、以见利忘义为耻，以遵纪守法为荣、以违法乱纪为耻，以艰苦奋斗为荣、以骄奢淫逸为耻。

人，因为正义感使社区矫正对象个体在遇到社会不公平等“耻事”面前能够勇于指证，产生榜样作用，形成连锁效应，久而久之，社区矫正对象便清晰地分辨出某种行为究竟是“耻”还是“荣”。就正义感教育与羞耻感教育的关系而言，正义感教育为羞耻感教育的实施提供理想的背景和条件，因为只有社区矫正对象具有强烈的正义感，才能对羞耻之事更加痛恨，有利于羞耻感的提升。

总之，社区矫正对象羞耻感教育的内容是随着社会发展而不断丰富的，无论是基本人性教育、是非观教育、自尊教育，还是正义感培养或荣辱观的树立，都是为了更好地培养社区矫正对象的羞耻感。我们应该不断丰富羞耻感教育的内容，只有这样才能够培养出具有更多优秀品质的社区矫正对象。

四、羞耻感教育的形式

实施羞耻感教育应该从羞耻感作为人的一种基本情绪体验所具有的特点出发，遵循道德教育的普遍规律，结合社区矫正对象个体的差异性，从道德发展的知、情、意、行四个方面入手，对其进行教育。所谓“知”，即羞耻感价值、内容与规范的认知学习；所谓“情”，即羞耻情感、羞耻心的培育；所谓“意”，即坚持“有耻且格”的道德意志；所谓“行”，即日常践行“行以有耻”的行为、能力。有了羞耻感的真正认知和情感，就有可能形成“行以有耻”的信念，有信念就容易形成道德意志，有了道德认知、情感、信念与意志，加上道德行为的策略和能力培养，就可能形成一个“有耻且格”的道德人格。因此，羞耻感教育的任务就是为了形成社区矫正对象知、情、信、意、行五个方面的品德。

（一）深化羞耻认知

道德认知是人们对是非、善恶、荣辱的认识、判断和评价。道德认知一经形成，就会成为个体确定其对客观事物的态度与行为准则的内在原因。羞耻感的培养与道德认知密切相关。在个体发展的早期阶段，儿童是通过成人的告知获得一定的道德认知，知道哪些事情做了光荣，哪些事情做了可耻，如果做了不该做的事情就会觉得难为情、不好意思，感到害羞和脸红，这种原初的羞耻感会迫使孩子对是非、善恶、荣辱的行为准则及其执行意义形成初步认识，并能够按照成人的要求做应该做的事。随着个体发展到幼儿后期阶段，道德自律开始萌芽，他们开始构建自我概念，而这种自我概念的建构仍然是建立在一定道德认知基础上的，通过教师的教育、引导，学生逐步发展自己的主观判断力，将道德认知内化形成道德意识。可见，道德认知是一个发展和变化的过程，也是羞耻感培育中不可缺少的环节。在社区矫正对象的矫正教育中，一方面，提高道德认知是培养社区矫正对象羞耻感的前提和基础。一般说来，社区矫正对象只有对某一道德原则和规范有了清楚的认识，才能明是非、辨善恶、知荣耻，才能知道何者为非、为恶、为耻，才能耻所当耻，知耻力行。另一方面，羞耻感一旦形成，就会进一步推动道德认知的发展。当原有的道德认知已经无法满足社区矫正对象的道德要求时，社区矫正对象就会产生羞耻感，这种羞耻感会促使社区矫正对象对已有的认知结构做出相应的调整和改变，并不断接受新的认知观念，从而丰富和完善道德认知的内容，提高道德认知的水平。这就要求羞耻感教育应该传授给社区矫正对象基本的道德知识、理论和规范，让社区矫正对象懂得什么是道德，为什么要讲道德，道德规范确立的依据是什么，哪些道德规范应该遵守并倡导，哪些道德规范应该反对并唾弃，逐步提高他们辨别是非、善恶、美丑、荣辱的能力。当然，在发展道德认知的过程中，必须根据社区矫正对象原有的道德认知水平和心理发展程度，设计不同种类和形式的教育活动，采取多种方法进行羞耻感教育。既可以充分运用正面材料对社区矫正对象加以引导，深入挖掘并大力宣传典型人物和先进事迹，努力用榜样教育人、引导人、提高人，使社区矫正对象受到激励和鼓舞，懂得知耻是做人最起码的道德准则，帮助他们丰富道德知识，提高道德认知；也可以利用反面教材让社区矫正对象引以为戒，组织社区矫正对象对历史上或现实生活中的一些反面人物、事例进行讨论和思考，让他们对这些坏事丑事感到羞耻和痛心。此外，还可以运用典型教育法帮助社区矫正对象澄清价值观念，让其运用社会倡导的道德原则、道德规范约束自己，以达到培养羞耻感的目的。

（二）培育羞耻情感

道德情感是人们对事物爱憎、好恶的态度和内心体验，是认知与行动的纽带和桥梁，它使道德知识的教与学变得容易，使道德意志更加坚强，使道德行动变得自觉。它可能表现为喜悦、崇拜、满意等积极、肯定的情感体验，也可能表现为沮丧、轻蔑、羞耻等否定、消极的情感体验。人类先天具有趋向积极情感体验而回避消极情感体验的倾向，这种倾向使得道德情感具有调节人的行为的功能。它决定着人对某种道德情境是喜欢还是厌恶，是回避还是接近，从而决定人采取何种行为方式。道德情感可以说是一种动力系统，羞耻感的培养有赖于道德情感这一催化剂的激发和鼓舞，因为道德情感一经形成，就会获得一种强大的推动力，促使人自觉地去做光荣之事，拒耻辱之行。然而，道德情感不是凭空产生的，它需要通过有目的、有意识地创设一定的道德情境，诱发个体的情绪体验才能形成。因此，培养社区矫正对象的羞耻感，有必要利用语言、非语言、艺术、电教、实物演示和现场表演等多样化的教育手段，创设鲜明、形象、生动的道德情境，让社区矫正对象在一个其人可见、其声可闻、其景可观、其物可赏的情境中“触景生情”，在社区矫正工作者的适时点拨和引导下，激发道德情感，强化知耻的道德体验。

（三）内化羞耻感意志

道德意志是指人们在履行道德义务和责任的过程中所表现出来的自觉克服一切困难、障碍的决心与毅力，表现为实际行动中的一种坚持精神。道德意志是在道德认知和道德情感的基础上逐渐形成和发展起来的，坚韧不拔的道德意志是造就一个人良好道德品质的关键。在现实的道德生活和道德实践活动中，一个人要履行某种道德义务总是要克服来自多方面的困难和阻力，如社会条件的束缚、歪风邪气的影响、亲人朋友的指责、个人能力的限制、心理情绪的干扰等。面对这些情况，一个具有坚强毅力和顽强意志的人，即使困难重重、条件恶劣，也能抵挡住外部的诱惑和腐蚀，保持高尚的道德情操和应有的道德人格。人只要有了坚强的意志，有了精神支柱，就能克服艰难困苦，百折不挠。相反，道德意志薄弱，即便有了一定的道德认知和道德情感，他也无法抵挡住引诱和私欲，不能对道德行为的方向作出正确合理的选择，极易做出一些可耻之事。所以，培养社区矫正对象的羞耻感除了要提高道德认知、激发道德情感，还要磨炼道德意志，增强他们克服障碍、战胜困难的毅力和勇气，以抑制不良动机对趋荣拒耻行为的干扰，使他们坚守道德底线，义无反顾履行自己的道德义务。磨炼道德意志、内化羞耻感，首先要教给社区矫正对象磨炼道德意志的方法和途径，教育社区矫正对象从确立明确的目标、做自己不感兴趣但有意义的事、加强自我管理和约束、从身边的小事做起等四个方面磨炼自己的道德意志，让他们懂得一切道德品质的养成都要经受"苦其心志，劳其筋骨，饿其体肤"的艰苦磨炼。磨炼道德意志的过程中总是要伴随着克服一定的困难和阻力，因此，还应该在实践活动中有意识地为他们创造一些困难的道德情境，并提供若干克服困难的条件，让他们在与各种困难斗争的过程中增强避耻趋荣、弃耻争荣的自觉性。为了保证练习的成功和激发不屈不挠的斗志，要及时对社区矫正对象在复杂道德环境中的某些行为进行客观公正的评价，并且要充分注意赞扬、激励、批评、责备等强化措施的运用，帮助社区矫正对象排除不良动机的干扰。

（四）践行羞耻实践

道德行为是人们在道德认知、道德情感、道德意志的支配和调节下所采取的实际行动。道德行为是人的良好道德品质的重要外部表现，是衡量一个人道德水平高低的根本标准。评价一个人是否具有良好的道德品质，其发展水平如何，不仅要听其言，更要观其行，归根结底是要以道德行为做标志的。想得再好，说得再动听，没有实际行动，也很难说一个人具备了某种道德品质。道德认知、道德情感和道德意志都属于道德意识的范畴，而羞耻感教育是道德的实践过程，不是简单的道德知识的传授，不能仅仅停留在理性的认识与情感的冲动上，它更应该强调对道德行为的"力行"，寓知、情、意、行于实践之中，以实现羞耻感的升华。我们之所以强调"行"在培养羞耻感中的重要作用，是因为"行"是羞耻感教育的目的所在，而"力行"又是检验是非、善恶、荣辱等价值观念对错与否的标准。

实践活动是开展羞耻感教育的有效平台，只有通过活动，才能加深社区矫正对象对"耻"的理解和体验，树立正确的羞耻观念，从而养成良好的道德行为和习惯。所以，社区矫正工作者应该充分利用课堂内外的各种有利资源，设计和组织多种形式的道德实践活动，让社区矫正对象亲自参与，切身体验，在活动中学会推己及人、设身处地，学会用别人的角度和立场反思自己的行为，这些都有益于羞耻感形成。

羞耻感的形成和发展的过程是提高道德认知、激发道德情感、磨炼道德意志和躬行道德实践的过程。在品德培养的过程中，知、情、意、行四个基本要素是相互影响、相辅相成、共同作用的，四者缺一不可。随着社区矫正对象对羞耻感认识的不断提高，其爱憎好恶的道德情感也会逐步加深，在面对社区矫正中的困难和阻碍时就会以顽强的道德意志予以克服，从而在道德实践过程中做出正确的道德行为的选择。

第七章 心理健康教育

在社区矫正教育工作中，对矫正对象的心理健康教育是一项长期的、基础性的工作。实践证明，这项工作的好坏直接影响着社区矫正工作的顺利进行。从全国社区矫正的现状来看，这项工作基本上处于摸索阶段，都在探索最佳的途径和方法。社区矫正对象的心理健康教育既是社区矫正工作的组成部分，又是社区矫正对象矫正教育工作的前提和基础，它以预防、保健、发展和完善为工作模式。

第一节 心理健康教育的内容和原则

一、心理健康的内涵

（一）健康

1948 年，世界卫生组织对“健康”一词作出了定义：“不但没有身体的缺陷和疾病，还要有完整的生理、心理状态和社会适应能力。”随着社会的发展和变迁，尤其是现代社会情境下，人类对自然界的认识越来越深刻，对各种疾病的防治技术越来越先进。因此，由于生活的自然环境恶劣和生活贫困所产生的疾病越来越少，人类的寿命逐步延长。因此，是否有生理疾病在衡量一个人是否健康时的占比相对减少。恰恰相反，由于现代科技的发展，城市的集群化，生活节奏的加快，人们的生活环境处在一个紧张状态之下，导致了现代人的心理压力越来越大。而心理压力不仅会导致人们的敌意、猜疑、嫉妒等心理障碍或心理疾病，而且又直接或间接地引发了生理疾患，如头痛、高血压、冠心病等。因此，人们对健康的认识就受到了新的挑战，不得不以新的视角，全方位地思考。

究竟什么是人的健康？健康的内涵到底是什么？

1974 年，联合国世界卫生组织（WHO）对健康的定义进行了修改，把它界定为“健康是人的肉体上、精神上和社会适应方面的完好状态，而不仅仅指无疾病或非体弱的状态”。并且认为，尽管人的心理或精神、人格健康的标准由于不同种族和国家的认识不同。但是，有三条原则是精神或人格健康的共同标志：自我控制的能力、正确对待外界的影响的能力、保持内心平衡和满足状态的能力。这个定义，使人们对健康的认识扩展到更广阔的领域，即生物学意义上的生理健康，精神健康，社会适应良好，人们的社会生活质量，个人对身心、家庭和社会生活的体验状态。它突破了人们对疾病的根源的传统看法与偏见，疾病已经被认为是人类有机体在与自然环境和社会环境的相互作用中不能应付刺激或不能适应社会生活环境的结果。更注重疾病的根源是社会文化对心理活动的制约，是心理活动影响生理功能和社会适应功能的产物。1989 年，世界卫生组织又进一步深化了健康的概念，提出 21 世纪健康的新概念：健康不仅仅是没有疾病，还包括躯体健康、心理健康、社会适应良好和道德健康，要求人们不能仅以躯体状态来评判一个人的健康，而应当从这四个方面综合评判一个人的健康。人类的健康是生理、心理、社会适应、道德的完美结合体。世界卫生组织还提出了健康的十条标准：

第一，有充沛的精力，能从容不迫地担负日常工作和生活而不感到疲劳和紧张。

第二，态度积极，勇于承担责任，不论事情大小都不逃避。

第三，精神饱满，情绪稳定，善于休息，睡眠良好。

第四，能适应外界环境的各种变化，应变能力强。

第五，自我控制能力强，善于排除干扰。

第六，体重得当，身材匀称，站立时头、肩、臀的位置协调。

第七，眼睛炯炯有神，善于观察，眼睑不发炎。

第八，牙齿干净，无虫洞，无痛感，无出血现象，牙齿和牙龈颜色正常。

第九，头发有光泽，无头屑。

第十，肌肉和皮肤富有弹性，走路轻松，姿势协调。

我国医学专家傅连暲认为“健康”的含义应包括如下因素：

1. 身体各部分发育正常，功能齐全，没有疾病。

2. 体质坚强，对疾病有高度的抵抗力，并能刻苦耐劳，担负各种艰难繁重的任务，经受各种自然环境的考验。

3. 精力充沛，能经常保持清醒的头脑，全神贯注，思想集中，对工作学习都能保持较高的效率。

4. 意志坚强，情绪正常，精神愉快。

我国著名的心理学家丁瓒教授也认为：心理活动不应排除在病理原因或过程之外。这就是说，一个人生理上患病大都有心理上的原因，或是由心理因素导致的。美国通过对大量的临床病例研究表明：65%的病人患病原因与社会逆境有关；35%的病人在很大程度上是心理状态不好而引起疾病的。我国及其他国家的研究，也得出相同或相似的结论。因此，健康实际上是人们对身体、精神心理和社会交往状态的一种判断。如果一个人有良好的身体、精神和社会行为适应，那么这个人就是“健康的”。否则，就是不健康的。生理、心理与行为适应，是不可分割的，它决定着健康的整体性。

（二）心理健康

关于心理健康，目前不同的专家学者，仁者见仁，智者见智，对它的理解尚不统一，但是，这种差异是有限的，其基本内容在总体上是一致的。例如，日本学家松田岩男教授认为：心理健康是指这样一种心理状态，即人的内部环境能以社会上认可的形式进行适应。也就是说，一个心理健康的人遇到任何社会刺激或碰到任何社会障碍及困难，都不会心理失调，都能按社会的要求去行为。《简明不列颠百科全书》将心理健康定义为：“心理健康是指个体心理在本身及环境条件许可范围内所能达到的最佳功能状态，但不是十全十美的绝对状态。”它是健康组合的有力补充和发展，是指人的内心世界丰盈充实、和谐安宁的状态，并与周围环境、社会关系保持协调一致。它主要体现在：

1. 个体心理健康与否，应以他对特定社会环境的适应状况来评判。

2. 以个体在适应环境过程中的各种心理活动水平来评判。

3. 个体心理健康不是一个稳定的或固定的状态，而是处在动态变化之中。

在何为民教授主编的《罪犯改造心理学》中，[①] 依据现代心理科学和行为科学对心理的揭示，把影响心理健康的六个因素，归纳为心理健康六维度：

1. 躯体。躯体维度指在增强心血管的耐性、弹性和力量训练的同时，鼓励人们进行有规律的身体活动，扩大对食物和营养知识的了解。也就是说，通过身体健康教育，让人们能监测自己的生命信号和理解自己身体上的警告信号，知道什么时候需要医生的帮助。

2. 社交。社交维度强调个体与他人和自然的相互依存，同时也包括追求家庭的和谐统一。通过社交健康教育，使个体认识到自己在社交圈中的重要性，借助畅达的信息交流和健康的生活环境来积极改进自己的主观世界，意识到自己有能力对人际关系、友谊、社区、环境和根本的世界观作出明智的选择。

3. 智力。一个智力健全的人能够使用有效的策略去拓展知识，改进技能，开发自身的潜能。智力健康教育是人们花更多的时间去读书、学习、创造，去探讨和解决问题。通过这种方式使人们不落后于时代，积极向自己的思维挑战。

4. 职业。通过职业健康教育，个体将自己独一无二的天赋、技能和才干贡献给具有个人和社会意义的工作。通过参加有报酬的和自愿的活动，表现自己的价值观，认识到自己处于健康的职业生涯上，而且自己的工作和兴趣是激动人心的，认识到工作的价值大小不仅仅在于个人的满意，而且在于对社会的贡献。

5. 情绪。情绪健康包括个体对自我和生活的积极态度与热情程度，同时也包括处理情绪和相关行为，有效应付紧张的能力。情绪健康教育，一方面让人们意识到并能接受自己和他人的情绪，能自由地表达自己的情感和有效地处理情绪问题；另一方面让人们认识到寻求他人的支持和帮助的重要性，从而独立自主地生活和工作。

6. 自我。自我，又称自我观念。自我健康教育指在促进人们积极地寻找人类存在的意义和目的，通过感受愉快、高兴、幸福等积极的情感，经历怀疑、绝望、恐惧等不愉快的体验，让个体思考和整合自己的经历以及与之相关的信念，从而形成自己的世界观和价值观目标体系。

心理健康结构是一个整体，上述六个维度系统地构建了一个人适应社会、发挥潜能，追求幸福生活的各方面的能力。结构中的诸层面、诸因素是互相制约、互相联系和互相配合的，并决定了人们的整个健康状态。

---

① 何为民主编：《罪犯改造心理学》，法律出版社 2002 年版。

二、心理健康的标准

一个人的身体是否健康，现代医学已基本上有了定论，标准已形成了一个量化的依据，使人看了一般都能明白。比如，体温在36.5~37.2℃，脉搏每分钟在60~100次，血压的舒张压在60~90毫米汞柱，收缩压在90~140毫米汞柱，呼吸在每分钟20次左右，内部器官工作正常，体重与年龄相当，内脏无器质性疾病等，在医学上就可以叫作身体健康的一个人。但是，一个人的心理是否健康，标准就比较难以确定，一般要根据心理测验、观察分析和个人主观体验等进行分析、判断，才能得出相对准确的结论。

心理学对心理健康标准的运用，有一些比较成熟的标准。美国著名的心理学家马斯洛通过长年的研究，提出了心理健康的十条标准。

1. 有充分的自我安全感；
2. 能充分了解自己，并能恰当估计自己的能力；
3. 生活理想切合实际；
4. 不脱离周围现实环境；
5. 能保持人格的完整与和谐；
6. 具备从经验中学习的能力；
7. 能保持适当和良好的人际关系；
8. 能适度地表达和控制自己的情绪；
9. 能在符合团体要求的前提下，有限度地发挥自己的个性；
10. 在不违背社会规范的前提下，能适当地满足个人的基本需求。

这十条标准为我们衡量人的心理健康状况提供了有价值的线索。但是，在临床实践中，还必须把这些问题具体化，以便于操作。

我国研究心理卫生的专家许又新教授曾提出衡量心理健康的三条标准：

1. 体验标准——以个人对自己内心世界的主观体验为标准，包括良好的心情和恰当的自我评价；
2. 操作标准——通过观察、实验和测验等方法考察心理活动的过程和效应，如工作、学习效率高，人际关系和谐等；
3. 发展标准——着重对人的心理状况进行时间上的纵向（过去、现在和未来）考察。

许又新教授认为，衡量个体心理健康时，应把以上三个方面联系起来，进行综合考察。

综上所述，衡量与判断一个人的心理健康与否，主要是依照人的常态心理状况，看他和社会公众的心理状态是否一致；个体能否坚持正常的学习、劳动和工作；能否进行正常的社会交往，搞好人际关系；个体的情绪情感的发展是否符合心理学的基本原理和人的心理现象的基本规律；个体能否具有良好的社会适应行为等。由此看来，心理健康是一个动态的社会标准。

三、社区矫正对象心理健康教育

社区矫正对象心理健康教育，是指在社区矫正工作中，根据社区矫正对象生理、心理发展的特点，运用心理学的教育理论、教育方法和教育技术，培育社区矫正对象良好的心理素质和适应现代社会要求的健全人格，促进社区矫正对象整体素质全面提高的教育活动。其自身的内涵包括：

第一，它是社区矫正工作的一项基础性工作，是对社区矫正对象进行心理测验、心理咨询和心理治疗等一系列技术性工作的基础，社区矫正对象心理健康教育工作的好坏，直接关系到矫治工作的效率。

第二，使社区矫正对象把握一定的心理健康知识，使其对自己的心理活动机制及心理健康状况有一定的了解，以便于其自我调节，健康发展。

第三，引导社区矫正对象以心理健康的标准为参照系，全面认识自身不良心理产生的原因、过程，现时状态及对自己的危害，从而自觉地调整心理状态，增强社会适应能力。

第四，使社会矫正对象正确认识心理问题、心理障碍和心理疾病产生的原因，配合心理矫治工作，寻求探索心理矫治的途径和方法，消除心理障碍，逐步达到恢复或重塑健康心理的目的。

第五，促使社区矫正对象增强社会适应能力，选择健康的生活方式，充分发挥社区矫正对象的内在社区矫正积极性、学会认识自己和接纳自己，学会面对困难、分析困难和克服困难，学会自我成长和发展，提高消除心理障碍的能力，预防精神疾病和事故的发生。

第六，开发社区矫正对象潜能，促使其以健康的心态，依据自身的特点，正确地面对社区矫正环境，重新选择自己的人生道路，客观地对待自己的社区矫正生活。

四、心理健康教育的内容

对社区矫正对象的心理健康教育是心理矫治的基础和前提，一般说来应包括下列内容：

（一）心理健康基本知识教育

向社区矫正对象传授和普及心理健康知识，是社区矫正对象心理健康教育工作的重要组成部分。通过学习，社区矫正对象要掌握心理学和心理建康科学的基本常识，了解感知、记忆、情感、思维、意志力等心理过程，动机、需要、能力、气质、性格等个性心理结构以及自我意识方面的基础知识，树立关于心理健康的科学观念，懂得心理健康的表现与判断标准，了解影响心理健康的各种可能因素及其关系。

（二）认知模式教育

认知模式教育是让社区矫正对象掌握认知的概念及其与心理健康之间的关系，了解社区矫正对象中常见的各种不良认知模式的表现及其危害，理解并掌握克服认知障碍的方法，培养正确的认知模式和思维方法。

（三）积极情感教育

积极情感教育是让社区矫正对象认识到情绪情感与心理健康之间的关系，了解社区矫正对象中常见的各种消极情绪情感的表现，懂得并掌握疏导、消除不良情感体验的原理与方法。建立积极向上的情感特征。

（四）意志力和生活方式优化教育

意志力优化教育主要是让社区矫正对象充分了解意志对心理行为的调控作用，懂得意志品质对心理健康产生的影响，了解社区矫正对象在意志品质缺陷方面的具体表现及克服方法。增强心理承受力，培养优良的意志品质。

生活方式优化教育是让社区矫正对象懂得不同生活方式与心理健康的关系，了解社区矫正对象的不良生活方式的具体表现及其改变方法，建立良好的生活方式。

（五）人格健全教育

人格健全教育是让社区矫正对象掌握健全人格和不健全人格的概念，认识到不健全人格对个体心理健康的消极影响，了解社区矫正对象常见的人格缺陷，掌握消除不健全人格和培养健全人格的方法。

（六）自我意识教育

自我意识教育是让社区矫正对象掌握自我意识的概念及其形成规律，懂得自我意识在个体心理健康中的地位与作用，了解社区矫正对象常见的自我意识方面的缺陷或不足，理解并掌握建立和完善自我意识的方法。

（七）人际和谐教育

人际和谐教育是帮助社区矫正对象懂得人际关系与心理健康的关系，认识到社区矫正对象特殊身份对其人际关系产生的影响，了解社区矫正对象常见的人际交往障碍及其消除方法，掌握人际交往的常识与技巧，建立和谐的、有助于社区矫正对象良性发展的人际关系。

五、心理健康教育的原则

（一）自主性原则

社区矫正对象是心理健康教育实践体验的主体。社区矫正中进行心理健康教育必须充分遵循社区矫正对象心理变化、发展的规律，从社区矫正对象主体需要出发加以科学引导、帮助。只有将心理健康教育内化为社区矫正对象的信念追求，才能达到预想的效果。

（二）协同性原则

社区矫正工作者作为社区矫正对象心理健康教育的施教方，必须协同社区内外一切可协同的因素，才能取得良好的效果。社区内全员参与，做到教育育人、管理育人、服务育人；对外通过社会各方的参与，向社区矫正对象传授有关心理健康教育知识、技巧，争取得到多方的支持；同时，对个别社区矫正对象的心理健康教育，可通过联系当地专家、学者或专业咨询机构，协同进行。

（三）实践性原则

心理健康教育强调社区矫正对象的情感体验，基本理论知识教育必须和实践相结合。社区矫正对象的情感体验体现于日常学习、劳动、技能训练等各方面；同时受到社会各种信息影响。社区矫正工作者应引导社区矫正对象在“角色认同”的基础上，教育社区矫正对象勇于积极投身社会，以积极向上的心态面对生活、面对人生，确立科学的世界观、人生观。

（四）开放性原则

社区矫正工作的开放性决定了社区矫正对象心理健康教育的开放性。社区矫正对象心理健康教育的形式、参与人员、教育内容等必须是开放式的。同时，社区内外各种教育因素之间要加强交流沟通，共同探索针对社区矫正对象的心理健康教育规律。

（五）德育与心育相统一原则

社区矫正对象心理问题的产生，究其根源无不因思想认识偏差引起。错误认识由于长时间得不到纠正，随着时间的推移，逐渐内化为心理上的认同，最终导致情绪的偏激和心态的扭曲。因此，针对心理问题的教育必须在思想认识纠偏的基础上进行，标本兼治，才能取得理想的效果。

第二节　心理健康教育的方式

心理健康教育应贯穿在社区矫正工作的活动之中。开展心理健康教育的途径和方法可以是多种多样的。特别是在社区之中，不仅要创设符合社区矫正对象心理健康要求的外部社会环境，而且要营造符合社区矫正对象心理发展需要的内部家庭环境，这样，才能减少各种心理问题和行为问题的出现，促进和提高社区矫正对象的心理健康水平。

一、心理知识教育的方式

心理知识教育是以培养和发展个体的心理素质为目标，向个体传授心理学的观点、知识和方法，对个体进行心理和行为训练的一种有计划的教育活动。而社区矫正对象心理知识教育是指在对社区矫正对象矫治过程中，围绕社区矫正对象矫治的目标，向社区矫正对象传授心理学的思想、知识和方法，对社区矫正对象进行心理、行为训练，以培养和发展其作为一个公民所应具有的心理素质的一种教育活动。

从社会化的角度来看，心理素质是基本社会化和发展社会化的基础，对于社区矫正对象的再社会化具有重要的意义，也是社区矫正对象适应社会与文化环境所必需的。那么，我们对社区矫正对象的心理知识教育，要求其心理素质至少应具备以下基本特质：①（1）正确的自我观念；（2）健康的情绪体验；（3）热爱生活，积极地学习和工作；（4）和谐的人际关系；（5）正视现实，接受现实；（6）行为正常，人格完整和和谐；（7）心理行为符合年龄、性别等角色特征。

我们在对社区矫正对象进行心理知识教育的过程中，剖析社区矫正对象违法犯罪的心理历程，强化社区矫正对象的心理健康水平，才能提高其社会适应能力。与思想、知识、技能和身体素质相比较，心理素质起到了一种接纳、推动、激活、定型以及个性化的作用。因此，心理知识教育是社区矫正对象心理矫治所必不可少的。它所针对的是社区矫正对象的心理缺陷，注重的是社区矫正对象的心理健康和心理发展，促使社区矫正对象积极主动地争取个性社会化，所以，它是一种有益的教育活动。

鉴于此，心理知识教育的任务，主要应包括以下几个方面：①提高社区矫正对象对心理素质教育重要性的认识，特别是心理素质教育对社区矫正对象自身的意义所在；②了解基本心理学知识，把握心理活动的机制和规律；③了解心理素质的构成及其对自己心理矫治的作用；④掌握自我评价、自我调控和自我发展的途径和方法；⑤形成积极健康的个性心理。

在这里，必须明确一点，在社区矫正中对社区矫正对象的心理知识教育，必须以对社区矫正对象的矫治活动为前提，同时带有一定的强制性。那就是说，对于社区矫正对象而言，在接受社区矫正中，必须接受心理知识教育，把它作为整体矫正教育的一部分，这也是和一般心理知识教育的本质区别。

二、心理问题的调适方式

社区矫正对象心理问题的调适方式可以结合心理矫治和日常的社区矫正工作，组织专门的心理健康教育活动。

① 阮浩主编：《罪犯矫正心理学》，中国民主法制出版社 1998 年版，第 331 页。

（一）在社区矫正工作中设置心理健康教育课程

以心理健康教育为核心，有计划、有步骤地针对社区矫正对象的心理问题，让社区矫正对象学习心理卫生基础知识，学习与心理问题产生相关的心理学原理，学会不良心理自我调节与控制的方法，培养良好的心理品质，使社区矫正对象心理健康教育与社区矫正的其他活动紧密结合在一起。

在心理健康教育中，除了运用诸如墙报、手机信息、心理卫生手册等辅助教育方式之外，还应当把理论学习和心理训练相结合，应当运用典型案例剖析、集体讨论、情景训练、角色扮演等多种方法进行教学，强化社区矫正对象自身对心理问题的自我克服和调适。

（二）集体心理健康教育

集体心理健康教育是针对社区矫正对象群体中所存在的共同心理问题而采取的教育疏导措施。它与对社区矫正对象所进行的健康课程教育有明显的不同，它是着力于解决社区矫正对象群体所存在的心理问题而开展的心理健康教育活动，主要是致力于增长社区矫正对象的心理卫生知识，转变健康观念，提高自我调控能力。社区矫正对象处在同一社区矫正的环境中，常常会由于共同的诱因，产生一些共性的心理问题。而对这些共性的心理问题，采取集体心理健康教育是最佳方式。

（三）个别心理健康教育

共性寓于个性之中，对社区矫正对象的集体心理健康教育，固然能使社区矫正对象集体中存在的共性的心理问题得到缓解或克服，但由于认识能力、理解水平、心理问题对个体的影响程度等，存在个体差异，同时，不同的社区矫正对象个体，在其心理问题上也存在差异，因此，需要采取个别教育的方法，以更为具体和切合实际的手段予以解决。

个别心理健康教育，最为突出的就是一对一的模式，在深刻把握心理问题，具体进行分析的基础上，达到解决问题的终极目的。因此，对社区矫正对象的个别心理健康教育，要综合运用个别咨询和个别教育的技巧，循序渐进，其效果也是十分明显的。

（四）社区矫正对象的自我教育

心理健康教育的成功与否，在很大程度上有赖于社区矫正对象积极投入和主动参与。因此，社区矫正对象对自我的自理、自学、自我训练和自我实践是心理健康教育的重要形式和方法。

实践证明，社区矫正对象自我教育的最为主要的方法就是自我情绪的调节，其手段包括：一是正确认识自己的社区矫正，保持心理平衡。对自己受到刑罚惩罚要有一个正确的认识，要客观地作出评价，多从自己走上犯罪道路的原因入手，寻找自己所存在的社会化缺陷，正确对待引起不良情绪的事件，保持一个平衡的心态。二是在必要时，可采取一些心理防御手段，以避免或减轻有害情绪所造成的痛苦。

大量的理论研究证明，社区矫正对象不是社区矫正的积极客体，而是能动的主体。所以，在心理健康教育方法上，社区矫正工作者、志愿者等应注重社区矫正对象的主体地位，努力探索以社区矫正对象为学习活动主体的教育方法。例如，鼓励社区矫正对象写日记。在日记中，社区矫正对象作为主体的我对客体的我进行感受、体验和认识，在写日记的过程中进行自我理性构建。社区矫正工作者、志愿者等要做的，是指导社区矫正对象如何将写日记的过程转化成一种思考的过程，而不是让其单纯记录日常琐事。对于社区矫正对象的不健康心理，在外部力量介入的同时，应注重社区矫正对象自我调节方法的传授。如有人提出并尝试运用的精神超越法、以情胜情法、性情陶冶法、自我控制法、以理节欲法、自我激励法、静态安神法、转移目标法、释疑纠偏法、角色互换法、厌恶刺激法等，都可以向社区矫正对象传授，并予以正确引导。

在开发社区矫正对象自身潜力的同时，还要注重利用社区矫正群体的力量，造就一种积极的心理互动的环境。比如，编排心理游戏、心理剧，组织心理矫治典型进行现身说法等。与此同时，为社区矫正对象创造一个相对宽松的心理互动环境，以便他们相互之间施加有益的影响，彼此之间建立和谐的人际关系。

（五）社会教育

个人具有什么样的心理状态，以及选择什么样的发展方向，受到来自社会地位的各个方面的影响，并且与个体当前所处的社会地位以及个体对这一社会地位的认识有很大的联系。社区矫正对象虽然所处的社区矫正环境是一个特定的社会环境，但它与社会有着千丝万缕的联系，宏观社会环境对社区矫正对象个体的心理发展起着制约和影响作用。因此，对社区矫正对象的心理健康教育也应当是一种开放教育。首先，应当以当前的社会状态和未来社会的发展为背景，选择社区矫正对象所关心的或与社区矫正对象有密切关系的问题，组织健康教育的内容。其次，运用各种社会关系，开展形式多样的、由社会各界参与的心理教育形式。当社区矫正对象感受到并理性地意识到社会对他的接纳和要求时，会形成积极向上的自我动力，强化自体克服心理问题的能力。

三、心理辅导方式

心理辅导是指针对一个人的心理和行为的发展，运用心理学的知识和方法，提供帮助和指导。因此，它的性质仍然是提供帮助和顾问行为。

所谓社区矫正对象的心理辅导，是指在对社区矫正对象心理矫治过程中，为了社区矫正对象的心理卫生和健康，针对社区矫正对象的心理问题和障碍，运用心理学的知识和方法，以社区矫正对象自我适应和自我发展为目的，对社区矫正对象的心理矫治给予帮助和指导，促进社区矫正对象重新社会化的行为。它以提高社区矫正对象的自我适应和发展为目的，因此，对社区矫正对象的心理辅导所能产生的功能，也主要表现在提高社区矫正对象的适应能力，确立自己的法律地位，认清自我发展目标，对自我行为作出选择和决定；调整社区矫正中的情绪状态，激发积极的情绪体验，提高认知能力，养成良好习惯，实现和发展自我的社会化。矫正对象心理辅导的内容，主要包括：

（一）适应辅导

社区矫正对象在社区矫正初期，最易产生的心理问题就是社区矫正适应，因此，对社区矫正对象进行社区矫正适应辅导，是帮助社区矫正对象正视现实，了解自我，增强适应能力的重要手段。通过适应辅导，了解并帮助解决社区矫正对象的实际问题，调查并处理社区矫正对象的特殊行为问题，指导社区矫正对象正确处理人际关系，促进积极的社会交往等，是社区矫正对象避免并克服心理问题和心理障碍产生的有效途径。

（二）学习辅导

帮助社区矫正对象积极参加社区矫正机构组织的学习活动；激发社区矫正对象的学习动机，形成良好的学习态度；指导社区矫正对象养成健康的、积极向上的心理意向和行为习惯。

（三）劳动辅导

指导社区矫正对象提升社会责任感、家庭责任感，用劳动承担自己的家庭责任，亲身体验劳动创造社会价值的意义，逐步确立正确的价值取向和生活方式，培养劳动观念和劳动习惯；帮助社区矫正对象了解自身的职业倾向与潜能，选择职业目标，掌握劳动技能；辅导社区矫正对象适应社会、重新就业。

（四）障碍辅导

当前，在社区矫正对象的心理中，存在的主要问题是认识障碍、情感障碍、行为障碍和个性障碍，而心理障碍居首位的是人际关系紧张、社会交往不适、社区矫正焦虑，不能适应社区矫正的生活，不能很好地根据环境的要求来改变自己，产生嫉妒、神经质、偏激、狭隘、自卑等心理。形成这些心理障碍的原因有很多，既有先天的，也有后天的；既有主观的，也有客观的。涉及遗传因素、生理条件、身体状况等方面的原因。对待存在心理障碍的社区矫正对象，辅导策略可采取：第一，开设心理学专题讲座，让社区矫正对象学会并掌握维持心理健康的知识和技能，进行有效的心理疾病预防。我们要针对社区矫正对象面临的各种心理矛盾和心理冲突，进行释疑解惑，提供调适方法，使他们取得心理平衡，防止产生偏差心理。比如开展形式多样、生动活泼的心理健康教育活动，或者通过各种教育手段渗透到心理健康教育中，以及利用体育锻炼等手段促进社区矫正对象心理健康等形式，让社区矫正对象从多角度、多场合接受心理健康教育。第二，加强理想教育，培养社区矫正对象的社会责任感。开阔视野、拓宽心胸，树立起崇高的生活理想和目标，把注意力集中在有意义有价值的大事上，使眼光从狭隘的个人圈子里解放出来。让社区矫正对象从培养自身的责任感开始，安排好自己的业余时间，善于利用各种场合，把握各种机会，使自己得到充分的锻炼。同时，善于吸取别人的意见，不要盲目地反叛、拒绝善意的批评和帮助，形成科学、正确的人生观、世界观和价值观。第三，社区矫正工作者、志愿者等要与社区矫正对象建立一种尊重、真诚、理解的关系。关注和接纳社区矫正对象，专心聆听社区矫正对象发表意见，不轻率地对社区矫正对象的观点横加评判，同时，应胸怀坦荡，应站在社区矫正对象的立场上，体会、认识社区矫正对象的观念和行为。创造良好的集体氛围，举办丰富多彩的文体活动、行为养成活动等，引导社区矫正对象消除不良品行。注意榜样人物对社区矫正对象的亲切性、可学性与感染性，增强其对榜样的理解、认同与效仿。因此，作为社区矫正工作者、志愿者等，同时又是社区矫正对象的心理咨询者，一是要增强个人修养，注意日常生活的表率作用，避免在社区矫正对象心中形成不良形象；二是要真诚关注，设身处地地感受社区矫正对象面临的心理困惑，并以此为基础共同寻找解决的策略。帮助社区矫正对象制定切合实际的社区矫正目标和社区矫正计划，以增强社区矫正自信心，引导社区矫正对象正确对待社区矫正中出现的烦恼，学会消除烦恼的各种方法。

四、心理危机干预方式

心理危机是指个体在生活中遇到了诸如婚姻破裂、亲人去世、身患绝症、人际挫折等重大生活事件的突然打击而引起的心理严重失衡状态。而心理危机干预也叫危机行为干预，它是对处于心理危机状态中的个体进行紧急调停，帮助其从危机中解脱出来，避免危机行为的产生或恶化，缓解其心理冲突，恢复其心理平衡的一种方法。

社区矫正对象心理危机的干预，是指对处于心理危机或已经产生危机行为的社区矫正对象进行帮助和指导，使其从危机中摆脱出来，取得心理平衡，形成积极健康的心理。实践证明，社区矫正对象在社区矫正过程中，对于突发性事件，会产生焦虑、恐惧、愤怒、过度抑制等情绪，对社区矫正工作者、志愿者等产生敌意，引起精神紧张，导致心理危机，出现逃避、自我封闭，甚至出现与社区矫正工作者、志愿者等对抗、自伤、自残或自杀等危机行为。尤其是社区矫正对象处在刑事执行状态下，由于应激能力的下降，所以出现危机的可能性大大提高。

我们对社区矫正对象心理危机的干预，就是要求社区矫正对象在面对突发事件时，重新考虑应付生活事件的策略，改变自己的行为方式，应用积极有效的行为方式，保持自己的心理平衡，增强个体应付危机的能力。

在心理矫治过程中，心理危机干预的作用或本质，是充分注意社区矫正对象个体心理危机的特征及其产生的原因，及时主动地介入，直接有效地干预，通过帮助、指导和关怀，使社区矫正对象的心理危机得以控制或消除，尽快地恢复健康心理，积极地面对人生，它对社区矫正对象的心理矫治具有十分重要的意义和不可替代的作用。

对社区矫正对象心理危机的干预，要建立在正确刑事执行基础之上，要遵循“教育与改造相结合”的原则。阮浩先生在其主编的《罪犯矫正心理学》一书中，为其归纳了9个方面的具体方法：①

① 阮浩主编：《罪犯矫正心理学》，中国民主法制出版社1998年版，第327~329页。

（一）给予精神支持，帮助社区矫正对象有所作为地正视危机

精神支持不是虚假的安慰，也不是奉承或迁就，而是要求社区矫正对象有足够的勇气面对当前的危机，告诉他必须而且可以依靠自己的力量解决危机，或从危机中解脱出来。

（二）提供倾诉思想、宣泄情感的机会

危机性行为往往是在强烈的破坏性情感中产生或发展的，如痛恨、愤怒、恐惧、绝望等。外在干预可能有效，但如果抑制过度反而适得其反。让社区矫正对象倾诉自己的想法，宣泄自己的情感，可以使社区矫正对象暂时地获得心理平衡，为对付这些情感创造条件。

（三）给予接纳与理解

无论如何，危机性行为的产生总是事出有因。社区矫正对象往往把“因”更多地推向客观，但只要事出有因，不妨先给予承认。要求一个被接纳与理解的人再去接纳与理解他人，以及接纳与理解对其的正确评价与控制，可能性要大得多。

（四）成为社区矫正对象的帮助者和支持者

产生心理与行为危机的人，往往是最需要帮助和支持的人。或者说个人在处于心理、行为危机状态的时候，最容易感觉到他人的帮助和支持。因此说心理或行为危机的干预者，应该也必须成为社区矫正对象的帮助者和支持者，不只是帮助社区矫正对象解决当前的危机，更重要的是支持社区矫正对象面对自己的现实和未来，自己去应付危机，解决问题，获得自我的调节与发展。

（五）如实地提供信息

不应回避问题、掩饰问题，也不能夸大问题、歪曲问题，而应当面对问题、正视问题，这样才有助于问题的分析与解决。因而，在恰当的时候，在施行以上的方法并且见效的时候，应该向社区矫正对象如实说明问题的真相，提供有关各方面的信息。

（六）探讨未来的后果

如实地面对问题，为的是分析问题和解决问题，关键是探讨解决问题的不同方式及其后果，了解合乎社会要求的个人切身利益的所在，指明出路，给予希望。

（七）给予希望和传递乐观的精神

在社区矫正对象诉说内心的真情实感，表达了沮丧的精神负担，了解了问题的真相以及可能带来的后果，急于寻找行为的方向时，是将希望与乐观情绪传递给社区矫正对象的最好时机。而在社区矫正对象正处于消极情境中，其精神负担尚未暴露时，过早地给予其

希望和乐观，等于轻视、逃避或否认这种负担，很可能得不偿失。

（八）提出恰当的劝告和建议

经过以上环节，如果社区矫正对象能够直面现实又对自身的未来充满信心，可以让社区矫正对象自己去处理今后的问题或结合以后的矫正工作进一步地提供帮助和指导，而不必直接劝告或提出具体的建议。但如果社区矫正对象此时仍然不得其解，不知所措，恰当的劝告和建议对他们来说还是必要的。劝告与建议不是随意应付或想当然的而应该经过深思熟虑，提出有效的并且是可行的方法。

（九）采取特殊的措施

基于社区矫正对象自身的特殊性，对于心理危机严重的社区矫正对象，可采取特殊措施，包括行为的制止或制裁，隔离、监视或社会群体的控制，家庭、亲友等交往关系的介入。

五、建立合理化的心理防卫机制

在心理学上，所谓心理防卫机制，是指当一个人心理上受到挫折或困难时，采取自我调节的措施或机制。精神分析学家认为，它是人在潜意识中自动进行克服本我和自我冲突时所释放的焦虑，以保护自我的方法。

心理防卫机制所体现的是人的适应机制，即物体对环境变化的适应水平，在环境突然变化以后，用习惯了的行为方式不能适应，于是自觉或不自觉地采取一系列方法，以减少紧张、减轻焦虑、维护自我，取得心理上的平衡。而人的适应水平，又是有机体受刺激作用所产生的心理效应。它一方面取决于刺激物体特性，另一方面还取决于有机物的适应水平。引起机体某种反应或使机体产生中性反应的刺激值，称为适应水平。适应水平以下的刺激值不能激发反应或只能激发负反应。刺激引起的心理效应强度可以用它与适应水平间的差距来度量，这个差距越大，刺激引起的心理效应就越大。

心理防卫机制对人的心理的调节作用，常常在不知不觉中发挥出来，有其自身功能。针对社区矫正中的社区矫正对象而言，这种功能表现得更为突出，它有利于社区矫正对象在受到侵袭时随时采取自动的防卫行为。归纳起来看，社区矫正对象心理防卫机制具有的功能包括：一是降低情绪冲突；二是从自身内在的具有危险的冲动中保卫自己；三是缓和伤感情绪的感受；四是减轻失望或失望的感受；五是消除个人内在态度与外在现实之间的冲突；六是协助个体保持其充实感和价值观。

心理防卫机制在其功能发挥上有积极与消极两种作用，积极作用是对偏激或攻击性行为有缓解作用；能暂时消除内心的痛苦和不安；可能引导出解决问题的办法等。消极作用是它对现实存在的问题并不能真正从根本上解决，往往带有一种“自我欺骗”的性质。它常常只起到使人逃避现实的消极作用，有时还会使实际问题复杂化，提高心理冲突的程度。

在这里，需要强调的是，社区矫正对象建立心理防卫机制的目的在于处理自己与现实的关系，以消除心理的挫折感，求得内心的安宁，这是社区矫正对象一种“自我”保护方法。下面就心理防卫机制常见的几种作用做一介绍：

（一）压抑作用

压抑是自我用以阻止激起焦虑的那些思想进入意识域的机制，即主体将那些对自我有威胁性的本能冲动、欲望、情感、思想、经历和记忆等，通过压抑将它们拒于意识域外或压抑到潜意识内，使之不侵犯自我或使自我避免痛苦的方式。最常见的形式是遗忘，这样就能避免那些不良的刺激源，因负强化而得到增强，从而防止心理矛盾、压力、冲突的加剧。

（二）文饰作用

文饰是指用一种较好的理由来解释自己行为的真正动机，使主体较少受到谴责或不良刺激，从而缓和心理压力、冲突或痛苦的情感、情绪体验等。文饰作用的目的在于主体达不到目的受到挫折或有过失时，对自己的行为提供可能或可能接受的动机、理由或解释，使之合理化，以减少挫折感与失望、悲观、痛苦等情绪。

（三）升华作用

升华是指通过致力于高尚的社会和文化的活动，使其过高的欲求、愿望的不良的情绪和变态的心理得到发散的心理学方法。这是消除心理障碍中最有建设性的心理防御机制。

（四）移置作用

移置是指将某些不良的情绪反应转到另一个不致引起问题的对象上去，以减轻心理压力及冲突，减少不良情绪体验的方法。它实质上是以一种以宣泄替代另一种精神宣泄的方法。移置的方式主要有移换、替代、赎罪、幽默、回避等。

（五）代偿作用

这种心理机制是指个体因有某些缺陷而产生了自卑感，从而在潜意识中努力在其他方面发展来代偿之，以减轻自卑感对自我的沉重压力。

（六）幻想作用

幻想作用是指在心中编造一个想象的情境或故事来满足现实生活中不能实现的欲望、需要，释放不良的情绪，以减少对自我的威胁或压力的办法。

（七）认同作用

认同作用又称表同作用。是指把别人具有的使自己感到羡慕的品质加在自己头上，或是将自己与所羡慕的人视为一体，以提高自己的信心、声望、地位，从而减少挫折感。

（八）否认作用

否认作用是一种较简单而又原始的心理防卫方式。它是对已经发生的不愉快的事件的否定，认为不愉快的事根本没有发生过，以躲避心理上的痛苦。

（九）投射作用

投射作用是个体将自己内心无法接受而自己又具有的不良性格特点、观念、态度、动机等投射到别人身上，说别人也有这样的动机和欲求，以此来减轻自己的内疚和焦虑，避免心理上的不安。

第八章　社会责任教育

社会责任意识是一种社会意识，是指主体在认知一定条件下自身角色和社会要求的基础上，把握自身行为及其结果，使之符合社会要求的情感、意愿，是个体对角色职责的自我意识和自觉程度，是一种自我约束的价值取向。社区矫正的社会责任教育，就是要培养社区矫正对象具有社会责任意识，能够正确认知社会要求，依据客观规律和价值规范对行为做出理性的判断，严于律己，能够对自身负责，对社会负责，对他人和家庭负责。

第一节　社会责任教育的内容

一、责任

意大利思想家朱塞佩·马志尼在《论人的责任》一文中将人的责任划分成四类："即对于人类的责任、对于国家的责任、对于家庭的责任以及对于自己的责任。"① 所有的责任都是相辅相成、相互作用的。

第一，对自己负责。社区矫正对象作为社会的一分子，对自己责任的基本要求就是珍惜生命，追求有价值的生命，让自身成为和谐社会中健全的、独立的一部分。做到"自爱、自尊、自律、自强"。自爱就是爱惜自己的身体、人格和名誉；自尊就是承认及重视自我在社会中的存在价值。自律，就是依据一定的行为规范准则，对自己的行为进行约束，符合一定时空对道德的判断标准。对自己负责也就是对社会负责，是社区矫正对象履行对他人责任的前提和基础。

第二，对家庭的责任。家庭是一个人的情感所在，家庭是道德形成的起点，社区矫正对象的家庭责任体现为孝敬父母、尊敬长辈、关心和爱护家庭中的其他成员。

第三，对他人的责任。人们之间是需要相互依赖和相互帮助的，人和人之间的关系要求互相承担责任。社区矫正对象的生存、成长进步是他人对其承担责任的结果，因此，也要对他人承担责任。对他人的责任表现为热爱他人、尊重他人、理解他人和乐于助人。

第四，对社会的责任。社区矫正对象对社会的责任，就是在社会生活中遵守共同的社会规则与秩序。社区矫正对象的社会责任首先体现为遵守社会公德；其次体现为遵守法律；最后体现为正确行使公民的权利，积极履行公民义务。

---

① 汪宗田、傅安洲：《中德高校德育实施途径的异同》，载《思想理论教育导刊》2005 年第 4 期。

第五，对国家的责任。国家是一种联合体，国家的存在和发展是符合个体需求的，所以，社区矫正对象应该自觉地用国家成员的要求来规范个人的思想和言行，将个人的利益与国家的利益进行统一，将个人的前途与命运同国家的利益紧密联系在一起。

二、责任感

责任感是人们自觉的主体意识，是人们作为社会中一员的关键品质，是人们承担责任的前提和基础，是人们的精神支柱和内在动力。责任感即责任主体在相应责任意识的指导下，对于自身发展和人类社会承担并且履行了相应的责任，从而产生的符合内心需要的情感体验。责任感是一种精神、心态、境界。责任感即责任主体接受责任后，基于社会价值观念以及行为规范内化于本人内心世界的心理准备状态或者心理倾向。责任感即责任主体对自己职责的感知，即自觉履行责任的精神驱动力，体现了责任主体在社会中的价值观。责任感由责任认知、责任情感、责任意志和责任行为组成。责任认知是基础，责任情感是动力，责任意志是保障，责任行为是体现。

三、社会责任意识

社会责任意识是一种社会意识，是指主体在理解一定条件下自身角色和社会要求的基础上，把握自身行为及其结果，使之符合社会要求的情感、意愿，是个体对角色职责的自我意识及自觉程度，是一种自我约束的价值取向。具有责任意识的主体应该是自由自觉、自主自律的，他的思想和行为是自愿而非被迫的。他能够正确认识一定条件下社会的客观要求、自身的角色，以及社会对此种角色的行为期待，预测行为的各种可能，对自身行为与社会要求的关系有清醒的认识，依据客观规律和价值规范对行为做出理性的判断。因此，它要求社会成员对自身负责，对他所处的集体及社会负责，要求主体正确处理与集体、社会和他人的关系。责任意识不是自然而然就具有的，它是个人在家庭中、在社会中、在成长中、在与人交往中而慢慢习得的，同时，责任意识也不是一成不变的，责任意识是一个历史发展着的事物，并且会随着个人的人生境遇不同而发生一些变化。一个具有责任意识的人，他会严于律己，对于自己的一言一行都会有特别高的要求。他们的言行不仅符合法律法规，而且也符合社会的道德规范。一个具有责任意识的人，在他日常的生活中，他会尽量做到既利己又利人，他会对自己负责，更会对他人、对集体、对社会负责。

社区矫正对象责任意识通常可分为社区矫正对象自我责任意识和社会责任意识，按照社区矫正对象责任意识的具体内容，可分为生命责任意识、家庭责任意识、社会责任意识和生态责任意识，这是两种不同的分类方式。生命责任意识，包括尊重自己的生命和他人的生命的意识；家庭责任意识，是对自己家庭及每个家庭成员应尽责任的意识；社会责任意识是作为社会成员对社会所应该承担责任的意识；生态责任意识是对我们生活的地球生态环境所应该承担责任的意识。在一定程度上，社区矫正对象责任意识的每一项具体内容都包含了社区矫正对象的自我责任意识和社会责任意识。

社会责任意识是个人责任意识的一个具体表现形式，是个人对社会所承担的义务和要求。社会中的个人与社会责任密切关联不可分割。个体只有承担相应的社会责任才能享受一定的社会自由，反过来，社会为个人实现更好的生活和发展提供必要的条件基础，社会责任是对个人品德和人格的检验，良好的社会责任意识为个人品德增光添彩。

因此，本书认为，社会责任意识是个人对社会责任的情感倾向，是个人对自我应当承担的社会责任与义务的自觉意识和理性觉悟。社会责任意识也是社会个体之间的契约，在社会责任意识下，个人私欲受到束缚和压制，人的社会行为变得理性和规范。同时社会责任意识有助于个人充分发挥主观能动性，追求社会价值与自我价值的高度统一。

四、社区矫正对象社会责任教育

（一）社会责任教育

社会责任教育是指教育者按照一定社会的要求，有目的、有计划、有组织地对受教育者进行系统的影响，通过教育者和受教育者双主体在实践活动中的互动，把一定的社会责任认知内化为受教育者个体的责任意识的教育，或直接对受教育者进行行为训练以达到良好责任习惯的教育。社会责任教育的内在机理为：先通过参与和体验、认知和判断、责任感和深化、评价和强化培养责任意识，再通过责任意识的培养和责任行为的训练形成高度自觉化的责任行为。对个体而言，则要通过一系列的方式和合理途径使主体形成社会责任意识，并能够自觉地把这种意识外化为行动，承担自己应该承担的社会责任，完成自己应该完成的社会任务。

（二）社区矫正对象社会责任教育

社区矫正对象社会责任教育是指社区矫正机构和社区矫正工作者按照新时代中国特色社会主义核心价值观的要求，通过一定的教育内容、教育方法、教育途径等，有目的、有计划、有组织地对社区矫正对象进行系统的影响，提高社区矫正对象的社会责任认知、深化社会责任认同、强化社会责任行动，以达到良好社会责任习惯的教育活动。这一教育活动是通过社区矫正工作者和社区矫正对象双主体在实践活动中的互动实现的，是培养社区矫正对象对国家、对民族、对他人和对自己所承担责任的自觉意识和情感体验。社区矫正对象社会责任教育是社区矫正中矫正教育的重要内容。

社区矫正对象的社会责任具有以下特征：一是社会责任具有自觉性。社会责任的承担需要社区矫正对象的自觉，社区矫正对象只有在思想上自觉承担起社会责任，才能使思想和行为保持一致，才不会推卸责任。二是社会责任具有道德性。责任分为两种：一种是指社区矫正对象角色义务责任，如岗位责任、职业责任、家庭责任等。另一种是指社区矫正对象道义责任。这种责任更能体现一个人的奉献精神，如社区矫正对象除了在自己的岗位上尽职尽责之外，还想着能为社会做点什么，这表明社区矫正对象具有某种社会道德品质。三是社会责任具有评价性。社区矫正对象社会责任承担的情况，需要社会对此做出评价。

五、社会责任教育的基本内容

社区矫正对象社会责任教育的基本内容包括认知教育、情感教育和行为塑造等。根据人的思想行为发展规律可知：认知是情感和行为的基础，情感是认知转化为行为的纽带，行为是认知和情感的目的。因此，社区矫正对象社会责任认知教育、情感教育和行为塑造是一个相互联系的整体。

（一）社区矫正对象社会责任认知教育

认知是精神的基础和主体。只有知之全、知之深、知之切、知之透，并将“知”上升为“信”，方可付诸行动，在行动前，才可能做认真的、全面的、细致的准备，才可能全力以赴，保证责任的全部实施，从而获得好的成就。只有知之关切，才能行之迅速；只有知之通透，才能行动彻底。知行合一，言行一致，是诚实守信的表现，也是人格健全的标志。认知主义理论认为，形成责任行为是个体与环境间相互作用的结果，是一个动态的过程，只有当环境的刺激因素能够作用于个体关于责任的认知结构时，个体关于责任的认知结构才会发生同化或顺应，这样个体关于责任的心理结构才会发生改变，继而改变责任行为的方式。社区矫正对象社会责任教育中认知的重要性在于认知是获得与应用的必经阶段。社区矫正对象社会责任认知教育就是要重视对社会责任的学习，把社会责任学习作为提升社区矫正对象承担社会责任能力的手段。社区矫正对象社会责任认知教育的任务就是使社区矫正对象对社会责任有一个完整的认知，具体包括以下三个方面：

第一，使社区矫正对象明白自己的社会责任。通过认知教育使社区矫正对象明白社会责任的真正含义，而不仅仅是字面上的意思。一般认为，社会责任是一个组织对社会应负的责任，是组织道德管理的要求和出于义务的一种自愿行为。对于社区矫正对象而言，他们的社会责任具有特殊性，可以从不同角度来看待社会责任。一是社会责任世界观。从世界观的角度看，社会责任具有世界观的特性。因此，人们对社会责任的总的看法就形成一种社会责任观。二是社会责任政治观。从政治角度来看，社会责任具有政治观的特性。政治观指人们对政治现象、政治活动、政治关系、政治制度等方面的根本观点。政治是伴随着社会产生而产生的，人具有社会性同时也具有政治性，社会发展离不开政治的有效运作，对社会责任的承担也体现了一种政治担当。因此，社会责任认知也是一种政治认知。三是社会责任法治观。从法治角度看，社会责任具有法治观特性。法治观是人们关于法律制度和依法治理的根本看法。社会的和谐发展离不开稳定环境，稳定环境的创设离不开法治。责任和权利的统一是法律所规定的，社会责任要靠全体社会成员共同承担。因此，社会责任认知也是一种法治认知。四是社会责任人生观。从人生观角度看，社会责任具有人生观的特性。人生观指人们对人生目的和意义的根本看法。人生的目的、意义和价值更大程度上在于对社会的奉献，奉献社会是社会责任承担的价值方向。因此，社会责任认知也是一种对人生目的、意义和价值的认知。

第二，社区矫正对象要承担社会责任的原因。人的任何行动都是在一定意识指导下发生的，并且这种行动只有符合人的主观目的才能发生。人们只有在了解承担社会责任的目的、意义和价值的基础之上，才会产生承担社会责任的行动。社区矫正对象承担社会责任的原因在于，社区矫正对象承担社会责任对国家、社会、家庭和个人都有重要作用，有利于推进社会治理体系和治理能力的现代化，有利于家庭和睦、和谐美满，有利于社区矫正对象公民身份的塑造等。

第三，社区矫正对象如何承担社会责任。首先，要积极参加社会实践活动，如志愿服务、社团公益活动等。这些活动能使社区矫正对象体验并学习怎样承担社会责任，因为在社会实践活动中，社区矫正对象能有机会完成自己的任务和履行自己的职责。其次，要保持积极乐观、向上进取、艰苦奋斗的状态，及时调整心态，保持身心健康，珍爱生命，这些都是承担社会责任的基本素质。

（二）社区矫正对象社会责任情感教育

情感是人们对客观存在的事物是否满足自己的主观需要而产生的态度体验，当客观存在的事物能够满足自己的主观需要时，人们的心理就会产生喜爱、满足、成就、乐观、坚持、上进等积极的体验。当客观存在的事物不能满足自己的主观需要时，人们的心理就会产生厌恶、失落、沮丧、悲观、退缩、不思进取等消极的体验。情感教育理论认为个体的责任行为是个人本能的需要，是每个个体发展到一定的心理阶段都会产生的需要。所以教育的目的是促使被教育者成为一个完善的人，这样个体关于责任行为的需要及完善的需求也会得到满足。社区矫正对象社会责任情感则是社区矫正对象对社会责任是否满足自己的主观需要而产生的态度体验，当社会责任满足自己的主观需要时，社区矫正对象心里会产生喜爱、满足、成就、乐观、坚持、上进等积极的体验，就会认真地承担起自己的社会责任。当社会责任不能满足自己的主观需要时，社区矫正对象心里会产生厌恶、失落、沮丧、悲观、退缩、不思进取等消极的体验，就会推卸自己的社会责任。社区矫正对象社会责任情感的培养要依靠社区矫正对象社会责任教育，使社区矫正对象的社会责任情感朝着更好的、更积极的、更高尚的方向发展。因此，社区矫正对象社会责任情感的培养是社区矫正对象社会责任教育的内容。

（三）社区矫正对象社会责任行为塑造

行为是认知与情感的外化表达，行为是探知认知与情感的路径。社区矫正对象社会责任行为是社会责任认知与社会责任情感的外化表达，社会责任行为是探知社会责任认知与社会责任情感的路径。

从心理学角度考察，行为塑造是指通过各种强化手段来矫正人们的行为，使之逐渐接近某种适应性行为模式的强化手段，是根据斯金纳的操作条件反射研究结果而设计的。行为主义理论认为学习即“刺激—反应”之间联结的加强，教育的艺术在于如何安排强化。责任与道德形成的关键在于学习与强化。当积极的责任行为发生时，应该加以正强化，如鼓励、表扬、奖励等，使积极行为持续下去；当消极的不负责任行为发生时，应加以负强化，如批评、惩罚等，使消极行为减少。通过强化过程，能够对个体的责任行为进行塑造。在行为塑造过程中，多采用正强化的手段，正强化是一种鼓励，鼓励正确行为的产生。一旦符合人们需要的行为出现，就立即给予正强化，直到一种新的习惯性正确行为产生。必要时也可采取负强化的手段，负强化是一种惩罚，惩罚错误行为的产生。一旦不符合人们需要的行为出现，就立即给予负强化，直到一种旧的习惯性错误行为消失。在行为塑造过程中，应该根据行为人和环境的具体情况，将正强化与负强化结合起来使用。因此，应该结合中国特色社会主义进入新时代这一大环境以及社区矫正对象的特点，通过正强化和负强化的结合来塑造他们的社会责任行为。在社区矫正对象社会责任行为塑造过程中要注意以下两点。一是注意行为塑造方法的选择。在社会责任行为塑造过程中，要根据行为塑造的不同目标，行为塑造内容的不同特点，以及社区矫正对象在承担社会责任中问题的性质、存在方式、产生的原因等情况，运用适当的方法，实现方法的针对性、创造性和综合性。二是注意行为塑造的过程。在社会责任行为塑造过程中，首先，定义目标行为。要合理确定社区矫正对象社会责任行为塑造的目标行为。其次，确认初始行为。社区矫正对象进入社区矫正之后的初始行为存在差异，责任感有强有弱，有的意志坚强，有的意志薄弱。因此，在塑造社区矫正对象社会责任行为时要对照目标行为及时纠正偏离目标的初始行为。再次，选择塑造步骤。在社区矫正对象社会责任行为塑造过程中，各个步骤之间所体现的社会责任行为的改变应恰当，步子太小会费事，步子太大可能导致停滞不前。最后，确定强化刺激物。强化物大体分为物质强化物和精神强化物。社区矫正对象有着物质需求和精神需求，应合理使用物质强化物和精神强化物，主要在精神上满足他们。

从社区矫正对象社会责任行为塑造的实践来看，社会责任实践既是对社会责任意识的落实，又是对社会责任意识的丰富和补充，还是深化社会责任认识、提高社会责任能力、增强社会责任意识、调节社会责任情绪、增进社会责任感情的有效途径。社区矫正对象社会责任行为塑造的实践包括多方面：一是理论与实践互动型。社区矫正对象社会责任的理论性实践表现在，其在进行社区矫正之前掌握的知识用于进一步加强其在社区矫正期间的理论学习，包括技术学习、思想学习、政治学习等。社区矫正对象社会责任行为塑造不是仅仅让他们从理论上知道所以然，还要在一件件具体事情中去落实，在此基础上不断总结经验教训，实现社区矫正对象社会责任行为塑造的理论与实践的互动交融。二是整体全面型。马克思主义从分析现实的人和现实的社会生产关系入手，阐述了关于人的发展学说。其学说的主题是人的整体全面发展。人的整体发展是指人的各种最基本或最基础的素质必须整体发展。人的全面发展指人的德、智、体、美、劳等方面的发展。就社会责任来说，社区矫正对象只有具备大公无私、奉献社会的高尚品德才有愿意承担社会责任的意向，只有掌握好科学文化知识才有承担社会责任的能力，只有具备健康的身体才有承担社会责任的基础，只有养成热爱劳动、尊重劳动果实、艰苦奋斗的习惯才有承担社会责任的实践基础和可能。

第二节　社会责任教育的新媒体路径

目前，我国社会矫正工作提出了“智慧矫正”的思路，使得社区矫正的教育工作和现代信息技术不断融合，因此，梳理新媒体给社会责任教育带来的机遇及挑战、分析新媒体环境对社区矫正对象社会责任教育的影响机制，为研究新媒体环境下加强社区矫正对象社会教育的具体措施提供了充分的帮助和支持。

一、重构社会责任教育理念

理念先行，行稳则致远。正确的理念对实践具有指导意义，推动着实践的发展。社会责任教育应对新媒体环境下出现的新挑战，最重要的就是要转变教育工作理念，树立科学的育人理念。这是新媒体环境下进行社会责任教育工作的前提。

（一）构建新媒体社会责任教育的理念

在新媒体环境下，应依据时代的要求调整和优化社会责任教育的方法和手段以提升教育的实效性，这是思想政治教育最基本的价值取向。新媒体环境下优化社会责任教育，首先要把握以下几个方面：

责任与权利的统一。社区矫正对象在承担各种义务的同时，也具有相应的权利。权利与义务，或者说权利与责任具有一定的对应性。必须要教育社区矫正对象，没有无责任或无义务的权利，同时，也要充分保护社区矫正对象作为社会成员所应具有的权利。

责任与自由的统一。自由与责任不仅存在内在关联，而且责任的大小在很大程度上取决于自由的程度，对自由的理解可具体化为自主、自愿和自觉，社会责任教育要“内化于心、外化于行”。促进社区矫正对象主动、自觉、积极地承担社会责任，是社会责任教育的根本目标。

价值导向一元化和实现方式多元性相统一。在新媒体环境下，肯定价值导向的一元性，但允许社区矫正对象依据自身特点，采用多样性层次化的实践形式，实现特定的个体化价值追求，即价值导向一元化和价值实现方式上多元化相统一。构建“一元主导多元并存”的格局，运用各种教育方法、管理方式、评价机制，提升社区矫正对象履行社会责任的自觉性，发挥其在社会责任践行中的创造性，是新媒体时代应有的教育内涵。

（二）挖掘新媒体教育的时代资源

社区矫正对象社会责任教育是全员性、系统性的教育，是显性教育和隐性教育的结合。在具体实践过程中，社会责任教育是以社区矫正机构工作人员为主，社区矫正多元主体共同参与构成。在新时代背景下，社区矫正工作者的新媒体素养包括新媒体政治素养、新媒体技术素养和新媒体文化素养。

社区矫正工作者新媒体政治素养。社区矫正工作者自身必须要有过硬的思想政治素养。首先，社区矫正工作者只有提高自身的政治敏锐度和思想鉴别力，才能充分利用新媒体优势将自己的知识传递给社区矫正对象。通过自身强大的理论解释力与清晰的思想逻辑，以理服人，增强社区矫正对象对社会责任的接收与认同。这样，社区矫正对象才会将认同的社会责任付诸实践。

社区矫正工作者新媒体技术素养。提高新媒体技术素养是对社区矫正工作者的时代要求。早在2010年5月国务院发布的《国家中长期教育改革和发展规划纲要（2010-2020

年）》中，就肯定了信息技术对教育发展的重大影响。《教育信息化十年发展规划（2011-2020年）》明确教育信息化作为优先发展领域。2016年7月，中共中央办公厅、国务院办公厅印发《国家信息化发展战略纲要》，明确了教育信息化的工作目标和主要任务。2016年发布的《教育信息化“十三五”规划》（教技〔2016〕2号）明确强调“云计算、大数据、物联网、移动计算等新技术逐步广泛应用……信息技术对教育的革命性影响日趋明显”。2019年中共中央、国务院印发的《中国教育现代化2035》要求，利用现代技术加快推动人才培养模式改革，实现规模化教育与个性化培养的有机结合。创新教育服务业态，建立数字教育资源共建共享机制，完善利益分配机制、知识产权保护制度和新型教育服务监管制度。推进教育治理方式变革，加快形成现代化的教育管理与监测体系，推进管理精准化和决策科学化。因此，在社会信息化不断加快的背景下，社区矫正工作者急需熟练运用新媒体，提升自身媒介技术素养，提高使用新媒体技术的能力，综合运用各种新媒体丰富对社会责任的阐释。

社区矫正工作者新媒体文化素养是指熟悉新媒体环境下的行为规则、话语体系、交往取向，具有甄别信息价值所在的基本素养。提升社区矫正工作者新媒体文化素养，克服对新媒体文化的认知偏差而造成的“数字鸿沟”。① 提升社区矫正工作者新媒体素养，深度分析社区矫正对象亚文化的特点，从而实现利用新媒体传播机制优化社会责任教育的目标。

（三）确立社区矫正对象主体地位

新媒体具有平等教育的特点，社区矫正工作者的权威话语权被消解，社区矫正对象主体意识凸显，要求新媒体环境下社会责任教育必须尊重社区矫正对象的主体意识，培养社区矫正对象成为新媒体责任主体。

第一，尊重社区矫正对象的主体意识。包括尊重社区矫正对象的自主性、能动性及选择性。尊重社区矫正对象的自主性，指社区矫正工作者在明确只有自主学习才是社区矫正对象提升效率的动力基础上，优化社区矫正对象社会责任教育的内部及外部环境，改善社区矫正对象责任意识生成的教育方式及手段，促使社区矫正对象发挥其自主性。因此，从自主性出发，社会责任教育就是要帮助社区矫正对象培养良好的行为习惯，主动思考自身的人生责任。塑造社区矫正对象学习自主性有利于激发社区矫正对象社会责任认知的思维创造力。尊重社区矫正对象能动性，是在尊重社区矫正对象成长规律的基础上，积极调动社区矫正对象的主观能动性，使社区矫正对象能够主动认识责任、履行责任。塑造社区矫正对象学习的主动性有利于发挥社区矫正对象社会责任思考的主观能动性。尊重社区矫正对象的选择性是指社区矫正工作者明确在社区矫正对象个体差异的基础上，理解社区矫正

① 一般意义上的数字鸿沟，是指由于数字技术的使用带来使用者和非使用者在信息获取权上的巨大差异。扩展意义上的数字鸿沟，还体现为一种文化隔离，如对社区矫正对象亚文化的不理解、漠视，甚至因为个别偏差性信息将亚文化载体视为洪水猛兽，如二次元、“鬼畜”、弹幕、表情包、网络流行语等。掌握和理解新媒体文化特点、对社区矫正对象亚文化秉持包容心态，从中发现社会责任教育资源并加以改造利用是社区矫正工作者应有的新媒体文化敏锐力。

对象选择的多样性，并加以正确引导。年龄、性别、社会文化环境或家庭背景的不同，导致社区矫正对象对个体价值与社会责任认知的差异，进而使社区矫正对象采用不同的形式履行社会责任。由此，社区矫正工作者要充分尊重社区矫正对象的选择权，而不是刻意、强制社区矫正对象必须采用固定模式履行社会责任。

第二，坚持服务社区矫正对象的基本原则。新媒体环境是社会现实环境的延伸与拓展，同时又具有与传统社会现实不同的特征。新媒体环境下社区矫正机构的日常管理和教育要以服务社区矫正对象成长为核心，坚持服务社区矫正对象的原则。首先，社区矫正机构必须牢固树立集教育社区矫正对象、服务社区矫正对象于一体的责任意识。社区矫正对象社会责任教育应融入社区矫正机构日常管理之中，以实际行动教育引导社区矫正对象。其次，实现平等互动，将社区矫正对象看作新媒体传播中的主体，在新媒体环境下，传播内容呈双向互动形式，社区矫正工作者和社区矫正对象之间构建平等关系，通过交流互动实时反馈，了解社区矫正对象所思、所想、所需，及时提供相应的信息支持和资源支持。最后，要尊重社区矫正对象思想发展的阶段性，及时掌握社区矫正对象的价值观念发展与变化，推动社会责任教育。在新媒体环境下开展社会责任教育的过程中，以社区矫正对象的服务需要、思想需要、教育需要为主。社会责任教育内容，应注意形式多样化，从新媒体思维出发，适应社区矫正对象的接受模式，吸引社区矫正对象主动参与新媒体社会责任教育的内容建设，增强社会责任教育的有效性。

二、建构社会责任教育体系

社区矫正工作者必须遵循社会责任教育的基本规律，以“立德树人”为目标，通过强化教育整合性、运用教育系统性和新媒体智慧教育手段，推进社区矫正对象社会责任教育，创新教育手段。

（一）整合新媒体教育资源

目前，社区矫正新媒体教育资源存在碎片化现象，从传播碎片化到阅读碎片化再到思维碎片化，造成社区矫正对象价值取向个体化、情感生成多元化。所以，整合新媒体教育资源是相对于碎片化而言的。社区矫正对象社会责任教育新媒体碎片化思维情境的应对依赖于教育资源的整合性应对，这是社区矫正对象社会责任教育的关键。社区矫正对象对社会责任的科学认知是其履行社会责任的前提条件。因此，保证社区矫正对象获取完整的信息内容，建立科学的责任认知体系是加强社区矫正对象社会责任教育的重中之重。这就需要把社区矫正对象矫正教育当作一个系统要素，从教育要素的整合性和教育过程的整合性来把握。

从社区矫正教育要素的整合性来看，社区矫正工作者和社区矫正对象，教育方法、手段、载体以及教育环境之间，需要整合性来统摄。这时，社区矫正教育要素的整合性围绕着“立德树人”的目标展开。社区矫正工作者要从提升个人政治素养、道德涵养、业务修养做起，本着“立德树人”的要求，采用多种教育手段和方法，通过各种教育途径，对社区矫正对象施加影响，从而达到教育目标。新媒体为实现社区矫正教育资源整合提供了技术手段。新媒体信息技术，不仅仅是传播技术，同时也是整合技术。通过大数据、云计算、物联网等底层技术的支持，实现感知—认知整体化。

从社区矫正教育过程的整合性来看，社区矫正对象社会责任教育包括社区矫正工作者和社区矫正对象双方意识活动过程和实践过程。社区矫正教育过程的整合性包括：社区矫正工作者与社区矫正对象的整合、教育过程中意识活动和实践的整合，以及教育内化—外化—反馈全过程整合。社区矫正工作者与社区矫正对象的整合，要求把握其内在一致性，而不是将两者看作是对立的，这主要通过加强互动增进彼此理解来实现。意识活动和实践活动的整合，要求教育形式结合多种方法，促进社区矫正对象在理论学习的同时生成行动，在实践中观照理论教育，在理论教育中回应社区矫正对象实践中产生的问题和困惑。内化—外化—反馈全过程整合，是指三个阶段不是独立的，而是一个相互交融的过程。在社区矫正对象价值观内化过程中，实现行为外化，在行为外化的过程中，促进社区矫正对象价值观内化的实现，这就要求反馈检验不能只采用结果控制的方法，而应在教育中实时控制，以实现社区矫正教育过程整合性要求。整合性教育有助于培养社区矫正对象的社会责任综合能力，提升理解、认知并践行社会责任的综合素养。

（二）注重社会责任教育的系统性

系统性是指一定装置内各个要素和各个组成部分之间的有机衔接，这些要素和组成部分彼此联系，相互连接，形成有机一体的格局。社区矫正教育的系统性，是指在整个社区矫正教育范畴内，存在不同教育主体、教育内容、教育类别，它们具有相互联系、相互影响，统一于一体又自行运转的特点。社区矫正教育系统性的基本规律，包括目标一致性、机制协调性、循序渐进和动态演进性，三者缺一不可。

第一，从社区矫正对象社会责任教育的角度看，首先是社区矫正教育系统目标一致性。社区矫正对象社会责任教育是矫正教育的重要议题，也是整个社区矫正教育系统的基本教育。从社区矫正教育系统内部看，无论是教育育人、文化育人，还是管理育人，都需要落实在“育人”的深刻内涵中。为实现社区矫正对象社会责任教育目标一致性，在实践中要求社区矫正教育系统的工作者以身作则、爱岗敬业，为社区矫正对象做出责任表率。

第二，社区矫正教育机制协调性，是指社区矫正教育系统在运行过程中各要素、各部门彼此有机联系，实现内在平衡。在新媒体环境下，社区矫正教育机制协调性比较突出地表现在监督管理、社会帮扶和矫正教育信息化实践中。通过构建监督管理、社会帮扶和矫正教育信息系统，促进社区矫正机构内部各部门之间以流程驱动连接，以数据驱动管理。

第三，社区矫正教育系统的根本目标是围绕对社区矫正对象的矫正教育展开的，社区矫正教育系统的循序渐进和动态演进性，一方面体现为教育规律的系统性，另一方面体现为监督管理和矫正教育信息系统构建中的发展性。从教育规律出发，社区矫正对象社会责任教育是循序渐进的过程，尽管社会责任教育有着总体目标的一致性，但落实到每一个社区矫正对象身上，却存在具体目标的差异。这要求社区矫正工作者要从实际出发，针对社区矫正对象的特点，因材施教，保持社会责任教育的适度张力，在循序渐进中立德树人。从社区矫正对象社会责任教育系统的开发建设上看，也存在循序渐进、动态演进的特征。必须针对社区矫正对象社会责任的现实特点，利用新媒体成熟技术加以开发应用，不断完善各个功能，以期达到效果增进的目标。

(三) 拓展“智慧矫正”

新媒体技术在传感网络、物联网、互联网、移动通信、大数据、云计算、区块链、人工智能等技术的推动下，呈现被感知化、数字化、互联化、智能化的新特点。随着“智慧城市”“智慧社区”建设的不断发展，“智慧矫正”也成为社区矫正信息化建设的主要目标。在社区矫正中，“智慧矫正”是指社区矫正机构依托“社区矫正综合管理平台”、社区矫正电子定位系统，以及“矫务通”“在矫通”“协矫通”手机应用软件、微信等信息化方式，对社区矫正监督管理、教育矫正和适应性帮扶的全部业务进行数据化管理，做到数据采集自动化、工作流程规范化、业务衔接标准化、工作考核公开化、质效评估客观化。由此，智慧矫正、智慧教育、智慧监管、智能治理、智慧司法等纷纷投入适用。智慧矫正包括了以社区矫正对象为中心的档案管理、矫正教育资源、监督管理、信息管理等。智慧教育从技术层面解读，主要是指在社区矫正对象矫正教育过程中，以社区矫正对象体验为中心，利用各种手段与方法创设具体情境和丰富的多维表现力，带动社区矫正对象的情感体验，激发其学习兴趣，使社区矫正对象迅速进入学习状态，并以互动方式提高教学中的社区矫正对象参与度，从而达到教育目标。

第一，拓展“智慧矫正”的依据。司法部下发了《“数字法治　智慧司法”信息化体系建设指导意见》，司法部办公厅先后下发了《“数字法治　智慧司法”信息化体系建设实施方案》《关于加快推进全国智慧矫正的实施意见》《全国社区矫正管理信息系统技术规范》《智慧矫正指挥调度规范》，2020 年 9 月 23 日发布了《智慧矫正远程视频督察系统规范》等规范性文件，为智慧矫正奠定了基础。

第二，拓展“智慧矫正”，加强大数据分析技术融合。通过科学构建大数据管理教育模式，对社区矫正对象进行风险预测、行为判断、教育评估、质效评价等。将区块链技术应用于社区矫正管理教育大平台建设，通过系统内数据的纵向互联和横向互联，实现管理教育数据互认、信息共享、决策互助、高效联动、统筹教育。

第三，拓展“智慧矫正”，加强人工智能的融合。利用语音识别、生物特征识别、心理特征识别、人像识别等识别系统，支撑社区矫正教育业务的智慧化应用。通过人工智能分析模型，对社区矫正对象进行准确评估、心理测评、矫正教育分类，制定矫正教育方案。

第四，拓展“智慧矫正”，加强互联移动技术融合。利用互联网及相关先进技术将社区矫正系统延伸到移动端，特别是社区矫正对象移动应用软件、微信小程序等，实现社区矫正“工作在掌上，教育在指尖”的移动式管理，提升社区矫正教育的便捷性。

第五，拓展“智慧矫正”，加强物联网的融合。集成物联网、通信感知等技术，将社区矫正生物识别设备、移动矫正终端、智能穿戴设备、语音视频设备等进行物物相连，实现智能装备与所采集信息的一体化。运用北斗、GPS、Wi-Fi、基站射频识别等定位技术，实现对社区矫正对象的精准定位监管教育。

在社区矫正对象的社会责任教育中，拓展“智慧矫正”就是结合新媒体技术的特征，尤其是生活化情境、角色情境、互动情境、激励情境的创设，能使社区矫正对象更好地融入社会责任认知建构、社会责任情感代入以及社会责任行为激发的过程。

三、打造社会责任教育共同体

以社区矫正对象矫正教育为基点，依照“人类命运共同体”的精神实质，构建社区矫正对象矫正教育共同体，以此培育社区矫正对象社会责任教育的意识，构建以社区矫正对象矫正教育为核心的社会支持体系，共同应对社区矫正对象的矫正教育问题。

（一）建设全媒体传播平台

社区矫正教育的媒介融合，是指传统媒体与新兴媒体的融合。常见媒介融合的形式主要有：一是传统媒体向新媒体迁移。二是门户网站向新媒体延伸。三是新兴多媒体平台向传统媒体形式延伸业务。

社区矫正教育新媒体媒介融合发展，是时代的客观要求。与商业传媒公司不同，社区矫正教育新媒体或因为缺少经费投入，或因为缺乏商业动力，因此，在寻求媒介融合的创新改变上，远远落后于商业市场的步伐。同时，在社区矫正教育传统传播手段向新媒体迁移的过程中，由于缺少新媒体思维，很多社区矫正教育新媒体无非是将传统宣传手段和教育手段发布在新媒体平台，是穿着新媒体外衣的传统传播模式。无论是内容还是表达手法均缺乏足够的吸引力，不能满足社区矫正对象个性化需求。缺乏社区矫正教育媒介融合，不仅使社会责任教育的实效性下降，也削弱了矫正教育的引导力。因此，社区矫正教育媒介融合是优化新媒体环境下社会责任教育有效性的重要保障。社区矫正教育媒介融合无论从本质上还是形式上看，与商业化传媒公司相比，都具有独特性，具体体现在以下几个方面：

从社区矫正教育传播载体看，媒介融合是社区矫正教育传统传播工具与新媒体的融合。无论是传统社区矫正教育载体的使用，还是社区矫正教育的宣传阵地，都需要将教育信息化、宣传信息化向新媒体推进，都需要媒介融合打通教育载体边界。

从社区矫正教育媒介应用看，在数字化生存的背景下，社区矫正教育实现媒介融合是网上网下、网内网外的融合。社区矫正对象的矫正教育工作必然以现实信息技术为依托，以新媒体为信息媒介，信息到达、信息接收和信息交互方面，媒介融合提供了开放式信息系统，优化了教育和宣传效果。

从社区矫正教育传播主体看，媒介融合是社区矫正工作者和社区矫正对象共同参与的信息融合。与传统媒体相比，社区矫正教育新媒体最大的优势就是信息交互性强。社区矫正工作者和社区矫正对象共同参与的信息融合，是在媒介交流互通中实现的。通过社区矫正教育媒介融合，推广新媒体可以通过传统媒体链接实现，传统媒体宣传效果可以通过新媒体回馈。

（二）严控教育话语主导权

社区矫正教育新媒体传播功能的优势主要体现在平等对话机制的构建上。新媒体环境下，社区矫正工作者要主动设置议题，充分运用靶向效应和新媒体涵化功能，把握社区矫正对象矫正教育的话语权，通过全媒体平台传播实现社会责任教育的目标。

传统的社区矫正教育媒体对传播信息具有“把关”权，可以过滤与主流价值观不相符的信息。传统的社区矫正教育是社区矫正工作者对社区矫正对象的主动讲授，社区矫正对象是被动接受，结合社区矫正对象的学习生活状态，采取相应的教育方式和手段。遵循社区矫正对象的思维方式，引导社区矫正对象积极面对问题，及时加以解决。

在社区矫正教育新媒体环境下，由于新媒体互动性较强，针对社区矫正对象特定群体的靶向效应因对话、质疑、争议过程，可能出现消解。但是，在争议的意见分化过程中，常常使一部分社区矫正对象更为坚定地理解了传播者的意图和主张。因此，对于社区矫正工作者而言，靶向效应的理论启发在于并没有恒定的传播效果。因此，在传播过程中必须坚持研究和理解社区矫正对象的群体特征和个体特征，不断动态调整传播策略，才能实现社区矫正教育传播的有效性。

由此，社区矫正教育传播内容生产机制呈现多元化裂变发展态势。在新媒体发展过程中，加强对社区矫正对象的社会责任教育引导，提高社会责任教育的实效性，就必须促进社区矫正教育话语创新。充分运用新媒体平台，展开与社区矫正对象的虚拟对话，共同构建社区矫正工作者和社区矫正对象之间的虚拟认同。在社区矫正教育新媒体网络互动的过程中，作为社区矫正工作者要注意理解和把握社区矫正对象的所思所想，通过新媒体生活情境构建，拉近彼此之间的心理距离。同时还要注意在生活情境下的社区矫正隐性教育，及时把握社区矫正对象思想脉络、掌握社区矫正对象群体流行动向，促进话语创新，以社区矫正对象喜闻乐见的方式与其交流。在自媒体时代，不仅仅是社区矫正工作者，包括其他社区矫正参与者在内，应积极弘扬服务社区矫正对象、服务社会的理念，倡导社会责任意识，引领关于社会责任的讨论，把握社区矫正教育新媒体话语权，促进社会责任教育生活化。

（三）增强社会责任教育实效性

增强社会责任教育实效性，重在社会责任理论教育和实践教育的有机统一。社会责任实践教育是指社区矫正对象通过社区服务、公益劳动、志愿者工作等社会服务学习的形式，将社会责任落实到行动中的教育活动。习近平同志在全国高校思想政治工作会议上强调：“要运用新媒体新技术使工作活起来，推动思想政治工作传统优势同信息技术高度融合，增强时代感和吸引力。”这一要求同样适用于社区矫正教育新媒体技术。在社区矫正教育体系建设中，应充分发挥新媒体技术优势，促进社会责任教育实效性的提升。

第一，运用社区矫正教育新媒体技术优化理论教育模式。关于社会责任理论教育，社区矫正教育新媒体以智慧教育的各种形式、方法和手段，构建以社区矫正对象为核心的教育体系，强化了教育效果，使社会责任认知、社会责任意识入脑入心。

第二，加强社区矫正新媒体文化建设，促进社会责任教育深化。社区矫正文化是社区矫正对象生活的基本场域，社区矫正教育新媒体建设以隐性教育的形式，促进社会责任教育的不断深化。围绕生活化情境，社区矫正文化建设应大力倡导和弘扬法治文化、志愿者文化的发育和形成。随着人工智能技术的不断发展，社区矫正工作还可以基于信息分析技术、个体化识别技术，通过分析社区矫正对象信息检索和信息访问特征，研判社区矫正对象信息获取偏好、网络行为特点以及思想价值倾向，有的放矢地进行信息推送，以潜移默化的方式，促进其社会责任意识的不断提升。

第三，以社区矫正教育新媒体技术创建实践培养管理、评价机制。社会责任教育要通过社区矫正教育新媒体环境，创建社区矫正对象社会责任教育的有效管理体制，确保该项工作顺利进行并取得良好效果。社区矫正机构要积极主动地与社会有关部门加强联系，共同建立健全社区矫正对象社会责任教育的长效机制，营造有利于社区矫正对象社会责任教育的社会大环境。社区矫正教育新媒体技术手段可以有效构建学校、社会的移动平台联动机制，实现协同教育。

在社区矫正对象社会责任教育评价机制的构建中，应注意充分应用新媒体技术，以过程评估代替结果评估，以实时反馈代替结果反馈，使社会责任教育与实践活动真正落实到履行社会责任的行动中。在社区矫正教育新媒体环境下社会责任教育管理系统的构建，将有助于进一步完善社区矫正的管理平台，为推进矫正教育有效性服务。

第九章 法治教育

社区矫正法治教育既是一种制度性法治文化教育，也是一种精神性法治文化教育。社区矫正法治教育的内在旨在提高社区矫正对象的法治意识、使其认同法治价值以及培养其法治精神等法治内涵。法治意识是一种主体意识，是社区矫正对象对自己所享有的法治权利和义务的认知与反思；法治价值则是法治作为一种社会治理状态所能满足其他社会需求的积极作用；法治精神则是社会公平、正义、平等理念进行的法理性阐述。

第一节 社区矫正法治教育的要素、特征和目标

一、法治教育的演变

在我国，法治教育制度的确立，经历了一个长期的过程。1997 年党的第十五次全国代表大会召开，在这次大会上，确立了新的历史时期国家民主法治建设的目标，大会首次提出了“依法治国”的方针，成为我国民主法治建设历程上的一个历史突破点，“依法治国”不但成为国家的治国方针，也成为全社会的共识。此次大会还带来了另一个变化，将沿用多年的“社会主义法制国家”改为“社会主义法治国家”，由“制”到“治”的转变体现了由静态的法律制度到国家综合治理方式的变化。法治教育紧跟时代的变化而变化，“依法治国”的提出，使法治教育在教育内容、教育体系、教育目标等方面都发生了巨大的变化。我国的“法制教育”也进入了“法治教育”的阶段。

1998 年中宣部和教育部联合印发了“两课”课程的实施意见，将《法律基础》课列为大学的必修课程，教学目标是：“‘法律基础’主要是进行社会主义法制教育，帮助学生掌握马克思主义法学的基本观点，了解宪法和有关专门法的基本精神和规定，增强学生的社会主义法制观念和法律意识。”① 自此，法治教育正式进入大学课堂。

2001 年，经过 15 年的普法教育，我国公民的法律意识已大为提升，“依法治国”的实施，改变了法治教育的侧重点。第四个普法教育的五年规划出台，确立了法治教育的新重点，由法律基础知识普及转向公民法治素质提升。“四五”普法规划紧扣我国市场经济体制的需求，将依法治国与法治国家的发展目标作为普法规划的指导方针，通过提高公民

① 中宣部、教育部：《中宣部、教育部〈关于普通高等学校“两课”课程设置的规定及其实施工作的意见〉的通知》，载中华人民共和国教育部网，1998 年 6 月 10 日。

的法律素质，促进社会管理走上法治化道路。“四五”普法规划中明确指出，要在全社会提升社会治理的法治化水平，为此必须提升每个公民的法治素质，领导干部要起带头作用。

2014 年 10 月召开的党的十八届四中全会指出，要“深入开展法治宣传教育”“把法治教育纳入国民教育体系”“把法治教育纳入精神文明创建内容”。这是首次提出“法治教育”这一概念，是继“法制教育”理念之后的一次革新和改变，其内涵也更为丰富和广泛。相对于法制教育而言，法治教育不仅仅是对法律体系和法律制度进行宣传教育，而突出的是对法治理念和法治意识的培育，重视对运用法治思维和法治方式能力的培育。同时，法治教育还强调保障公民权利，使其感受法律的公平正义，树立公民的法律信仰，在 2017 年 10 月召开的党的十九大明确要求“加大全民普法力度，建设社会主义法治文化，树立宪法法律至上、法律面前人人平等的法治理念”“各级党组织和全体党员要带头尊法学法守法用法，任何组织和个人不得有超越宪法和法律的特权”。因此，与法制教育相比，法治教育更重视公民权利的维护和法律信仰的培育。从法制教育到法治教育的转变，不仅是内容的充实和革新，更是我国新时代中国特色社会主义法治建设的一大进步，同时也见证了我国依法治国的进步和发展。

党的十八大以来，党中央在全面推进依法治国，建设社会主义法治国家和对全社会进行普法教育等方面提出具体要求，要求在开展法治宣传教育的基础上不断增强公民法治意识。可见，法治教育成为宣传法律知识，培养公民法治意识、法律能力、法律精神和法律信仰的重要途径和方式。

基于上述法治教育的演变历史，本书将法治教育定义为：法治教育是指教育主体根据国家法治建设需要，以宪法教育为核心，以法律知识和法律适用为基础，以培养公民法治思维和法治方式为方法，以培育公民法治观念、法治精神和法治信仰为目标的教育活动。

二、社区矫正法治教育的要素

社区矫正法治教育是公民法治教育的有机组成部分，既有一般公民法治教育的共性，又有作为罪犯教育的个性。本书从法治知识、法治意识、法治思维、法治行为和法治信仰五个维度进行分析。

（一）法治知识

法治知识是人们对法律科学认识的产物，是人们关于法律的文本、精神、原则、特点、历史发展过程等方面的知识的总和，是产生符合国家需要的法治教育的知识基础，主要包括：一是对一个国家现行法律文本主要内容的了解和掌握程度。社区矫正对象要深刻领悟和掌握法治在现代化建设进程中的关键作用，特别是以宪法为核心的法律基本知识，明确宪法的至高无上性、全局性和根本性地位。同时，社区矫正对象还应当了解和认识包括民法、刑法和行政法等在内的各个部门法在各自范围内的法律适用，以及它们对公民权利和义务做出的具体的规范和要求，明确自身所拥有的合法性、合规性的社会行为。二是对法律概念、法律精神、法律历史、法律基本原则、法律变迁和合法性审查的了解情况。

三是对公民基本权利与基本义务的了解情况。了解其所规定的公民权利与义务、国家与公民、社会与公民、公民与公民等各个层次和各个方面之间的相互关系，以及所作出的明确规定和具体规范。四是对国家机构的了解情况等。培育社区矫正对象具有符合国家和社会主流要求的法治意识，首先就要帮助他们学习法律知识和提高法律素养。

（二）法治意识

法治意识是公民关于法律现象的思想、观念、知识和心理的总称。我国的社会主义法治化建设需要全社会营造懂法、守法、用法的氛围，需要建立法治社会。法治意识是法治社会不可或缺的要素，其培育、形成和发展是其他法治要素得以顺利运行的社会文化和心理基础，直接影响着法治建设和社会治理的实际效果。

培养社区矫正对象的法治意识，首先要树立法律的权威，确立“法律至上”的原则。法律不但为权力的行使确定范围和边界，为权力的运行设定程序和方式，而且是公民权利得以行使的前提和保障。“良法”的制定是公民尊法的前提，只有制定出符合我国国情的“良法”，法律才会更容易被社区矫正对象所接受和认同。在法律的执行上，要做到有法必依，违法必究，法律面前人人平等，防止特权。在法律的实现上，要确保法定利益得到实现。例如，社区矫正对象的受教育权、财产权、劳动就业权、社会分配权等方面的权利要得到切实的实现。

（三）法治思维

法治思维作为分析和解决问题的一种重要的思维方式，它是人们在决策和解决问题的过程中，依据和遵循法治准则来思考、研判和处理问题的思想活动过程，是法治理念在个人层面的具体表现和实际反映。因此，社区矫正对象要具有严谨的法治思维，就是要将法律规范、法治理念和法治标准等在付诸实践过程中，注重以法治思维来对相关问题进行分析、判断、综合和处理。

法治思维最突出的一点就是规则意识明显，以法律的规定来要求自己，思考和决定前以遵循法律为根本出发点，以违法的后果为行为的警戒线。社区矫正对象要依靠规则章程处理事务，对自己所应承担的责任与义务有清晰而明确的认识。社区矫正对象还要能够将法律知识应用于实践。严谨的法治思维有助于社区矫正对象做出科学正确的决定，有效地规避社区矫正对象存在的意气用事、主观臆断，尤其是在情感、道德与法律发生冲突时，能够在法治思维的运用中做出正确的决策，在反复运用中不断提升自身的法治素养，自觉在日常生活中践行法治行为。

（四）法治行为

法治行为就是在社会生活中不仅要自觉地、规范地遵守法律，而且要忠实地崇尚法律，坚定地捍卫法律，养成法治思维和法治方式，形成法治信念和法治信仰。社区矫正对象作为社会公民群体中的重要力量，自觉和忠实地崇尚社会主义法治文化，始终对法律怀有敬畏之心，以崇高的法治信仰、坚定不移的法治信念和昂扬向上的法治风范，做尊法的表率。同时，面对各种藐视、损害、破坏和践踏法治的行为，要勇于大胆发声，坚决斗争，具有良好的守法和护法功能，由此以点带面，促使全社会和全民都以崇尚法治之心，共同成为尊法、守法和护法的倡导者、推动者和践行者。首先，社区矫正对象要以法治行为参与到全面依法治国的行列，秉持法治理念和法治思维，参与国家和社会治理。其次，社区矫正对象要有强烈的权利意识和防范意识，具备运用法律保障个人权益的能力，要知法、信法和用法，用法律擦亮眼睛，提高用法治明辨是非的能力，运用法律武器维护个人权益的能力，从而在复杂多变的新时代生活中提高用法能力。

（五）法治信仰

习近平总书记指出："法律的权威源自人民的内心拥护和真诚信仰。"① "之前，我们通常提的是学法尊法守法用法，我反复考虑，觉得应该把尊法放在第一位。只有内心尊崇法治，才能行为遵守法律。只有铭刻在人们心中的法治，才是真正牢不可破的法治。"②拥有坚定的法治信仰，就是要给法治教育以理念涵养和信念保证，使其具有强大的精神支柱和思想支撑。它是对法律所持有敬畏和崇尚之情，决定着人们对法治的信任和认同态度，影响着人们在工作和生活中的法治实践行为。社区矫正对象要拥有坚定的法治信仰，就要在充分认知的基础上，对法治产生强烈的认同感、高度的信任感，在此基础上具有强烈的法治情感，具有理性的自觉意识，运用法治方式理性解决问题。

首先，这就要求社区矫正对象要将法治认知转化为强烈的法治认同感，深刻掌握和领会法治内涵的思想意蕴和价值观念。其次，社区矫正对象要在忠诚和信任法治的基础上形成强烈的法治情感，社区矫正对象要从内心深处对法治充满信任、信心和尊重，自觉树立法治至上的观念，自觉地产生对法治的深厚情感和信赖之情。最后，社区矫正对象要在运用法治解决问题中拥有理性的敬畏观念，社区矫正对象要根据内化的法治意识和原则要求，积极主动地合理调控自我行为，始终在精神上和行为上对法治的认同和敬畏保持一致。

三、社区矫正法治教育的特征

在信息技术快速发展，社会信息化、网络普及化、文化多元化的社会背景下，社区矫正对象的法治意识不断增强，法治教育趋向信息化、多元化与复杂化特点。社区矫正对象法治教育也呈现出自身的特征。

（一）基础性

法治教育的基础性是指社区矫正法治教育在社区矫正对象综合素养培育中具有基础性

① 习近平：《中共中央关于全面推进依法治国若干重大问题的决定》，载《人民日报》2014 年 10 月 29 日第 1 版。

② 习近平：《在省部级主要领导干部学习贯彻党的十八届四中全会精神全面推进依法治国专题研讨班上的讲话》，载《习近平关于全面依法治国论述摘编》，中央文献出版社 2015 年版，第 131 页。

作用，是社区矫正对象综合教育的组成部分。社区矫正对象综合教育还包括形势政策教育、道德规范教育、思想政治教育、文化知识教育、社会责任教育、职业技能教育、社会适应教育等，而法治教育在其中具有基础性作用，它是社区矫正对象适应社会生活的必备知识和素质。卢梭说："人生来是自由的，但却无处不身戴枷锁。"① 此处的"枷锁"指规范人们行为的法律规则。遵守和尊重法律是社区矫正对象作为公民获得自由、享有权利的前提。充分理解并遵守法律规则，是社区矫正对象一切行为的基础，这种对法律和规则的遵守与认同正是社区矫正对象个人法治素养的体现，也是法治教育具有基础性作用的体现。法治教育有利于引导社区矫正对象形成自觉守法、遇事找法、解决问题靠法的意识，有利于锻炼社区矫正对象运用法律协调现实利益冲突、解决问题的能力。另外，社区矫正对象作为社会特定群体，其法治教育水平的高低也是一个社会整体法治教育水平高低的反映。所以说，社区矫正对象的法治教育在教育改造的整体工作中具有基础性。

（二）知识性

法治教育的知识性是指社区矫正法治教育是对社区矫正对象开展法律规则、法律制度、法律原则、法律观念、法律认知、法律行为、法律精神、法律信仰和法律情感等法律知识的传授与教育，即社区矫正对象"懂法"教育。只有先懂法，而后才能守法用法。知识性是社区矫正对象开展法治实践、法治行为的前提，也是促使其树立法律精神、法律信仰和法律情感的条件。在当前对社区矫正对象进行矫正教育过程中，设置了法律知识教育的内容，为社区矫正对象提供了了解和认知法律知识的渠道，有利于提高社区矫正对象的法律知识水平，促进社区矫正法治教育的进一步发展。

（三）统一性

法治教育的统一性是指社区矫正法治教育针对社区矫正对象群体的共同特性，在教育主体、教育方案、教育内容、教育形式、教育评估等方面，统一进行规划设计，统一开展教育活动的特征。首先，社区矫正对象群体是受到法律惩罚的对象，按照《社区矫正法》的要求，统一接受法治教育是他们应尽的法定义务。在接受法治教育的条件、时间和空间上，具有法律的规定性。因此，社区矫正对象法治教育的普遍性体现为其整体上的法定性。其次，从社区矫正对象犯因性问题看，社区矫正对象群体普遍存在法律知识不足、法治教育状况低下、法律权利与法律义务认知错位等问题，具有普遍的法治教育的心理基础。

（四）实践性

法治教育的实践性是指社区矫正法治教育，不仅在于知识的传授，法治理念和法律意识的建立，而且重在社区矫正教育改造中运用法律维护其正当权益，使法律成为社区矫正对象社会生活的重要内容。通俗地说，就是引导社区矫正对象正确"用法"的特性。法律

---

① ［法］卢梭：《社会契约论》，李平沤译，商务印书馆 2011 年版，第 4 页。

的生命力在于实施，法律的权威也在于实施，法律的有效实施是社区矫正对象法治教育的重点与难点。当前，社区矫正对象运用法律武器维权的事件报道常见于媒体，这正是社区矫正法治教育实践性的典型体现。社区矫正法治教育的实践性除了强调引导社区矫正对象“用法”之外，还强调“用好法”。正确运用所学的法律知识利人利己，而错误运用法律知识甚至钻法律的漏洞、投机取巧、为非作歹，则是对法律的亵渎和侮辱，是对法治教育实践性和法治教育目标的背离。

四、社区矫正法治教育的目标

社区矫正对象法治教育的目标是指通过各种教育途径与方法，期望达到的具体化的教育目标。社区矫正对象法治教育的总体目标是使社区矫正对象树立宪法至上意识、党的全面领导意识、基本权利意识、权力监督意识和遵守规则意识。本书从认知、情感、行为、发展四个方面设定社区矫正对象法治教育的具体目标，目的在于促进社区矫正对象全面了解法治知识，确立法治理想，进而生成法治情感，激发遵法守法的意志，对宪法和法律实施进行正确评价，形成法治信仰。

（一）认知目标

认知目标是指在社区矫正对象法治教育工作中，社区矫正对象对宪法的内容、特点、历史发展过程等方面要达到的目标，是产生符合国家需要的法治教育的知识基础。这一目标是社区矫正对象法治教育的基础性目标，能够为实现其他目标奠定基础。

（二）情感目标

情感目标是指在对社区矫正对象法治教育的过程中，社区矫正对象对宪法和法律实施产生的接受、肯定、喜爱、依恋、内化等。社区矫正对象法治教育目标中必须进行法治信仰教育，即社区矫正对象在对法治全面了解和认同的基础上，发自内心地向往和遵从法治，主动维护法治权威，形成法律至上意识。影响社区矫正对象法治教育中情感目标的重要原因包括社区矫正对象对法治怀疑、冷漠、情感欠缺，因此，明确情感目标，是社区矫正对象法治教育的重要内容。

（三）行为目标

行为是社区矫正对象个体对内部和外部刺激做出反应的方式。行为目标指社区矫正对象在社区矫正和社会生活中，在受到内部和外部刺激后，所做出的行为反应想达到的目标。行为目标是认知目标和情感目标在行为方面的体现，是社区矫正对象法治教育中必须达到的目标。

（四）发展目标

发展目标是指在社区矫正对象法治教育过程中，期望社区矫正对象达到的良好的状态，成为更加适应社会发展、更加符合社会期望、更加能够推动全面依法治国的公民。社区矫正对象法治教育发展目标的设定是在当前法治教育现状基础上，把握全面推进依法治国，建设社会主义法治国家的发展目标，促进社区矫正对象法治教育整体提高。主要包括：一是成长性目标。社区矫正对象法治教育是社区矫正对象综合素质的重要组成部分，鼓励社区矫正对象积极用法治思考问题，积极投身全面依法治国伟大实践。二是再社会化目标。社区矫正对象法治教育再社会化目标，主要是指培养符合全面推进依法治国要求的社区矫正对象。社区矫正对象法治教育再社会化，一方面要求社区矫正机构、社会力量等通过各种教育和实践途径，帮助社区矫正对象不断学习法治相关知识，感受法治实施的情况，增强对法治的信任、信心和信仰；另一方面要根据社区矫正对象的矫正教育需要，引导社区矫正对象将自己的个体法治教育在社会实践中转化为实际的行动，即将法治教育外化于行，创设符合新时代发展要求的社区矫正对象法治教育的路径和方法。

第二节　法治教育的内在机理、功能和路径

一、社区矫正法治教育的内在机理

社区矫正法治教育、法治文化建设、法治社会实践、法治主题教育等需要树立先进的教育工作理念，用先进的工作理念构建法治教育工作体系，保障社区矫正法治教育高质量发展。

（一）以法的价值培育为主导

坚持以法的价值培育主导社区矫正法治教育工作。社区矫正法治教育体现了社区矫正对象认同、尊崇法的基本价值，法的基本价值在社区矫正对象的人生历程中，起到重要的价值主导作用，保障其始终沿着正确的方向在教育转化的道路上行稳致远。树立价值培育主导的理念，就是要重视法治价值观的主导作用，将工作重心由法律知识传授转向法治价值观培育，实现从重视法律知识、制度到重视法律价值、精神的转变，以法治价值观培育主导法治教育工作。

坚持以法的价值培育主导教育方法。我国传统的社区矫正对象法治教育方法以灌输为主，缺乏对社区矫正对象情感体验的关注，没有很好达到情境式、浸润式的效果，社区矫正对象法治教育的过程较为被动，法治教育的针对性和时效性不强。坚持以法的价值培育主导工作方法，就是要变灌输为主导，增强社区矫正对象在受教育过程中的主体性体验，丰富法治主题教育，加强法治实践，营造良好的法治文化氛围，激发社区矫正对象的主动性和创造性。

（二）以统筹协调为合力

社区矫正法治教育工作是一项系统工程，是社区矫正教育改造工作的一个子系统。依

据系统论的观点，系统本身所具有的结构性特征，要求系统内各子系统处于协调发展的状态，这就要求在法治教育工作中树立统筹协调的理念。

第一，社区矫正对象作为一个价值培育主体，其综合素质可以视为一个系统，包含了思想道德素质、科学文化素质、法治素质等内涵，当前社区矫正对象素质教育重视思想道德和科学文化教育，相对忽视法治教育，可以说，社区矫正对象法治素质的短板，限制了社区矫正对象教育改造工作。因此，应树立统筹协调的工作理念，从系统的角度关注社区矫正对象各方面素质水平的提升，使之处于统筹协调发展的状态，只有各方面素质统筹协调共进，社区矫正对象才能真正领悟法治教育的价值，自觉担负起自我改造的重任。

第二，社区矫正法治教育工作也是一个系统，包含工作主体、教育对象、教育内容、教育载体等要素，涉及教育理念、教育规划、实施方案、绩效评价等环节，需要以统筹协调的理念统筹兼顾，以社区矫正对象这一教育对象为中心，以法治教育为主线，多主体协同参与，坚持全人教育工作理念，建立健全评价反馈机制，协调推进社区矫正法治教育。

第三，社区矫正法治教育属于社区矫正对象教育改造这一大系统，这就要求统筹协调教育改造资源，协调推进法治教育工作与其他方面的工作，合理配置资源，适当补强法治教育工作的短板。

（三）以多元联动为基础

社区矫正法治教育是一项系统的、长期的工作，除公安机关、法院、检察院、监狱管理机关、司法行政机关等直接参与主体外，还涉及家庭、学校、社会团体、社会组织、社会企业、社会志愿者等多个间接主体。在多主体参与下，法治教育工作不是孤立存在的，而是互相影响、互相依赖的，所以，应树立多元联动的理念。

第一，社区矫正机构与直接参与主体的联动。这是《社区矫正法》和《社区矫正法实施办法》规定的法定参与主体，联动的目的主要是工作的协调和衔接。

第二，社区矫正机构与家庭的联动。社区矫正机构和家庭是社区矫正对象学习生活的主要场所，是社区矫正对象法治教育的主要阵地，但二者呈现出显著不同的性质和特征，家庭教育和社区矫正机构教育在时空上具有交替往复的关系，注重并形成家庭和社区矫正机构联动机制，有助于二者形成教育合力，能有效拓宽社区矫正对象法治教育阵地，构建良性发展、互相促进的格局。

第三，社区矫正机构与社会团体、社会组织等间接参与主体的联动。社区矫正对象法治教育要注重理论教育和实践教育相结合，社区矫正机构是理论教育的主阵地，同时发挥重要的实践教育功能，社会团体、社会组织等间接参与主体则与之形成互补，是重要的辅助力量，一方面社区矫正机构可以利用社会团体、社会组织等间接参与主体，增强法治教育的力量；另一方面社区矫正机构可以组织、优化社会力量，拓展社区矫正对象参加法治实践的途径，增强法治实践教育的实效。同时，社区矫正机构还要与地方党委、政府建立深度合作关系，共同做好政策、制度的顶层设计，充分借助基层村委会、居委会等自治组织、企事业单位、基层社区的平台和资源开展法治实践，协同指导、共同评估，使法治理论教育促进法治实践的开展，以法治实践反哺法治理论和精神，促进社区矫正对象法治教育水平不断提升。

第四，社区矫正对象之间的联动。要重视社区矫正对象之间对法治教育的重要作用，不同于社区矫正机构与社区矫正对象的纵向教育管理关系，社区矫正对象之间的横向关系更有利于实现教育成效。要形成社区矫正对象之间法治教育的联动，积极提供、拓展法治教育平台、交流分享平台，充分发挥社区矫正对象法治宣讲的示范引领作用，以法治理论与实践的先进榜样，带动社区矫正对象群体共同发展进步。

（四）以创新驱动为动力

社区矫正法治教育工作要坚持创新驱动的理念，在教育目标、工作内容、方法载体、评价机制上进行创新驱动。

第一，在法治教育目标上创新驱动。社区矫正法治教育并非法律人才的专业培养，因而传统的法律知识传授仅仅只是手段而非目的，法治教育旨在引领社区矫正对象信仰法的基本价值，培育法律认同和法治情感，内化于心并外化于行，实现法律知识、法治价值观和法治能力三位一体协同发展。

第二，在法治教育工作内容上创新驱动。传统社区矫正法治教育主要注重法制教育，但是单纯的法律知识教育无法真正提高社区矫正对象的法治素养水平，法治教育工作要以法制教育为基础、法理教育为重点、法治思想教育为核心，努力构建理论和实践相结合的育人体系。

第三，在法治教育方法载体上创新驱动。在利用好、发挥好传统法治教育载体的基础上，拓展课堂外、教材外的方法载体，在法治教育目标转变的要求下，借助微视频、微宣讲等形式讲好中国法治故事，传递法治价值观；充分利用网络平台，开展全方位、全过程的法治教育；加强社区矫正对象法治实践，让社区矫正对象在更多实践中领会法治精神。

第四，在评价机制上创新驱动。社区矫正对象法治教育工作的评价机制要与工作目标、工作内容等相适应，要更加重视法治实践，重视过程评价，重视社区矫正对象法治体验，突出法治价值观塑造和知行合一教育成效。通过调查与统计，了解社区矫正对象在社会活动中有关的行为样态与尊法、崇法状况，科学、精准评价社区矫正对象法治教育的实际效果。

二、社区矫正法治教育的功能

社区矫正法治教育的目的是培养具备扎实法治知识、较高法治意识、良好法治思维、较强法治实践能力的社区矫正对象，进而实现社区矫正对象德法兼修、全面发展。社区矫正法治教育从内涵上集中体现为社区矫正对象对法治知识的掌握程度，不仅能促进社区矫正对象个体的全面发展，而且能作用于法治实践，从而转化为外在力量助推全面依法治国的建设。因此，社区矫正法治教育作为指引和规范社区矫正对象行动的精神指南，是社区矫正对象维护正当权益、促成德法兼修，从而促进自身全面发展的内生动力，是推动法治国家建设的重要基础，是实现良法善治和社区矫正治理法治化的重要方面。

（一）维护正当权益

社区矫正法治教育的目的之一就是让社区矫正对象对法的产生、本质、运用等加深理解并对法律法规进行准确把握。而法律规范属于人们日常生活的基本准则，因此，社区矫正法治教育的首要功能就在于引导社区矫正对象合法地参与社会生活、依法行使权利和自觉履行义务。通过合法的途径维护自身的正当权益，则是社区矫正对象回归社会后积极参与社会生活的应有之义。

社区矫正对象作为权利主体，既享有宪法法律规定的公民一般权利，如人身自由权、平等权等基本权利，也享有专门性法律规范赋予的各项权利。只是在社区矫正对象享有的权利中，由于被判刑，权利受到剥夺或者限制。《监狱法》第 7 条明确规定了罪犯在社区矫正期间依法享有的权利。《社区矫正法》第 4 条第 2 款规定："社区矫正工作应当依法进行，尊重和保障人权。社区矫正对象依法享有的人身权利、财产权利和其他权利不受侵犯，在就业、就学和享受社会保障等方面不受歧视。" 维护权益的前提是要明确何为正当权益，否则将无法分辨自身合法权益是否受到侵害，不利于社区矫正对象合法权益的维护。

社区矫正对象应对侵犯权利时能否自觉运用法律手段维护自身正当权益，即是否对自身正当权益进行积极追求和是否合法使用维权手段，是社区矫正对象是否具有较高法治教育水平的评判尺度。社区矫正对象具备较高的法治教育水平，才能在应对侵权行为时，根据现实情境认清事件的性质并做出正确的法律判断，并采取合法手段保障自身的正当权益。

社区矫正对象维护自身正当权益，也必须采取合法的途径。这包含两个方面，首先，社区矫正对象须认识合法的维权途径，并为合法维权收集相应证据。因此，社区矫正对象法治教育的作用就在于明确维权的合法途径。其次，教育和告知社区矫正对象要敢于通过合法途径维护正当权益，维护社会公正。

（二）促进法治修养

习近平总书记指出，"法律是成文的道德，道德是内心的法律，法律和道德都具有规范社会行为、维护社会秩序的作用"。① 对社区矫正对象进行法治教育，其道德水准也会随之提高，逐渐成为具备一定法治修养的遵纪守法的公民。

法律是底线的道德，是具有国家强制力约束的行为规范。道德规范的合理内核也可以通过立法的形式融入法律，2016 年 12 月中共中央办公厅、国务院办公厅印发的《关于进一步把社会主义核心价值观融入法治建设的指导意见》明确提出要"把社会主义核心价值观的要求体现到宪法法律、法规规章和公共政策之中，转化为具有刚性约束力的法律规定"②。道德规范也可以上升为法律规定，如平等、诚信、公正等道德要求，经过法定程

① 习近平：《加快建设社会主义法治国家》，载《求是》2015 年第 1 期。

② 参见《关于进一步把社会主义核心价值观融入法治建设的指导意见》，载《人民日报》2016 年 12 月 26 日。

序，就可以成为法律规定，被赋予了国家强制力。正如习近平总书记强调的，“法律是底线的道德，也是道德的保障”①。因此，要推动道德修养和道德行为朝着健康有序的良性方向不断发展。

社区矫正法治教育是理论与实践的有机结合，不仅蕴含着依法参与社会活动的实践内涵，更讲求平等、正义、诚信和友善等社会主义道德的价值。社区矫正法治教育的功能还在于将这些道德价值与法律理念相贯通。在我国经济社会深刻变革的大背景下，社区矫正对象易受西方思潮的影响，应教育引导社区矫正对象践行平等、公正、诚信等道德价值准绳，自觉履行法定义务和社会责任，培养和造就“德法兼修”的新时代遵纪守法的公民，激发法治修养的内生动力和活力。

（三）保障全面发展

教育的根本任务是培养全面发展的时代新人。2018 年 9 月 10 日，习近平总书记在全国教育大会上的讲话中指出“培养德智体美劳全面发展的社会主义建设者和接班人”②。社区矫正法治教育对于社区矫正对象坚定法治信仰、丰富法治知识、加强品德修养、涵养诚信品格、增强综合素质等方面均有促进作用。所以，法治教育具有引领社区矫正对象全面发展的功能。人的一切法律行为都是在一定的法治教育的支配下进行的。具备良好法治教育的社区矫正对象在意识到自己是作为法治主体、独立的行为人而存在时，能自觉学习相关法律法规，并按自身需求积极运用合法手段争取正当权益，把自身的法治教育转化为满足自身的生存与发展的实践活动，从而保护和促进自我的全面发展。

社区矫正对象接受良好的法治教育，有助于维护自身的正当权益成为良善之人，有助于充分实现自身的价值，有助于激发自身的潜能。因而，社区矫正法治教育无论是作为一种精神存在，还是其转化为实际的物质力量，都是社区矫正对象教育转化的必然要求，是实现德智体美劳全面发展的重要因素。换言之，社区矫正的法治教育质量和水平将直接影响到社区矫正对象的全面发展。

（四）推动法治建设

社区矫正等法治教育是社区矫正法治化建设的精神动力，社区矫正法治化建设的进程，也是法治教育逐步深入社区矫正对象内心的过程。社区矫正法治教育关系到全面依法治国的战略布局。卢梭指出，“各种法律之中最重要的一种，这种法律既不镌刻在大理石上，也不是镌刻在铜表上，而是铭刻在公民们的心里”③。习近平总书记曾强调：“法律要发挥作用，需要全社会信仰法律。”④ 如果没有社区矫正法治教育的支撑，法律将仅仅是冷冰冰的迫使社区矫正对象服从的工具。因此，社区矫正法治教育工作，是要激发每一位

① 习近平：《习近平谈治国理政（第二卷）》，外文出版社 2017 年版，第 134 页。

② 习近平：《坚持中国特色社会主义教育发展道路 培养德智体美劳全面发展的社会主义建设者和接班人》，载《人民日报》2018 年 9 月 11 日。

③ ［法］卢梭：《社会契约论》，李平沤译，商务印书馆 2011 年版，第 61 页。

④ 习近平：《习近平关于全面依法治国论述摘编》，中央文献出版社 2015 年版，第 88 页。

社区矫正对象对法律的尊重和认同，从而使法律在社区矫正对象群体中获得影响力和感召力，从而推动社区矫正法治化建设。

社区矫正法治教育，既能促进社区矫正对象个人法治活动的能动性及自身的全面发展，也能为推进社区矫正法治建设提供强有力的支撑。社区矫正法治教育能够逐步让社区矫正对象拥有社会正义观和正确的价值判断，并能将这种价值判断转化为现实的行动规范。以法治教育作为导引，使社区矫正对象认同法律，自觉做到尊法、学法、守法、用法，遵守社会秩序，保卫社会安全，助力全面依法治国建设。

三、社区矫正法治教育的路径

社区矫正法治教育，要坚持主渠道与主阵地建设协同联动，建设好坚强有力的社区矫正法治教育阵地，线下网上阵地协同发展，与全社会的法治教育同频共振，形成强大的教育合力。

（一）提高法律教育质量

“法律要发挥作用，需要全社会信仰法律。”① 培育社区矫正对象法治素养，首先要从法律教育入手，让社区矫正对象真正做到尊法、学法、懂法。但法律教育不能仅仅满足于此，更要进一步教育引导社区矫正对象守法、用法、信法。换言之，法律教育不仅仅要让社区矫正对象学习法律知识，更要增强法治观念、树立法治思维，从而推动社区矫正对象法治信仰的确立。有效推动社区矫正法治教育，需要在社区矫正法治教育体系、法治教育内容、法治教育方式等方面与现代信息技术高度融合。首先，要提高社区矫正法治教育的质量，不仅向社区矫正对象传授法律知识，而且要培育他们的法治信仰。其次，法治教育要与其他矫正教育相结合，将法治教育贯穿于社区矫正对象日常生活中。最后，要大力应用现代信息技术的优势，集中打造精品课程，实现资源共享。

（二）推进法治实践教育

社区矫正法治教育的目的是让社区矫正对象在学法信法的基础上，在实践中尊法、守法、用法，实现知行合一。

第一，法治教育必须重视实践。习近平总书记指出，“要坚持知行合一，注重在实践中学真知、悟真谛，加强磨炼、增长本领”②。一方面，实践可以让社区矫正对象将法律活学活用，真正在实践中应用。另一方面，任何知识的学习都离不开环境，法律知识的学习更加离不开我国的国情。实践可以帮助社区矫正对象以法律的视角观察社会，认真了解具体国情，通过实践反思自己所学知识，真正做到学懂、学深。

---

① 习近平：《严格执法，公正司法》，载《十八大以来重要文献选编（上）》，中央文献出版社2014年版，第721页。

② 习近平：《在知识分子、劳动模范、青年代表座谈会上的讲话》，载《人民日报》2016年4月30日。

第二，理论学习与实践是法治教育中不可或缺的两个部分，一个是基础性的工作，一个是培育素养的关键。两者需要密切结合才能产生更为显著的效果。在丰富多彩的法治教育活动中，让社区矫正对象的法治能力得到提升，这既可以检验社区矫正对象在社区矫正中所学法治知识的掌握程度，也可以通过丰富多彩的法治实践活动激发社区矫正对象的学习兴趣。

第三，法治社会实践决定法治精神。法治主体的法治意识、法治信仰和法治精神的产生，只能从相应的社会法治实践中去追根溯源。社会法治实践决定了法治信仰和法治精神的内涵与外延。因此，要在社区矫正对象法治教育基础上加强法治实践教育，进一步拓宽法治实践渠道，通过社会法治实践为社区矫正对象法治教育奠定坚实基础。

（三）普及网络法治教育

习近平总书记指出，“互联网是一个社会信息大平台，亿万网民在上面获得信息、交流信息，这会对他们的求知途径、思维方式、价值观念产生重要影响，特别是会对他们对国家、对社会、对工作、对人生的看法产生重要影响”①。网络已经成为社区矫正对象获取法治知识、交流法治信息、共享法治资源的重要平台。社区矫正对象的法治认知、法治思维、法治方式、法治观念、法治意识、法治情感、法治行为等，受网络上各种思维方式、价值观念的影响，因此，加强社区矫正法治教育阵地建设，必须重视网络阵地的作用和影响。

一方面，坚持法治教育内容为主，重视网络法治教育资源的建设。网络改变了人们的日常生活，也改变了人们的学习方式，学习不再被局限于一时一地，而是随时随地都可以接收大量的知识信息。但依靠网络进行学习的首要前提是网络上有足够丰富的法治教育资源。所谓网络法治教育资源可以是法治课程的视频，可以是法治著作的电子文档，也可以是法治案件的纪录片，甚至可以是法治话题的讨论区。将法治教育资源引入网络，可减轻传统课堂的学习压力，拓展法治知识的传播渠道。

另一方面，坚持多措并举，进一步加强社区矫正法治教育的网络阵地建设。以官方法治媒体为主导，鼓励发展法治自媒体，丰富法治教育题材内容，提高法治宣传质量，形成多层次多维度的法治宣传网络矩阵。加强法治主旋律，充分利用网络渠道讲授法治知识、讲好法治故事、促进法治实践，占领社区矫正法治教育的网络高地。持续激发网络活力，积极引导网络舆论，加强网络空间治理，发展网络舆情和网络违法犯罪活动的监测预警技术，建立健全网络监管、舆情引导等制度，营造充满活力、风清气正的法治网络空间，保障网络成为社区矫正对象法治教育的重要阵地。

（四）培育社区矫正法治文化

培育社区矫正法治文化，要教育和引导社区矫正对象加强对中华优秀传统法律文化的学习、传承和发展，坚定法治文化自信。要善于运用微信、微博、微视频等网络信息技术

① 习近平：《在网络安全和信息化工作座谈会上的讲话》，载《人民日报》2016年4月26日。

优势，鼓励、支持和引导社会组织和公民创造导向鲜明、形式新颖、质量精湛的法治文化产品，加大高质量法治文化产品的供给。

第一，要强化社区矫正法治文化建设。文化是一个国家、一个民族的根与魂。“文化自信是一个国家、一个民族发展中更基本、更深沉、更持久的力量。”① 法治文化对社区矫正对象的法治教育发挥着潜移默化的塑造作用。社区矫正法治教育需要着力建设社区矫正法治文化，充分发挥社区矫正法治文化对社区矫正对象法治素养的培育塑造作用。

第二，提升社区矫正法治文化产品质量。要鼓励、支持和引导人们创造优良的社区矫正法治文化产品，不断丰富社区矫正法治文化载体，开拓社区矫正法治实践渠道，营造社区矫正法治文化氛围。

第三，加强社区矫正法治主题教育。法治主题教育是提升社区矫正对象法治素养的重要方式，相比于传统的法律知识讲授，更加注重法治情感、法治精神、法治信仰的培育。加强社区矫正法治教育阵地建设，需要进一步挖掘法治主题教育的内涵，充分发挥法治主题教育的作用，将法治主题教育作为矫正教育的主要内容贯穿社区矫正法治教育阵地建设始终。

（五）社区矫正对象的自我养成

社区矫正对象法治意识水平不仅取决于法治教育、法治环境，还取决于社区矫正对象自身学习法治知识的主动性，取决于社区矫正对象尊法、懂法、用法的实践。只有社区矫正对象主动接受教育并将知识内化为行动，才能真正达到教育的效果。一是社区矫正对象要主动学习法律知识。社区矫正对象由于犯罪而受到法律的惩罚，虽然从中掌握了一定的法律知识，但是缺乏更深入的了解，也没有形成完整的、系统的知识体系，因而社区矫正对象必须不断学习法律知识，更好地促进自身法治意识的形成。二是社区矫正对象要养成法治思维。法治思维作为一种习惯性思维，社区矫正对象应该在生活、学习中培养自己的法治思维习惯。社区矫正对象法治思维的过程，就是理解和运用法律方法的过程。法治思维的形成过程也贯穿于法治意识的形成过程中，在法治思维的不断提高过程中，法治意识也在不断地增强。二者是相互促进的。三是社区矫正对象要形成法治信仰。法治信仰是人们对于法律秩序内含的伦理价值的认可以及对于法治的信任和尊崇。缺少法治信仰，法治的各个环节都难以达到预期的效果，因此法治意识培养的重要内容之一就是要培育社区矫正对象的法治信仰，这有助于社区矫正对象逐渐形成尊法、守法的理念，把法律当成规范自身行为的准则，并发自内心地认可法律，提升自身的法治意识。四是社区矫正对象要参与法治实践。法治实践是将法治知识运用到实际生活中的重要途径。社区矫正对象自觉参与到社会法治实践之中是提高自身法治意识的方式之一，只有实现知行合一，才能真正起到法治意识教育的效果。

---

① 习近平、刘云山等：《党的十九大报告辅导读本》，人民出版社 2017 年版，第 22 页。

第十章 行为矫正

社区矫正对象是因其行为触犯法律而受到法律处罚的。这种违法行为或犯罪行为不是天生的，而是后天习得的，是社区矫正对象个体与社会环境、社会文化交互作用产生的。对社区矫正对象的违法行为或犯罪行为进行矫正是社区矫正的内容之一。此外，一些社区矫正对象在违法或犯罪行为形成过程中，还具有一些行为恶习，这也属于社区矫正的范围。在社区矫正过程中，社区矫正对象还需要养成良好的行为习惯。因此，行为矫正在社区矫正活动中具有重要的作用。

第一节 行为矫正的原理、特点和内容

行为矫正，通常指的是依据学习原理处理行为问题，从而引起行为改变的一系列客观而系统的方法。本节主要介绍行为矫正的理论基础、基本原理，以及行为矫正的特点、内容和措施。

一、行为矫正的理论基础

行为主义理论是以疾病或变态行为形成的理论模型为基础的，其目的是要消除那些内部的病理变化。建立在心理学行为主义理论之上的行为模型认为：人的变态行为就是他的心理病理变化本身，其矫正的目的就是要消除或者至少要显著地减少这些经常出现的不受欢迎的行为。在某种特殊条件下经常出现的行为反应，称为习惯。它涉及个体的多种心理过程。然而，在个体的成长过程中，个体也可能通过学习获得那些不利于他的生存和发展的不适应行为或不良习惯。尽管这类不良习惯在我们人类的行为反应中并不是非常普遍地存在着，但是有些不良习惯却可能给行为者造成极大的烦恼或痛苦。

行为矫正的目的，就是要消除这些习得的、非适应的或不良的行为习惯。它与其他矫正教育的区别在于：行为矫正是以心理学中有关学习过程的理论和实验证据为基础的。著名的行为矫正学家沃皮将行为矫正定义为：使用通过实验而确立的有关学习的原则和方式，克服不适应的行为习惯的过程。

人格心理学家艾森克也曾为行为矫正下过定义。他提出，不适应行为可以分为两类，一类是行为表现的过剩，如酗酒、吸毒、性变态、强迫思维等；另一类是行为表现的不足，如缺乏社交技能、焦虑、恐惧等。艾森克认为，按照学习理论，行为矫正实质上是一个非常简单的过程，在条件化的行为反应是过剩的情况下，矫正就是要消退这些反应；而

在条件化的行为反应是不足的情况下，矫正就是要建立那些缺失的刺激—反应之间的联系。

因此，行为矫正从一开始就是植根于实验的发现之中的。它的基本理论主要来自行为主义的学习原理，其中主要包括经典的条件反射原理、操作条件作用原理和模仿学习原理三个部分。

我们在对社区矫正对象进行行为矫正时，虽然所做的某些工作与其他类型的工作有相同的地方，但是，只有社区矫正工作者在实际使用来自学习原理的方法时，才能称得上是在进行行为矫正。同时，社区矫正工作者使用这些方法的目的在于削弱和消除社区矫正对象的非适应性行为，建立和加强适应性行为，在有些情况下是二者兼有。

二、行为矫正的基本原理

行为矫正，就是要“利用通过各种实验而确立的有关学习的原则和方式去克服不适的行为习惯”。各种行为矫正所具有的共同特点是：(1) 行为矫正只是针对当前社区矫正对象有关的问题进行，至于揭示问题的历史根源，自知力或领悟力通常被认为是不重要的。(2) 行为矫正是以特殊的行为为目标的，这种行为可以是外显的也可以是内在的。那些被改变了的行为通常就被看作是症状的表现。(3) 行为矫正的技术通常都是从实验中发展而来的，即以实验为基础。(4) 社区矫正工作者根据每个社区矫正对象的问题和本人的有关情况采用适当的行为矫正技术。

行为矫正理论有两个基本的假设：其一，如同适应性行为一样，非适应性行为也是习得的，即个体是通过学习获得了不适应的行为。但要注意一点，并非所有行为变化都是学习引起的。其二，个体可以通过学习消除那些习得的不良或不适应行为，也可以通过学习获得所缺少的适应性行为。

值得注意的是，我们在对社区矫正对象进行行为矫正过程中，要注意以下几个方面：

第一，注意社区的特定环境，对社区矫正对象的行为矫正的进度要适当、有序。进度过快，不易使社区矫正对象适应，易产生各种各样的矫正阻力，欲速则不达；进度太慢，则不易有效地剔除不良行为，或者强化某一行为。

第二，在对社区矫正对象进行行为矫正过程中，应结合社区矫正的整体工作，给社区矫正对象以适当的奖惩。这是因为：奖励可以向社区矫正对象传递一种能够刺激其产生兴奋反应的信息，从而影响社区矫正对象的心理与行为。因此，奖励是社区矫正对象心理发展的诱发剂和强化剂，促发社区矫正对象的感情，诱发其动机，引导其心理活动沿着所期望的方向发展。而作为相反手段的惩罚，则能够向社区矫正对象传递一种刺激其产生抑制作用的信息。从而改变社区矫正对象所固有的、为社会所否认的一些情绪和情感体验，并进一步摒除不良的心理品质和行为。

第三，应依据社区矫正对象的实际情况，确定适当的矫正目标，避免出现无的放矢或诊断有误的情况。社区矫正是一个特定的社会矫正措施，在对社区矫正对象进行诊断或矫正时，必须充分考虑每个社区矫正对象的具体情况，切忌照搬照抄已有的经验模式。

第四，注意培养社区矫正对象的动机。任何一个社区矫正对象，都是具有自身的动机的，并且基于自身的复杂性，其动机也是多种多样的。因此，注意培养社区矫正对象的良好动机，有利于行为矫正的有效实施。

三、行为矫正的分类和特点

对社区矫正对象行为矫正的分类，本书依据行为的表现形式，将其分为四类：

第一类是一般越轨行为，是指违反一定社会的行为准则、价值观念或道德规范为社会公众所否定的行为。主要包括：一是不适当行为。指违反特定场合的特定管理规则，但对社会并无重要损害的行为。此种行为虽会引起众人的不满，但通常不会受到正式惩罚。二是自毁行为，是指违反社会规范的自我毁坏或自我毁灭的行为，诸如吸毒、酗酒、自杀等。三是不道德行为，是指违反人们共同生活行为准则的行为，此种行为通常会受到舆论的谴责。四是反社会行为，是指对他人与社会造成损害以至造成破坏但不构成犯罪的行为。

第二类是违法行为，是指违反了社会管理的行政法律和法规、行政规章制度，情节轻微，构不成犯罪的行为。

第三类是行为障碍，是指由于心理疾病所产生的严重影响社会生活，或者对社会产生危害的变态行为。主要指人的知觉、思维、情感、智力、意念及人格等心理因素的异常表现，也指因精神疾病、心理变态导致的违反社会规范的行为。在心理学中，也称为心理变态、心理异常、心理障碍等。其实，这些概念之间的含义是有区别的。变态或接近变态的表现形式有多种，可根据不同的标准或其严重程度分类。按心理过程或症状，可分为感觉障碍、知觉障碍、注意障碍、记忆障碍、思维障碍、情感障碍、意志障碍、行为障碍、意识障碍、智力障碍、人格障碍等。

第四类是犯罪行为，指违反刑事法规而应受刑事处罚的行为，它与反社会行为同属最严重的越轨行为，但并不是所有的反社会行为都构成犯罪行为，只有那些触犯刑法的反社会行为才是犯罪。

对社区矫正对象的行为矫正是社区矫正工作者依据有关法规，运用行为管理的科学知识，有针对性、有目的地矫治社区矫正对象的违法行为、越轨行为、犯罪行为以及一些行为恶习，使其养成良好的行为习惯的活动。它具有以下特点：

（一）合法性

行为矫正是对社区矫正对象的犯罪行为、违法行为、越轨行为、行为恶习等实施的矫正活动，要求必须遵循法律法规和社区矫正制度的规定开展，对社区矫正对象的行为进行限制和约束，不得超越法律的规定，要尊重和保障社区矫正对象的合法权益。这是行为矫正正当性的前提和基础，任何超越法律法规的规定所实施的矫正方法、矫正措施和矫正项目都是非法的。

（二）规范性

规范性是指行为矫正的标准、规则、原则等对社区矫正对象的生活和行为所具有的某种主导意义。以人为本，尊重社区矫正对象的人格是行为矫正的基本理念，只有在此前提下才能开展行为矫正活动。这就要求在行为矫正活动中，尤其是应用心理学的基本理论和技术，对社区矫正对象开展的行为矫正，必须遵守心理测验、心理咨询、心理矫正等的技术规范、行为规范和规则。

（三）被动性

在矫正教育过程中，社区矫正工作者依法矫治社区矫正对象的违法行为、犯罪行为以及一些行为恶习，规范其行为习惯，使其养成良好的行为举止，这一过程是依法强制进行的。在行为矫正过程中，社区矫正对象的行为受到约束，在法律的强制下不得不接受行为矫正。因此，社区矫正对象在行为矫正过程中表现出来的行为是一种被动性活动，具有被动性的特点。一旦无人监督，可能会故态复萌。只有在养成良好的行为习惯后，这种被动性才能逐渐消失。

（四）长期性

社区矫正对象的违法行为、犯罪行为及行为恶习是在个体因素与社会环境交互作用下，经过长期演变逐渐形成的。对其违法行为、犯罪行为及行为恶习进行矫正需要较长的时间，尤其是一些恶习较深的社区矫正对象的行为矫正所需要的时间更长。此外，对社区矫正对象进行行为矫正还要使其养成良好的行为习惯，这就更加需要时间来使社区矫正对象学习、巩固良好的行为习惯。

四、行为矫正的内容

如果要对个体开展行为矫正，必然包含四个方面的内容：观察、测量和评估个体当前可观察到的行为模式；确定环境中的先前事件和行为发生之后的结果；建立新的行为目标；通过控制所确定的先前事件和行为结果，促进新行为的学习或者改变当前的行为。

针对社区矫正对象的行为矫正，主要应包括以下具体内容：

（一）文明礼貌行为矫正

主要是针对社区矫正对象粗野的言语、野蛮的行为，目的是使其养成文明的言谈举止。这是因为一些社区矫正对象在其犯罪行为、违法行为、越轨行为形成过程中，逐渐养成一些行为恶习，表现之一就是言语粗野、行为野蛮。对其言语和行为的社区矫正就是通过持久的行为规范，使其逐渐养成在言谈中习惯使用文明语言，在举止上习惯礼让他人、尊重他人，以文明礼貌为荣。使社区矫正对象的文明礼貌行为自觉化。主要要求：一是社区矫正对象着装美观大方的外在形象美，二是社区矫正对象文明礼貌和谐相处的言行美，三是社区矫正对象品德高尚精神饱满的内在美。通过文明礼貌教育制度的建设和实施，转化并形成浓厚的社区矫正“礼仪”文化，塑造社区矫正对象的形象美、语言美、行为美。这样，就能提升社区矫正对象的文明礼貌文化素养。

（二）助人为乐行为矫正

主要是针对社区矫正对象损人利己的行为，通过矫正使社区矫正对象养成助人为乐的行为习惯。这是因为一些社区矫正对象在其极端个人主义思想的支配下，逐渐形成了一些损人利己的行为习惯。这些损人利己的行为习惯既是其违法犯罪思想的外在表现，也是其违法犯罪行为组成部分之一。对社区矫正对象的损人利己行为进行矫正，使其逐渐养成帮助他人解决困难，助人为乐的行为习惯是行为矫正的内容之一。助人为乐行为矫正的总目标：一是社区矫正对象在自己与他人、集体、社会利益相冲突时，在对他人、集体、社会的存在和发展具有更大意义的时刻能够无私利他，牺牲自我；二是社区矫正对象在利益一致时能够为己利他，并且使为己利他的助人行为超过其行为总和的一半。培育社区矫正对象助人为乐精神就是要培养社区矫正对象在对社会的道德风气起正向影响作用的情境下，在日常行为中总能奉行为己利他的助人为乐精神基本目标，甚至达到无私助人的最高目标。

（三）爱护公物行为矫正

社区矫正对象爱护公物行为矫正是指社区矫正对象通过个人修养的自我完善，以自我约束为前提，对公共财物自觉地维护和保持其正常使用功能的行为矫正活动。主要是通过社区矫正对象爱护公物教育逐渐培养社区矫正对象的生活习惯，是社区矫正工作中矫正教育的主要目标。在社区矫正对象群体中，不遵守社会公德，破坏公物是一些社区矫正对象具有的行为恶习之一。对社区矫正对象进行社会公德教育，使其认识到保护社会公有财产是每个公民的义务之一，并逐渐养成爱护公物的行为习惯，自觉地履行公民爱护公物的义务。

（四）遵纪守法行为矫正

主要是针对社区矫正对象的不遵纪守法行为，通过矫正使之养成遵守法律、自觉维护公共秩序的行为习惯。社区矫正对象行为的违法性是其本质特征。社区矫正对象具有的不遵纪守法行为是行为矫正的主要内容之一，对社区矫正对象的日常行为进行规范，使其逐渐形成自觉遵守法律、自觉维护公共秩序的行为习惯，对每个社区矫正对象都具有极其重要的意义。

（五）行为障碍或疾病的行为治疗

社区矫正对象行为障碍是各种心理过程障碍的结果，可由各种原因产生。通常按其表现分为精神运动性抑制与精神运动性兴奋两类。人的行为大部分是受意志控制的自主行为，小部分是不受意志控制的不自主行为；大部分是学习来的习惯性行为，小部分是与生俱来的本能性行为，但人的本能性行为（如饮食行为、性行为）也受思想影响。行为障碍可见于各种疾病，可为功能性或器质性，但许多行为障碍无特异性。许多行为障碍与思维、言语、情感障碍有紧密联系。①

第二节 行为矫正的具体措施

在这里，行为矫正的措施，是指对社区矫正对象一般越轨行为、犯罪行为、违法行为、行为恶习等的矫正措施。行为矫正是一件非常艰巨的事情，必须经过长期的、艰苦的教育、训练与养成过程。这主要是因为，行为是受思想支配而表现在外面的活动。因此，对社区矫正对象不良行为的矫正，必须转变他们的思想、观念、行为习惯。社区矫正对象的不良行为是在长期的不良生活中养成的，并已经成为习以为常的自然习惯，因此，要使他们的不良行为习惯转变成好的行为习惯，必须要把艰苦的、耐心的转化工作和优良行为习惯的训练结合起来。

依照《社区矫正法》的规定，对社区矫正对象的社会适应性训练与指导主要包括：一是对社区矫正对象的就业就学帮扶。第 37 条规定："社区矫正机构可以协调有关部门和单位，依法对就业困难的社区矫正对象开展职业技能培训、就业指导，帮助社区矫正对象中的在校学生完成学业。"二是对社区矫正对象的继续教育帮扶。第 38 条规定："居民委员会、村民委员会可以引导志愿者和社区群众，利用社区资源，采取多种形式，对有特殊困难的社区矫正对象进行必要的教育帮扶。"三是对帮助社区矫正对象的企业事业单位、社会组织的政策支持。第 41 条规定："国家鼓励企业事业单位、社会组织为社区矫正对象提供就业岗位和职业技能培训。招用符合条件的社区矫正对象的企业，按照规定享受国家优惠政策。"四是对社区矫正对象的社会救助。第 43 条规定："社区矫正对象可以按照国家有关规定申请社会救助、参加社会保险、获得法律援助，社区矫正机构应当给予必要的协助。"由此，开展职业培训和就业指导等教育矫正活动，既是教育矫正的手段，也是对社区矫正对象进行社会适应性训练，提高其社会适应能力的重要方式。

一、强制性的矫正措施

对社区矫正对象实行强制性矫正措施，一方面是因为社区矫正对象不能自觉地遵守法律和纪律，不能自己管理自己，不能自觉地改掉恶习，所以必须在强制的条件下进行矫正工作；另一方面是因为社区矫正对象的行为具有很大的危害性和破坏性，不采取强制措施，就不能规范他们的行为，不采取强制措施，就会给社区矫正工作造成混乱，造成危害。因此，对社区矫正对象不良行为习惯的矫正，必须采取强制措施严格监督管理。

（一）建立严密的组织，培养其组织性

建立严密的组织的主要目的，是要培养社区矫正对象的组织性、纪律性，培养其组织观念、纪律观念，矫正无政府主义、分散主义、小集团主义和个人主义思想，矫正违法乱

① 360 百科：《行为障碍》，网址：https://baike.so.com/doc/236572-250284.html，访问时间：2021 年 8 月 2 日。

纪的恶习。

严格监督管理，主要是建立社区矫正机构的监督管理体系。对社区矫正对象依照法律法规的规定，建立组织管理体系，即按社区矫正对象的性别、年龄、罪错性质，分别管理和矫正；根据矫正教育、公益活动和矫正教育中的不同需要，建立学习、劳动、生活组织；根据社区矫正对象在社区矫正期间的表现，分为好、中、差三等，实行分级管理等。这样，使社区矫正对象的活动都有组织、有秩序地进行，使他们的学习、生活、活动形成规律，从而培养社区矫正对象良好的行为习惯，培养他们的组织纪律观念。

（二）建立严格的纪律，规范其行为

所谓严格的纪律，就是将社区矫正对象的一切活动，都限制在规章制度和纪律所允许的条件下进行。建立严格纪律的主要目的：一是使社区矫正对象每天的生活都有科学的安排，有规律地进行；二是使社区矫正对象的言行都有一定的准则约束。同时，也是使管理工作都依照制度和纪律规定办事，要法治，不要人治，防止社区矫正工作的随意性。这就是说，严格的纪律，不仅是用来矫治社区矫正对象不良行为和恶习的，同时也是规范社区矫正工作，约束社区矫正工作者的措施。通过严格的制度与纪律，培养社区矫正对象遵纪守法观念，同时也使社区矫正工作者养成依法办事，照章办事的习惯，增强纪律性，防止随意性，养成执法、守法观念以及严于律己的品德。

二、文明行为与民主精神培育

依法治理、加强文明建设，是社区矫正管理工作的重要原则。依法治理，主要是依照法律法规及司法行政部门规定的原则与要求办事，做到科学、民主、文明。按照规定，社区矫正机构要实行民主管理，让社区矫正对象在宽松的、民主的环境中生活。定期召开民主管理会议，依照法律规定，保证他们的权利和义务，让他们享有充分的学习权利、劳动权利、休息权利，保护其人格尊严不受侵犯的权利。

社区矫正机构的管理工作是很重要的文明建设，也是养成教育工作。因此，在管理工作中，必须把严格管理同民主管理结合起来，把监督管理同保障合法权益结合起来，把严格教化同说服教育结合起来。

三、社区矫正工作者以身示范

社区矫正工作者也是教育工作者，要做到为人师表。教育工作者的神圣职责，是不仅要言传，而且要身教，要以身示范。

从教育学的角度来看，教育者的身教胜于言传，因为，教育者的模范行动，是具体的、是现实的，是受教育者看得见的、最可信的，因此，对社区矫正对象的感染力，是言传所不及的。言传只能是书本上的知识和道理，从理论到现实，还要经过实践的过程。要让社区矫正对象相信理论，并按照理论指出的方向去做，还要有实践的过程，也就是从思想到行动还有一段距离。因此，身教比起言传更直接、更真实，作用会更大。所以，历来

教育家都特别重视教育工作者的示范作用，特别强调教育者要首先受教育。在行为矫正教育中，在一定程度上社区矫正对象的思想、行为转化质量的优劣，是社区矫正工作者对其影响的结果。所以，社区矫正机构把提高社区矫正工作者的思想政治素质、文化素质、业务工作水平和管理工作水平，作为转化工作的重要一环。

在从严管理的方针指导下，制定严格的社区矫正工作者的管理制度和纪律，做到令行禁止。不准社区矫正对象做的错误行为，社区矫正工作者首先不做，用自身的模范行为以身示范，进行潜移默化、耳濡目染的感化。同时，社区矫正工作者自己的模范行为是取得社区矫正对象的信任，受到社区矫正对象尊重的重要条件，只有自身能以身示范，充分发挥“为人师表”的表率作用，才会在社区矫正对象心目中树立威信，自身的矫正教育才有说服力，才有感染力。因此，社区矫正工作者的模范行为，成为社区矫正机构培养社区矫正对象文明行为与良好的生活习惯的重要举措。

四、应用公益活动，培养社区矫正对象社会责任行为

《社区矫正法》第 42 条规定：“社区矫正机构可以根据社区矫正对象的个人特长，组织其参加公益活动，修复社会关系，培养社会责任感。”从这一规定看，组织社区矫正对象参加公益活动是选择性行为，而不是强制性行为，重点在于发挥社区矫正对象的个人特长，来“修复社会关系，培养社会责任感”。《社区矫正法实施办法》第 44 条规定：“执行地县级社区矫正机构、受委托的司法所按照符合社会公共利益的原则，可以根据社区矫正对象的劳动能力、健康状况等情况，组织社区矫正对象参加公益活动。”在实务工作中，具体要求：一是要制定公益活动的计划及考核办法。执行地县级社区矫正机构应当按照符合公共利益、社区矫正对象力所能及、可操作性强、便于监督检查的原则制定社区矫正对象参加公益活动的计划及考核办法。二是合理安排。执行地县级社区矫正机构、受委托的司法所按照公益活动规划和考核办法，根据社区矫正对象的年龄、性别、健康状况、劳动能力、技能水平、个人特长、正常工作生活需要等情况，合理安排活动内容和方式。公益活动可以集中组织，也可以分散进行，由社区矫正机构或者受委托的司法所提供公益服务事项，鼓励社区矫正对象自愿认领。三是对于年满 60 周岁、被暂予监外执行、身体残疾或者患有严重疾病，以及其他特殊原因不能参加公益活动的，一般不安排其参加公益活动。四是社区矫正机构对积极参加公益活动、表现突出的社区矫正对象可以进行表扬，作为对其有益社会行为的鼓励。在法律规制下，组织社区矫正活动的根本目的，在于培育社区矫正对象的社会责任认知、社会责任意识、社会责任情感和社会责任行为。

第三节　行为矫正的技术

在这里，行为矫正主要是指对行为障碍的矫正，主要是运用心理学的理论和技术，由专业人员开展的对社区矫正对象的行为障碍进行矫正的活动。由于在矫正教育中，参加的主体种类繁多，在本书中统称为社区矫正工作者，因此，实施行为矫正的社区矫正工作者

特指从事心理咨询和心理治疗的专业人员。

一、强化疗法

我们在对社区矫正对象的矫正教育过程中，往往有意无意和不知不觉地在进行各种强化活动，如表扬、关注、奖惩等。而行为矫正所说的强化却与之不同，是系统地运用强化手段去增进社区矫正对象某些适应性行为而减弱或消除某些不适应行为的方法。同样，强化的方法也是建立在可操作性条件作用的原理之上的，它认为某一行为若得到奖赏，那么以后这个行为重复出现的频率就会增加；反之，得不到奖赏的行为出现的次数就可能会减少。在强化的时间间隔方面也遵循可操作性条件作用的原理。

强化的类型包括四个方面：一是正强化。为了能建立一个适应性的行为模式，运用奖励的方式，给予一个好刺激，使这种行为模式重复出现，保持下来。二是负强化。为引发所希望的行为出现，当所禁止的行为出现时，就对其进行指责，一旦所禁止的行为消失，立即停止对其指责和批评，使其去掉一个坏刺激。三是正惩罚。施加一个坏刺激，就是当不适应的行为出现时给予处罚的一种方法，往往是给社区矫正对象一种感到不快的刺激，如批评、扣分等。这种惩罚必须使社区矫正对象明白，其受惩罚的原因是什么，意义要明确，时间要适应。四是负惩罚。就是指去掉一个好刺激，这种惩罚比正惩罚更为常用。即社区矫正对象不适当行为出现时，不再给予原有的奖励，比如积极改造的社区矫正对象可以被表扬，甚至减刑，但是对于行为规范达不到要求的社区矫正对象，就要受到批评，甚至是训诫。无论是哪种类型的强化，其具体方法包括以下几种：

（一）行为塑造法

行为塑造，就是行为心理学家在个体已有的行为方式的基础之上去建立个体的新的行为方式。因为个体每一个动作都在数量和质量两个维度上发生变化。一个声音可以有音调和响度上的变化，一个动作可以有方向、方式、力量或持续时间上的变化。社区矫正工作者对社区矫正对象的行为塑造，就是要通过选择一个已经存在的反应中的某个变量，对它朝向期望方向的变化给予强化，建立起新的行为反应，它由一系列的选择性奖励和消退程序组成。

在行为塑造方法的应用中，要注意制定适当的目标，比如，要塑造社区矫正对象的什么行为，每一步应怎么做。可以每一步都制定出给予强化的标准，但这一标准要适当，不可过高或过低，如若定得太高了，社区矫正对象通过努力达不到，就需重新做些调整，把标准降下来一些，反之亦然。另外，要有意营造利于社区矫正对象出现此行为的环境。在行为矫正过程中，社区矫正工作者可创造良好的矫正气氛，帮助社区矫正对象一步步接近目标。同时，对社区矫正对象进行行为塑造时还应注意以下几点：

第一，从观察需要帮助的社区矫正对象开始，找出社区矫正对象经常出现的行为反应，寻找这种行为反应的前因和后果，注意可利用的反应的类型和持续时间等变量。

第二，根据观察到的资料，考虑塑造的最终行为目标是否能从社区矫正对象现有的行为反应中衍生出来。如果答案是肯定的，那么就要考虑朝向最终目标的第一步是什么。

第三，确定达到第一步的评估标准。在确定标准时，可以将行为反应分为通过的和没有通过的两类。

第四，改变环境条件造成社区矫正对象有表现被期望的反应的最大可能性。如果被期望的反应涉及其他的社区矫正工作者，在进行行为塑造时，应该有他们在场。

第五，强化那些通过的行为反应，不强化那些没有通过的行为反应。使用的强化物应该是对社区矫正对象最强有力的。

第六，不断地改变中间过程的行为目标，使其接近最终的行为目标。如果一个中间行为目标经过反复强化，总也不能满足通过的标准，就应该考虑是否可以适当降低这个中间行为目标。

第七，在塑造过程中，应该注意使用言语、姿势和手势等作为线索。

（二）代币管制法

代币管制法是一种利用强化原理促进更多的适应性行为出现的方法。适用于社区矫正环境条件下矫正教育社区矫正对象的不良行为习惯，并建立良好行为反应。这是使用有形的可以得到实物奖励的正强化的方式之一。代币指的是可以在某一范围内兑换为物品的证券。它可以有许多形式，如小红旗、小铁牌、本子上的记录等。社区矫正工作者用代币作为奖赏物，强化社区矫正对象的期望行为，然后，社区矫正对象可以用挣得的代币在指定的地点换取自己所需的物品，或者得到某种奖励。在社区矫正对象行为矫正过程中，直接使用此法的机会可能很少，但社区矫正工作者可将此法教给社区矫正对象本人，或应用于集体行为矫正之中，或者把行为矫正与社区矫正工作结合起来运用。

（三）正强化的方法

正强化的方法指的是对一个希望产生的行为给予奖赏，以增加该行为发生的可能性，具有奖赏效用的强化物称为正性强化物。食物、钱、支配性、赞扬、感情、减刑等在社区矫正环境中都可以成为正性强化物。在运用过程中，社区矫正工作者可根据社区矫正对象的具体情况，用社区矫正对象个体的高频率行为强化他的低频率行为，使低频率行为的发生次数增加。

在行为的形式上，正强化的技术的效用是显而易见的。从斯金纳箱子里的鸽子的啄食反应，到人类生活中最复杂的行为，无不如此。在社区矫正对象行为矫正过程中，我们不难见到这样的情况：有些社区矫正对象小偷小摸成癖，当个人欲望不能得到满足时，就采取小偷小摸这一越轨行为，即使在社区矫正环境条件下，也难以改变。如果我们想改变社区矫正对象的这种不良习惯，就要对社区矫正对象提出一系列的要求，若社区矫正对象达到某一要求，我们就给予一定的奖励，如此反复，对新的行为给予持久的奖赏，就会逐步取代旧的行为，当然，我们必须做到，社区矫正对象的旧行为必须得到抑制，若出现必须给予惩罚。

在使用正强化的方法时，应注意以下几点：第一，被强化的行为应该先出现。第二，强化要适宜。给社区矫正对象某些强化时，要注意这种强化物对对方的影响，要能够起到社区矫正工作者所希望的强化作用。第三，强化要及时、一致。越及时越好，强化时意义要明确，只有及时、一致的强化，才能发挥其最大作用。第四，在建立行为阶段，应该对期望行为的每一次表现给予强化。第五，在反应形成阶段，应该采取间隔或部分强化程序。第六，对一种行为有强化作用的刺激，对另一种行为没有强化作用。第七，强化的标准要逐渐增高，强化的次数要逐渐减少。当社区矫正对象的适应性行为稳定地出现时即可逐渐减少正强化的次数，或只在其又有进步时才予以强化。另外，强化亦可由实物渐次变为言语，先采用效果明显的强化物，再逐步改为言语的强化。

（四）消退的方法

消退的方法是指对不适应的行为不予注意，停止对该行为的强化，从而使该行为渐渐消失的治疗方法。利用消退方法的假设是：注意是一种强化，许多不良行为是由于受到了注意而加强的，因此，要消除该行为，只要在该行为出现时不再给予注意，就可能使该行为消退。

使用消退方法应把握以下要点：第一，在消退不良行为的同时，社区矫正工作者应注意强化社区矫正对象的好的行为；第二，我们消除的刺激应该是对社区矫正对象有强化作用的；第三，在消退的开始阶段，社区矫正对象的不良行为可能会更多地出现，以便引起关注，但一定要坚持下去，最终会有效果；第四，对社区矫正对象的自我伤害行为或攻击性行为，不易用消退的技术，因为消退往往需要很长的时间。

二、冲击疗法

（一）什么是冲击疗法

冲击疗法是行为治疗中暴露疗法的一种，就是社区矫正工作者把社区矫正对象发生恐怖反应的某事物或某刺激在其面前再次呈现、猛烈刺激，从而使社区矫正对象对此事物或刺激的恐怖反应逐渐消退。为了使社区矫正对象在治疗中更快地收到疗效，可以把某事物或某刺激整天暴露在社区矫正对象面前，对社区矫正对象采取持续不断地猛烈的刺激，使社区矫正对象由于不停地受到刺激而使恐怖反应在短期内由于高度紧张而渐趋消退，从而在短时间内治好社区矫正对象的不良行为反应，这就是冲击疗法，又称满灌疗法或情绪冲斥疗法。

（二）冲击疗法的理论基础

冲击疗法的基本理论认为，传统的放松疗法和辅助药物并不能一劳永逸地消除社区矫正对象的不良行为反应，而是将不良行为反应暂时隐藏，一旦出现诱发因素，不良行为反应将再度出现。因此，治疗的最好方法就是让社区矫正对象反复地面对他们最恐惧的场景，通过这种强烈的心理冲击，使社区矫正对象对于外部压力产生适应感。

冲击疗法强调快速地、长时间地将社区矫正对象感到恐惧的刺激物暴露在其面前，此时社区矫正对象常会有强烈的情绪反应，当然，冲击疗法也可逐渐暴露。

许多研究表明，冲击疗法可被用于包括抑郁症、恐怖症、强迫症和精神分裂症等行为反应。分析表明，这些不良行为反应所具有的一个共同特点是“害怕”。因此，冲击疗法的理论依据可能与行为主义心理学的恐怖症模式有关。恐怖症的最有影响力的行为模式是“习得模式”。这个模式认为，恐怖症是通过条件反射学习得来的，社区矫正对象的恐惧反应是不认识的、非自主的。一种刺激物，由于它与恐惧的心理体验在时间上的多次联系，而逐渐变成恐惧反应的条件性刺激物。此后每当这个刺激物出现时，都会引起恐惧的情绪反应。每当社区矫正对象感到恐惧时，通常都会作出逃避的行为反应——远远地离开这个令他感到恐惧的刺激物。随着社区矫正对象与该刺激物间距离的加大，社区矫正对象的恐惧体验便逐渐减弱。反过来，恐惧体验的减弱又会强化社区矫正对象的逃避行为。这种强化被称作“负强化”。从而就形成了一个恶性循环，其结果是社区矫正对象对这个刺激物产生持续的和不必要的（或不合理的）恐惧，不得不采取回避的行动。为了能事先避开这个刺激物，社区矫正对象对与这个刺激物有关的一切事物和提示都变得极为敏感。如患广场恐怖症的社区矫正对象最初可能只对空旷的场所感到恐惧，但久而久之社区矫正对象不仅害怕一个人待在空旷的场所，而且害怕一切空间，如怕上街，怕进电梯、教室等。

根据恐怖症的习得模式，要治疗恐怖症就必须打破上述的恶性循环。可采用的行为技术之一就是冲击疗法，即让社区矫正对象直接面对引起他高度焦虑和痛苦的情境、事物或思想，而不允许他逃避。虽然开头常常会造成强烈的恐惧反应甚至惊恐，但随着暴露时间的延长，恐惧反应却会逐渐减弱。最后，该刺激物同恐惧反应间的联系就会消除，恐怖症便也随之被解除。

上述关于冲击疗法理论基础的解释是行为治疗者中有代表性的看法。但也有人发现，在对许多患恐怖症的社区矫正对象的病史调查中，找不到与恐怖症产生有关的创伤性经历，因而难以用条件反射学说或习得模式进行完全合理的解释。认知行为治疗者认为，具有恐怖症的社区矫正对象的恐惧反应是以错误的认识和诱发焦虑的自我暗示为中介的，正是由于社区矫正对象对刺激物作出与它的性质不相称的错误判断和评价，才导致他对该刺激物产生不必要的恐惧。患恐怖症的社区矫正对象有选择性地害怕一些事物、不害怕另一些事物，便是对认知派观点的一个有力的支持。

还有人认为，在某些恐怖症（如社交恐怖症等）的形成与发展中，也应当考虑到人际冲突的作用。临床观察显示，在这些恐怖症的产生与发展中，社区矫正对象的人际关系起着重要作用；不良或不适当的人际关系不仅可以在其他因素的共同影响下促发恐怖症，而且可以阻碍对恐怖症的治疗。众所周知，某些社区矫正对象的恐怖症状之所以不能被解除，往往是与社区矫正对象周围的人对社区矫正对象的态度有关：敌对或过分注意社区矫正对象的恐惧行为都不利于恐怖症的消除。

著名心理治疗专家巴劳认为，心理病人的问题不是痛苦本身，而是他们面对痛苦的态度。巴劳说，在理想状态下，他能让焦虑病人在5~8天内就消除症状，85%的病人经过几个月的治疗后感受良好。

（三）冲击疗法的一般原理

恐惧行为是一种条件反应。某一事物或情境在一个人身上所引起的恐惧体验会激发他产生逃避行为，而不管此事物或情境是否真的构成了对他的威胁。这种逃避行为导致恐惧体验增强，从而起着负性强化作用，反过来增强其逃避行为。因此专家们认为，与其逃避，不如让社区矫正对象面对恐惧的刺激，这就是冲击疗法。

（四）冲击疗法的适应症

冲击疗法一般可适用于抑郁症、恐怖症、强迫症、精神分裂症、焦虑症的社区矫正对象。但在具体运用时，还要考虑社区矫正对象的文化水平、受暗示程度、发病原因和身体状况等多种因素。对于体质虚弱、有心脏病、高血压和承受力弱的社区矫正对象，不能应用此法，以免发生意外。

（五）冲击疗法的治疗步骤

第一，确立主要治疗目标。要认真找出引起社区矫正对象恐怖焦虑的事物、人物或场景，以便安排系统的主攻方向。

第二，向社区矫正对象讲明治疗的意义、目的、方法和注意事项，要求高度配合，树立坚强的信心和决心。尤其要求社区矫正对象暴露在恐怖情况中不能有丝毫回避意向和行为，且最好取得家属配合。

第三，治疗期间应布置“家庭作业”，不断训练，巩固治疗效果。

第四，社区矫正工作者可采用示范法，必要时可与社区矫正对象共同进行治疗训练，鼓励社区矫正对象建立自信，大胆治疗，促进暴露。

第五，学会系统肌肉放松法等训练方法，在做好充分思想准备的情况下进行冲击治疗。

（六）使用冲击疗法应注意的问题

冲击疗法速度快、效果好，但并不是所有的社区矫正对象都愿意接受这种疗法。因为在治疗过程中，社区矫正对象将会感受到很强烈的精神紧张与痛苦，有时会难以坚持下去而放弃治疗，所以在治疗开始前必须要做好充分的解释工作，并在社区矫正对象精神紧张与痛苦时，教会他如何进行松弛，使之消除紧张，这样才能使冲击疗法收到佳效。

对于那些心理脆弱不堪的社区矫正对象，可能不适合这种疗法，愿意接受冲击疗法的社区矫正对象都必须能勇于面对现实。

三、厌恶疗法

（一）什么是厌恶疗法

厌恶疗法就是应用一种惩罚性的厌恶性刺激通过直接作用或间接想象，来消除或减少一种不合意行为的方法。

（二）厌恶疗法的适应症

厌恶疗法常用于治疗酒癖、性行为变态、强迫观念、吸毒、过度吸烟、赌博、犯罪行为等与行为过剩有关的行为矫正技术。通过对社区矫正对象的条件训练，使其形成一种新的条件行为，以此消除社区矫正对象的不良行为。在治疗时，厌恶性刺激应该达到足够强度。通过刺激确能使社区矫正对象产生痛苦或厌恶性反应，治疗持续的时间应为直到不良行为消失为止。例如，对具有强迫观念的社区矫正对象用拉弹橡皮圈的方法治疗，在头几天，当社区矫正对象强迫观念出现时，要接连拉弹30~50次，才能使症状消失。另外要求社区矫正对象要有信心，主动配合治疗。当行为矫正有进步时，社区矫正工作者要及时鼓励社区矫正对象，必要时最好取得社区矫正对象家人的配合，效果会更好。

（三）厌恶疗法的一般原理

厌恶疗法是将某种不愉快的刺激与对社区矫正对象有吸引力的，但是不受社会欢迎的行为活动联系起来，使得社区矫正对象最终因感到厌恶而放弃这种行为。例如，酗酒者保持大量地喝酒的习惯，因为酒精的作用能为他带来暂时的愉快。通常的社会化过程对酗酒者来说，不能使他形成有节制的饮酒行为，这就需要特别帮助。为此，社区矫正工作者可以让其使用呕吐药剂，如服用吐酒石，或注射缩水吗啡、吐根碱等，在其即将出现恶心反应时，让其饮酒。如此每日进行7~10次，直到他在没有使用药物的情况下，见到酒也出现恶心反应为止，即形成对酒的厌恶情绪反应。

（四）常见厌恶疗法

在行为治疗中，常见的厌恶刺激可分为三种类型：物理刺激、化学刺激和想象中的厌恶刺激。例如，电击是一种物理厌恶刺激，药物是化学厌恶刺激。那么，与此相对应，这里我们主要介绍电击厌恶疗法、药物厌恶疗法和想象厌恶疗法。

1. 电击厌恶疗法。电击作为厌恶刺激曾被广泛应用于动物实验中，在临床上也有应用。电击厌恶疗法十分简单，也容易控制产生厌恶反应的精确时间和大小程度。这一技术可被用于治疗罪犯中的性变态、酗酒、吸烟以及一些神经症等。使用电击装置可按以下程序进行：

第一，在社区矫正机构的心理咨询和治疗室，让社区矫正对象想象某一情境，如开始饮酒。当社区矫正对象想象清楚这一行为时，抬起食指向社区矫正工作者示意。社区矫正工作者立即对社区矫正对象施以电击。然后休息几分钟，再进行第二次。每次治疗的时间为20~30分钟，在此期间内反复进行，治疗的次数可以从每日6次变成每两个星期一次，视具体情况而定。使用中，对社区矫正对象施加的电击强度须能引起足够的疼痛，但应该是社区矫正对象能够忍受的。因此，需要根据社区矫正对象和治疗情况的进展，在治疗前和治疗中，随时调节电击强度。在决定选用电击的强度大小时，社区矫正工作者应让社区矫正对象自己做选择。

第二，在条件许可的情况下，可把电击装置让社区矫正对象带回家中，社区矫正对象在实际情境中自己电击自己，让他们这样做是十分重要的，因为有的行为让社区矫正对象在社区矫正工作者面前进行想象不易做到，如手淫。在家中，社区矫正对象可以在独自一个人的情况下想象不良行为，当自己产生不良行为的念头时，立即自己电击自己，直到自己对不良行为的念头产生厌恶感为止。

2. 药物厌恶疗法。由于呕吐反应容易形成对食物的条件反射，药物厌恶疗法多用于矫正与吃有关的行为障碍。比如，用药物厌恶疗法治疗酗酒的社区矫正对象，是先让社区矫正对象服用呕吐药物，如吐根碱等，然后，让社区矫正对象饮酒。这样治疗7~10天后，社区矫正工作者可以单独提供含有酒精的饮料，以检查治疗的效果。治疗效果好的话，仅是闻到含有酒精的饮料，社区矫正对象便产生恶心的感觉。在一项关于用药物厌恶技术治疗酒精中毒者的研究报告中，研究者发现，4096名接受了治疗的病人中，38%的病人治疗后戒酒达5年以上，23%的病人治疗后戒酒达10年以上。然而，这种方法需要占去社区矫正工作者大量的时间。这种治疗技术也可用于治疗其他行为障碍。例如，某社区矫正机构曾运用该方法治愈了一位患恋物癖的社区矫正对象。该社区矫正对象在犯罪被判刑之前就有恋物的变态心理，曾多次偷窃女性的内衣并加以收藏，常在夜深人静时，把女性内衣穿在身上自我欣赏，据该社区矫正对象说，当女性内衣穿在其身上时，其往往会产生极度的性兴奋。不良行为反复出现，其千方百计偷窃女性内衣，并带回家中收藏起来。针对该社区矫正对象的这种情况，社区矫正工作者收集了一些女性内衣用来刺激该社区矫正对象。治疗时，社区矫正工作者先让社区矫正对象接受脱水吗啡的注射，然后，在呕吐反应快要出现时，让社区矫正对象看这些女性内衣，或让他穿上，这样，每天进行若干次，一星期后，社区矫正对象对女性内衣的兴趣有了明显的减弱。又治疗一星期后，该社区矫正对象看到女性内衣就感到恶心，治疗停止后，未发现该社区矫正对象有复发的迹象。

3. 想象厌恶疗法。想象厌恶疗法，也叫内在敏感训练，是指由社区矫正工作者口头描述的某些厌恶情绪与社区矫正对象想象中的刺激联系在一起。该种方法可以在社区矫正对象的日常矫正教育中加以应用，帮助社区矫正对象摆脱一些行为上的烦恼。例如，某社区矫正对象由于犯罪被判刑后，妻子移情别恋，最后离婚了，精神十分低落，内心感到痛苦，不能摆脱感情的苦恼。这时，社区矫正工作者就可使用内在敏感训练，帮助该社区矫正对象形成对过去妻子的一种条件反射式的反感或厌恶，抑制该社区矫正对象的妻子对他的吸引力，使社区矫正对象从痛苦中解脱出来。

（五）使用厌恶疗法应注意的问题

厌恶疗法基于它自身所采取的手段和方式，会给社区矫正对象带来非常不愉快的体验，甚至会产生其他副作用，因此，社区矫正工作者在决定采用此方法之前，务必向社区矫正对象解释清楚，在征得社区矫正对象同意的前提下，方可进行治疗。而且，社区矫正工作者一般应把厌恶疗法作为最后一种选择，也就是说，在运用其他方法进行治疗不成功之后，或者其他方法不能进行的时候才能运用。

同时，在使用厌恶疗法时，应努力帮助社区矫正对象建立辨别性条件反应，克服或消除某一不良行为，不能影响或阻碍相关的良性行为或社会适应性行为。例如，对一位同性恋社区矫正对象使用厌恶技术进行治疗，社区矫正工作者应将呈现厌恶刺激限制在社区矫正对象的同性间性行为表现的范围内；同时，应让社区矫正对象形成对正常的异性间性活动的愉快反应。如果不这样的话，被用厌恶治疗后的同性恋社区矫正对象可能对以后的异性间性生活也表示反感，这样就会形成新的障碍，这样的治疗是不成功的。

四、思维阻断法

（一）什么是思维阻断法

思维阻断法又称思维停止疗法、思维控制疗法。它是一种治疗强迫性思维等症状的技术，是在社区矫正对象想象其强迫症状的思维过程中，通过外部控制的手段，人为地控制并中断其思维，经过多次重复促使不良症状消失的一种心理治疗方法。

（二）思维阻断疗法的原理

思维阻断疗法的理论假设是：如果人的外在行为能通过抑制来加以阻止，那么，内隐的行为也能通过抑制来阻止甚至消除。

（三）思维阻断疗法的方法步骤

思维阻断疗法，可按下列方法与步骤进行。第一阶段的过程是：

第一，社区矫正工作者先让社区矫正对象进入放松状态。

第二，让社区矫正对象思考、回想那些使其烦恼的想法、念头或思维活动。

第三，告诉社区矫正对象，当社区矫正工作者让其“停止”时，社区矫正对象也大声命令自己“停止”，并停止思考或回想那些东西。

第四，让社区矫正对象在自己有清楚的想象活动时，就抬起食指示意。

第五，在社区矫正对象抬起食指时，社区矫正工作者大喝一声“停止”，社区矫正对象也随同社区矫正工作者大声命令自己“停止”。社区矫正工作者在进行这一步时，可以用一些辅助手段，如用方木猛击桌子，发出强烈的响声，这种意外的刺激能将社区矫正对象从自己的强迫性思维观念中拉出来。

第六，重复进行。思维阻断法可分为几个阶段进行。上述过程是治疗的第一阶段，在此阶段，治疗的进展可根据社区矫正对象进入想象的潜伏期的增加来评定。如果治疗有效果，潜伏期应该增长。第一阶段的阻断次数，根据这种潜伏期的变化来确定。在社区矫正工作者发现潜伏期变长，并且社区矫正对象觉得思考或回想那些东西有困难时，可进入第二阶段。

第二阶段的治疗过程与第一阶段的程序大体相同，只是在第五步中，社区矫正工作者不要使用任何辅助手段产生响声刺激，仅是大喝一声“停止”。如果这一阶段的治疗也有了效果，治疗可进入第三阶段。在第三阶段中，社区矫正工作者不再大喝一声“停止”，但是，社区矫正对象仍然大声命令自己“停止”。在第四阶段中，社区矫正工作者让社区矫正对象改用小声命令自己“停止”。在最后的第五阶段中，当思维意象清楚时，社区矫正对象在心里对自己下命令“停止”。在每一个阶段的实际操作中，由于某次“阻断”的效果可能传递到下一次，因此，最好进行 20 次阻断，从而保证治疗所产生的效果。

在使用思维阻断技术时，可根据社区矫正机构的实际情况，对有些手段加以改变。例如，用电击代替社区矫正工作者的大喝一声“停止”，在每一次阻断方式之间让社区矫正对象想象愉快情境帮助社区矫正对象放松。实践也证明，用电击代替社区矫正工作者大喝一声“停止”的程序，与通常的思维阻断法相比，似乎有更好的治疗效果。当然，如果使用电击，就很难说治疗效果不是由于呈现厌恶刺激而产生的了。

五、行为功能分析法

（一）行为功能分析的理论依据

行为功能分析，有时被称为功能分析或行为分析，它是指在对社区矫正对象进行行为治疗前对社区矫正环境和社区矫正对象本身影响或控制问题行为的因素作系统分析。它的主要理论依据是行为治疗理论的基本假设：（1）人的行为，不管是适应性还是非适应性的，都是经过学习而获得的，并由于强化而得以巩固。一般说来，当某一行为的结果不再具有社会适应性时，该行为就会减弱、消退，而某些行为则不同，它们在丧失了适应性后仍不消退，这就需借助治疗者的帮助来加以改变。（2）通过奖赏或惩罚的强化方式，可以控制行为增减或改变方向。个体可以通过学习消除那些习得的不适应行为，也可以通过学习获得缺少的适应性行为。

因此，社区矫正对象行为缺陷或不足，能够通过学习程序来补偿，行为过剩能够用学习程序来消除。但是，在能够有效地制定对付社区矫正对象的问题治疗之前，需要对社区矫正对象的问题进行具体细致的调查研究，才能做到对症下药，而行为功能分析就是这样一个调查研究的过程。

（二）行为功能分析的一般内容

对社区矫正对象的行为功能分析是一个收集和分析有关社区矫正对象各种信息的过程，这些信息将被用来指导制定对社区矫正对象的治疗措施，选择评估手段以及如何进行实际治疗。我们对社区矫正对象实施行为治疗的目的在于消除社区矫正对象的问题行为本身。因此，在进行行为功能分析的过程中，我们的主要注意力应放在那些使社区矫正对象前来寻求帮助的问题行为，或不适应的行为上。首先应该了解和掌握的问题是：社区矫正对象的这个行为障碍是后天习得的，还是由于其他原因产生的。如果社区矫正对象病态的行为模式是由于诸如躯体的损伤等生理学上或者器官上的原因造成的，则应该使用生理学的治疗手段，而不是行为治疗。但是，对有些社区矫正对象因慢性疾病所产生的不良行为习惯的治疗，仍然属于行为治疗的范围。

需要行为治疗帮助的大多数社区矫正对象，是由于他们受到各式各样的神经症的干扰。焦虑状态常常是这些社区矫正对象的最基本的问题。其中，最突出的问题是社区矫正焦虑、社会适应焦虑、社会评价反应、具体事件焦虑等。所以，行为功能分析应注意围绕引起社区矫正对象焦虑的因素进行。同时，由于环境可以影响行为，行为反过来可以影响环境，社区矫正对象行为的后果与引起行为产生的先行环境因素都应该受到足够的重视。一般地说，行为功能分析包括以下七个方面的内容：

第一，对问题行为的初步分析。行为功能分析最重要的是决定社区矫正对象的问题行为表现时的具体条件。社区矫正对象的问题行为是过剩的还是缺乏的？他表现正常行为的能力如何？在其储备库里，他拥有多少行为资产？当然，社区矫正对象有时既表现出行为的过剩，同时又表现出行为的缺乏，在这种情况下，我们的注意力应集中在其中的基本问题上。实际上，对大多数问题行为的治疗都涉及建立“新”的行为和消除社区矫正对象已有的不良行为。在对社区矫正对象行为矫正的实践中，许多问卷可以被用于探查社区矫正对象的行为缺陷。

第二，对问题行为出现的情境分析。这一分析包括解释问题行为出现的频率、表现的强度、持续的时间，以及什么因素左右它的出现等方面。如果认为社区矫正对象的问题是由于行为缺乏造成的，我们就应该找出那些所缺乏的具体的行为环节。只有这样，治疗才有希望成功。此外，这种行为缺乏的普遍性的程度也是不可遗漏的。正如前面所说的在探查社区矫正对象的行为资产时，还应评估他的才能，如社区矫正对象的智力和特殊能力；也可以评估一下社区矫正对象的兴趣，因为这些因素可能在治疗中被作为对社区矫正对象的奖赏因素而使用。

第三，分析动机。为维护某一行为，行为者的动机是非常重要的因素。如果需要在社区矫正对象身上建立新反应，了解对社区矫正对象有着强化作用的事物或活动，才能用它们作为奖赏去强化社区矫正对象发展和形成的新反应。因此，行为功能分析的一个重要部分就是评估在社区矫正对象眼中那些讨厌的或愉快的刺激。

第四，注意行为的发展变化因素。个体行为的表现会受到一些发展因素的影响或限制，如疾病、吃药、成熟、内分泌、社区矫正对象所处的社区矫正环境的改变等，在对社区矫正对象行为矫正的过程中应该了解诸如此类的因素是否存在，小时候是否患过什么疾病或受过什么损伤，他持有的态度是否与他所处的社会文化环境一致等。在进行行为分析时应检查社区矫正对象的行为与社会常规之间的一致性程度，检查是否缺乏一致性。

第五，社区矫正对象的自我控制。评估社区矫正对象的自我控制，是指检查社区矫正对象曾经对控制自己的问题行为所做的努力，以及这种努力的效果如何。

第六，社区矫正对象和其他人员以及社区矫正工作者对问题行为的态度。这些态度对问题行为的维持起着重要作用。例如，社区矫正对象的行为在社会群体中能否得到认同，直接助长或抑制社区矫正对象的该行为。

第七，客观存在的物理环境。对社区矫正对象的物理环境评估的目的是确定物理环境中那些影响社区矫正对象行为表现的具体细节。社区矫正对象的行为障碍，在其所处客观环境上不同于一般患者，在社区矫正这一特定的矫正教育环境中，具有不同于社会环境的方方面面。因此，在对社区矫正对象进行行为矫正时，必须重视社区矫正特定环境的影响。

(三) 需要矫治的目标行为的确立及其影响

社区矫正对象的非适应性行为往往十分复杂，其中有主要的，也有次要的；有“原发性”的，还有“继发性”的。因此，在行为治疗中，通过初步的行为功能分析，我们确定整个治疗过程或各个治疗阶段中需要加以改变的社区矫正对象问题行为中的具体目标，这些目标行为被称为靶行为。从行为治疗的观点来看，靶行为是一个因变量，随着其他自变量的变化而变化。因此，在确定靶行为之后，我们的任务便是发现那些能够有效地“操纵”靶行为的潜在因素。然后通过观察、检查，记录下社区矫正对象非适应性行为的严重程度与出现的频度，并列出治疗前症状表现的基线，作为矫治时的对照指标。

在确定应该加以操纵的行为变量时，我们可以从下列变量中进行选择：(1) 靶行为或问题行为本身；(2) 靶行为的先行刺激变量，这一变量诱发了靶行为或为靶行为的出现创造了条件；(3) 靶行为所带来的后果，包括其他人员、社区矫正工作者对靶行为的反应；(4) 社区矫正对象在心理上或生理上的变量。在临床上，这四种类型的变量难以截然分开。以下我们逐一进行分析。

第一，靶行为。在考虑社区矫正对象的靶行为时，我们应该切记米歇尔的揭示“在行为功能分析中，重点应放在一个人在某一情境中究竟做什么上，而不是放在对他的总体性的态度的推测上”。也就是说，我们对社区矫正对象行为反应的评估应集中在他的问题行为中与情境有关的细节上，包括持续的时间、强度、频率和广泛性等方面的信息。与情境有关的行为也就是我们所说的靶行为，有时也称为情境特异性行为。在分析靶行为时，要注意区分反应性行为或操作性行为。反应性行为包括焦虑、抑郁、气恼、性兴奋等情绪性反应，这些反应的后果在维持靶行为中起的作用不大。相反，操作性行为的后果在维持靶行为中扮演着重要的角色。行为治疗中有很多技术是专门用于对付这类行为问题的。

第二，靶行为的先行刺激。在社区矫正对象的行为治疗中，社区矫正特定的环境是决定其行为的一个重要因素。在考虑靶行为的先行刺激时，我们应该区别那些诱发非适应的情绪或自主神经系统的反应的刺激和那些诱发非适应的操作性行为的刺激，在对付诸如焦虑和抑郁那样的非适应性的情绪反应时，我们所依据的假设是：某种外界刺激诱发社区矫正对象的情绪反应。我们也必须承认有的时候，要确定在社区矫正对象生活中诱发他情绪反应的环境因素是极为困难的。有的社区矫正对象说，他们在任何时候都感到焦虑，或者总是处于抑郁状态。在这种情况下，由于社区矫正对象的情绪反应太突出，他们不能准确地指出这种情绪反应的先行刺激条件。有些社区矫正对象能够指出诱发他的情绪反应的一般情境条件。例如，严格的监督管理、社会的否定性评价等。尽管这些描述粗糙但能简化我们对问题行为的评估任务，对诱发情绪不适应的情境进一步具体化的分析是十分重要的。在分析给予产生不良的操作性行为创造条件的刺激时，我们必须收集有关的情境的真实性质的详细信息，如时间、地点和频率。正如心理学家米歇尔曾令人信服地指出，一个人的反应，不论是变态的，还是正常的，都极大地受到该行为发生于其中的情境的具体性质的影响。因此，正如我们对诱发不适情绪的情境要做具体分析一样，我们更应仔细地分析诱导社区矫正对象的不良的操作性行为的环境识别刺激。

第三，靶行为的后果。我们日常生活中的大多数行为，不论是适应性行为，还是不适应性行为，都在很大程度上被它们带来的结果所维持。在考虑某种行为的结果是否会给行为者带来“好处”时，该行为后果的出现时间是一个重要的因素，有时行为后果对行为者会有眼前的好处；但是，从长远来看，行为者的利益会受到损害，这种现象被称为“神经症悖论”。例如，社区矫正对象在社区矫正中的越轨行为、违纪行为、变态行为等就是这样。对靶行为有强化作用的一个常见的正强化物是社区矫正对象矫治中的社区矫正工作者对社区矫正对象行为的反应，赞同和表扬都属于这类的强化。在某种情况下，简单的注意也可以成为很有分量的强化。除了强化的内容和产生的时间外，强化的频率也是一个很重要的因素，研究表明，在患抑郁症的社区矫正对象的生活情境中，他们所得到的正强化比没有抑郁情绪的社区矫正对象要少得多。

第四，社区矫正对象在心理上或生理上的变量。环境因素对行为的决定作用固然重要，但是，我们也必须重视认知因素对社区矫正对象行为的影响，否则，会严重地限制社区矫正工作者理解和处理各种行为问题的能力。毫无疑问，社区矫正对象的态度、信念和期望常常会随着外在行为的改变而发生变化。但是，有时社区矫正对象个体的心理变量本身就应该成为治疗的目标。在影响社区矫正对象的心理变量中，社区矫正对象对某种情境的期望应该予以足够的重视。这是因为，人对事件的分类或命名会极大地影响他们在那些情境中的情绪反应，同时，人们对自己行为反应的理解或命名也会带来问题。另一个重要的认识变量是个人为自己规定的成就标准。有时，尽管社区矫正对象所达到的成就或表现出的工作能力符合社会标准，他本人却可能认为自己的成就或工作表现远不如他人或低于社会标准，因而出现心理障碍。在这种情况下，社区矫正对象的标准是不符合实际的，需要加以改变。在评估社区矫正对象心理变量的同时，也应该注意是否存在与社区矫正对象不良行为有关的生理变量。例如，某种药物的直接或间接的影响，社区矫正对象的总体能量水平、疲劳的程度等。

（四）在临床应用过程中应该注意的问题

第一，注意社区矫正的特定行为矫正环境。对社区矫正对象的行为矫正的进度要适当、有序，进度过快，不易使社区矫正对象适应，易产生各种各样的治疗阻力，欲速则不达；进度太慢，则不易有效地剔除不良行为，或者强化某一行为。

第二，在对社区矫正对象进行行为治疗过程中，应结合社区矫正的整体工作，给社区矫正对象以适当的奖惩。这是因为：奖惩可以向社区矫正对象传递一种能够刺激其产生兴奋或抑制作用的信息，从而影响社区矫正对象的心理与行为。奖励是社区矫正对象心理发展的诱发剂和强化剂，促发社区矫正对象的感情，诱发其动机，引导其心理活动沿着期望的方向发展。而作为相反手段的惩罚，则能够向社区矫正对象传递一种刺激其抑制作用的信息。从而改变社区矫正对象所固有的、为社会所否认的一些情绪和情感体验，并进一步摒弃不良的心理品质和行为。

第三，应依据社区矫正对象的实际情况，确定适当的治疗目标，避免出现无的放矢或诊断有误的情况。社区矫正机构是一个特定的行为矫正环境，在对社区矫正对象进行诊断或治疗时，必须充分考虑社区矫正对象的具体情况，切忌照抄照搬已有的经验模式。

第四，注意培养社区矫正对象的动机。任何一个社区矫正对象都是具有自身的动机的，并且基于社区矫正对象自身的复杂性，其动机也是多种多样的。因此，注意培养社区矫正对象的良好动机，有利于行为治疗的有效实施。

第十一章　未成年社区矫正对象的矫正教育

未成年人是社区矫正关注的一个重要群体。《社区矫正法》针对未成年社区矫正对象的特殊情况以单独章节予以特别规定，要求对未成年人的社区矫正与成年人分别进行，采取针对性的矫正措施与矫正教育方式，从而确保未成年社区矫正对象在社区矫正期满后可以顺利地回归社会。对未成年社区矫正对象应予以特殊保护，彰显出以人为本的法治理念。同时强调监护人的职责，对共青团、妇联、未成年保护组织和其他社会有关组织如何共同做好未成年社区矫正对象的矫正教育工作，法律也作了规定。本章将对未成年社区矫正对象的矫正教育问题进行阐述。

第一节　未成年社区矫正对象矫正教育的特点、机构和原则

一、相关概念

（一）未成年人与青少年

未成年人，又称少年，是相对于成年人而言的。未成年与成年的界限，在不同国家有不同的标准，即规定在某个年龄以下为未成年人。有的国家规定为22周岁以下，有的国家规定为19周岁以下，大多数国家规定为18周岁以下。我国《未成年人保护法》第2条规定："本法所称未成年人是指未满十八周岁的公民。"

青少年是社会学、心理学、教育学等学科使用的概念，笼统地泛指人从儿童到成年的过渡时期。由于各国法律制度不同及国内法调整社会关系的特点不同，对青少年的上下限年龄界定也不尽相同。通常指少年期到青春期后期这一年龄段的人，年龄下限为11~12周岁，上限为17~18周岁，但也有的延长到20周岁或22周岁乃至25周岁，但青少年的基本年龄段是指进入青春期到青春期度过这一时期。① 一般来讲，在我国青少年是指14周岁

① 李伟民、东翔主编：《中国司法语典》，中国工人出版社1993年版，第1185页。

至25周岁的公民。[①]

（二）未成年犯

《法学大辞典》对未成年犯的定义为：特定年龄以上，一定年龄以下的刑事犯罪人，通常指未及成年者。[②] 当代世界各国刑法一般都有关于刑事责任年龄的规定，公民只有达到了一定年龄才对其所犯罪行负刑事责任，因而也才可能被处刑罚成为罪犯。不同的国家和地区的刑法对刑事责任年龄有不同规定，有的国家规定年满14周岁，有的国家规定年满13周岁；也有的国家规定年满12周岁或10周岁应负刑事责任；个别国家还规定年满7周岁应负刑事责任。我国在20世纪50年代曾规定年满13周岁应负刑事责任，1954年政务院颁布的《劳动改造条例》规定："少年犯管教所，管教13周岁以上未满18周岁的少年犯。"[③] 按照我国《刑法》第17条规定："已满十六周岁的人犯罪，应当负刑事责任。已满十四周岁不满十六周岁的人，犯故意杀人、故意伤害致人重伤或者死亡、强奸、抢劫、贩卖毒品、放火、爆炸、投放危险物质罪的，应当负刑事责任。已满十二周岁不满十四周岁的人，犯故意杀人、故意伤害罪，致人死亡或者以特别残忍手段致人重伤造成严重残疾，情节恶劣，经最高人民检察院核准追诉的，应当负刑事责任。对依照前三款规定追究刑事责任的不满十八周岁的人，应当从轻或者减轻处罚。因不满十六周岁不予刑事处罚的，责令其父母或者其他监护人加以管教；在必要的时候，依法进行专门矫治教育。"

综合我国《未成年人保护法》关于未成年人年龄的规定和刑法关于刑事责任年龄的规定，我国的未成年犯的概念可界定为：年满14周岁未满18周岁，实施了犯罪行为，依法被判处刑罚的罪犯。特定情况下，已满12周岁不满14周岁的人，犯故意杀人、故意伤害罪，致人死亡或者以特别残忍手段致人重伤造成严重残疾，情节恶劣，经最高人民检察院核准追诉的，应当负刑事责任。

二、未成年罪犯的特点

（一）动机的复杂性

未成年人处于生理、心理的快速发展成熟期，转型期的特点决定了其基本需要也处于一个快速扩张期，而基本需要若过度膨胀则极易与其个人能力发展的速率、个人生存条件和生活状态改善的进度形成断层，产生冲突性。当未成年人处于需要得不到满足与个人控制能力的相对低下所形成的临界状态，在一定外在诱因的催化下极易产生违法犯罪动机。如对优越物质生活的渴望与自身无收入来源或收入来源狭小之间的矛盾，加之自控能力的脆弱，在物质诱因的催化下，极易走向盗窃、诈骗、抢夺、抢劫等多种财产型违法犯罪或

① 杨春洗：《中国的青少年犯罪和治理对策》，载《中美学者论青少年犯罪》，群众出版社1989年版，第21页。

② 周振想主编：《法学大辞典》，团结出版社1994年版，第152页。

③ 该条例已经失效。

以谋取财产为目的的卖淫犯罪等；而青春的萌动、性欲的勃兴所滋生的性的需要与未成年人满足方式的局限性，又极易催发出性罪错或与性相关的犯罪行为。

（二）行为的模仿性

未成年人的求知欲相对较强，处于快速摄取知识的年龄区间，对新鲜事物的感知灵敏度也较高，正确加以引导，无疑会成为其资源优势；但若误入歧途，则会贻害自己和他人。一方面，当暴力、凶杀及黄赌毒等犯罪文化侵袭、冲击健康社会时，这类人群辨识能力差、效仿能力强，易于被这种不健康的亚文化所浸淫，模仿这些文化载体中所渲染的违法犯罪行为，走向堕落；另一方面，在违法犯罪团伙中，这类人群极易被教唆，且在同类人群中互感联动、交叉感染，使社会危害呈几何倍数增长。

（三）行为的盲动性

体现在未成年人违法犯罪行为的盲目性和冲动性两个层面。其一，未成年人违法犯罪往往出于恶作剧型的单纯式动机，把自己的一时之快奠基于他人的痛苦和难堪之上，从中体会到畅快和乐趣，有时并非是以触犯法网为代价而获得某种具体的、丰厚的物质回报，常常具有违背常理的盲目性特点。其二，未成年人的违法犯罪行为往往又具有强烈的偶发性、快速性表征，易受外界诱因所驱使，冲破脆弱的理智防范体系而爆发激情。这源于这类人群动机的情景性和情感的波动性等心理特征的外化。

（四）情感的联动性

联动性体现在良性、恶性两个层面。良性的联动能起到积极的作用，整合行为人的情感组合，创造和谐互动的情感氛围，使行为人群体呈现出昂扬向上、生机勃勃的健康态势。而恶性的联动则起到的是一种消极的作用，可使一些颓废、糜烂、腐朽的思想情感在行为人中恶性弥漫传播，浸淫侵蚀行为群体中每个成员的情感健康，使行为人群体的消极性力量异化生长，进而危及他人与社会。许多未成年人之所以蜕变，往往是深陷于不健康情感的恶性联动的结果。

（五）情感的波动性

未成年犯情感的不稳定性固然有其深层次的生理性根源，即未成年人大脑皮质对皮质下中枢的抑制、协调能力的脆弱以及内分泌系统的旺盛发达，但未成年人成长过程中所面临的频率越来越密集的外界刺激也扮演了不容忽视的角色，这可归因于这类人群对感性的自我调节、自我控制能力薄弱。

三、未成年犯处遇的国际原则

从世界行刑的发展趋势来看，对未成年犯应尽可能让其不在监禁环境中服刑，必须在监禁环境中服刑的未成年犯，应尽可能给予特殊保护。目前，联合国有关青少年的专门立法都对社区预防和矫正未成年犯罪的地位和作用给予了界定。

（一）第 6 届联合国预防犯罪和罪犯处遇大会确立的原则

1980 年，联合国以“减少关押的矫正及其对剩余囚犯的影响”为主题，在委内瑞拉首都加拉加斯召开了第 6 届联合国预防犯罪和罪犯处遇大会。大会秘书处的工作报告中指出，刑事司法要尽量减少关押犯人，因为监狱的特性与其使犯罪人复归社会的功能和目标具有内在的矛盾性。监禁违反了人类的本性，监狱则使囚犯的人格感削弱。现在我们更加清楚地了解到，监禁不可能促使犯罪人过一种守法生活，也不可能减少犯罪率。我们应当寻求在“狱外”或“不用监狱”来改造罪犯的方法。①

在大会通过的有关决议中，进一步发展了社区矫正的思想。在《制定青少年罪犯审判和司法最低限度标准》的决议中，倡导严格限制对青少年犯的监禁刑适用，提出任何青少年犯不得被关进监所，除非被判情节严重。

（二）《北京规则》确立的原则

1985 年 11 月 29 日联合国第 96 次全体会议通过第 40/33 号决议《联合国少年司法最低限度标准规则》（又称《北京规则》）。其总则部分的基本观点第 3 款中明确规定，对于犯罪少年“应充分注意采取积极措施，这些措施涉及充分调动所有可能的资源，包括家庭、志愿人员及其他社区团体以及学校和其他社区机构，以便促进少年的幸福，减少根据法律进行干预的必要，并在他们触犯法律时对他们加以有效、公平及合乎人道的处理”。《北京规则》第 18 条规定，主管当局可以采取各种各样的处理措施，使其具有灵活性，从而最大限度地避免监禁。有些可以结合起来使用的这类措施应包括社区服务的裁决等。第 19 条规定，把少年投入监禁机关始终是万不得已的处理办法，其期限应是尽可能最短的必要时间。《北京规则》还在第四部分专门对犯罪少年的非监禁待遇作了列举性规定，如第 25 条规定，应发动志愿人员、志愿组织、当地机构以及其他社区资源在社区范围内并且尽可能在家庭范围内为改造少年犯做出有效的贡献。

（三）《儿童权利公约》倡导的精神

《儿童权利公约》于 1989 年 11 月 20 日获得第 44 届联合国大会通过，是一部有关保障儿童权利且具有法律约束力的国际性约定。

《儿童权利公约》第 37 条 B 款规定，不得非法或任意剥夺任何儿童的自由。对儿童的逮捕、拘留或监禁应符合法律规定并仅应作为最后手段，期限应为最短的适当时间，对于确实犯罪的少年，《儿童权利公约》第 40 条第 4 款规定，应采用多种处理办法，诸如照管、指导和监督令、辅导、察看、寄养、教育和职业培训方案及不交由机构照管的其他办法，以确保处理儿童的方式符合其福祉并与其情况和违法行为相称。《儿童权利公约》这两款规定的基本精神是：对于犯罪少年应尽量少使用监禁刑，而倡导使用包括社区矫正在

---

① 谢望原：《西欧探寻短期监禁刑替代措施的历程》，载《政法论坛》2001 年第 2 期。

内的非监禁刑。

（四）《东京规则》确立的原则

1990 年在古巴首都哈瓦那召开了第 8 届联合国预防犯罪与罪犯处遇大会，本次大会通过了一系列重要的刑事司法准则性文书。大会通过的《非拘禁措施最低限度标准规则》（又称《东京规则》），为非拘禁措施的适用和执行提供了基本的国际准则。[①] 该规则拟促进社区在更大程度上参与刑事司法管理工作，特别是在罪犯处遇方面，促使罪犯树立对社会的责任感。《东京规则》将采用非拘禁措施看作向非刑罚化和非犯罪化方向努力的一部分，倡导各国在本国法律制度内采用非拘禁措施，从而降低适用监禁办法的程度，并使刑事司法政策合理化，同时考虑到遵守人权的义务、社会正义的需求以及改造罪犯方面的需要。《东京规则》提出应根据尽少干预的原则应用非拘禁措施，同时积极鼓励公众参与，认为这是改善接受非拘禁措施的罪犯与家庭及社区之间联系的最重要的因素之一。

大会通过了《保护被剥夺自由少年规则》，该规则在基本原则中指出，对于罪犯是未成年人的，监禁办法只应作为最后手段加以采用，即使采用时间也应尽可能短，应尽量避免一切拘留形式的有害影响，以促进未成年犯同社会的融合。《保护被剥夺自由少年规则》充分考虑到了未成年人的身心特点，体现了对未成年犯特别处遇的精神，进一步发展了国际刑事司法准则的社区矫正思想。[②]

（五）《利雅得准则》

《联合国预防少年犯罪准则》（又称《利雅得准则》），于 1990 年第八届联合国预防犯罪和犯罪处遇大会通过，《利雅得准则》是一部国际性少年司法的法律文件。《利雅得准则》是联合国在总结了世界各国经验的基础上，提出的预防少年犯罪的权威性准则，其中少年的社会化过程是预防少年犯罪的关键，而社会化过程中社区的地位和作用不容忽视。“在防止少年违法犯罪中，应发展以社区为基础的服务和方案，特别是在还没有设立任何机构的地方。正规的社会管制机构只应作为最后的手段来利用。”该准则在第四部分 c 款中共用 8 条规定了社区在预防少年犯罪中应采取的措施和方法。

四、未成年罪犯的矫正教育机构

从我国目前的少年矫正制度看，少年矫正教育机构主要有未成年犯管教所、专门学

---

① 《东京规则》所指的非拘禁措施，在外延上广于我们通常所讲的非监禁刑的概念，它具体包括三大类型：（1）避免审前羁押的非拘禁措施，如取保候审、监视居住等；（2）审判时使用的非拘禁措施，如缓刑、罚金、社区服务令、判令赔偿受害人、训诫等；（3）判决后使用的非拘禁措施，如假释、工作释放、学习释放和离家探亲等。

② 《非拘禁措施最低限度标准规则》和《保护被剥夺自由少年规则》的具体内容参见《联合国人权公约和刑事司法文献汇编》，中国法制出版社 2000 年版。转引自廖露蕊：《少年犯处遇非监禁化研究》，武汉大学 2005 年硕士学位论文。

校、社会帮教机构和社区矫正机构。在这里，只介绍未成年犯管教所、专门学校和社会帮教机构。

（一）未成年犯管教所

未成年犯管教所是属于我国刑事司法体系的少年矫正机构，它是我国监狱的一种类型，是国家的刑罚执行机关，是指专门对未成年犯罪人实行惩罚、教育改造的机构。根据《刑法》和《监狱法》的有关规定，未成年犯管教所收押由人民法院判刑的已满14周岁不满18周岁的未成年犯；贯彻“惩罚和改造相结合，以改造人为宗旨”和“教育、感化、挽救”的方针，将未成年犯改造成为具有一定文化知识和劳动技能的守法公民。在新的形势下，我国本着努力把未成年犯管教所办成“教育人、改造人、造就人”的特殊学校的指导思想，对未成年犯进行认罪服法教育、道德教育、法制教育、爱国主义教育、集体主义教育等之外，还进行一系列的文化教育和技术培训，从而极大调动未成年犯接受教育挽救的积极性，全面提高他们的素质，而且还可以为他们重新回归社会做好准备。此外，未成年犯管教所正从封闭式机构逐渐向开放性机构发展，依靠社会力量对未成年犯进行教育改造，经常组织和邀请社会各界人士包括法律工作者、生理学、心理学专家以及其他社会工作者到管教所与未成年犯谈心，帮助他们解答一些问题。① 在与社会相接触的过程中，可以增强未成年犯改造的自觉性和信心。

（二）专门学校

专门学校是在我国20世纪50年代创建的工读学校基础上发展而来的、以“矫治未成年人严重不良行为”为目的的犯罪防控形式。我国《义务教育法》《未成年人保护法》的有关条款规定：县级以上地方人民政府根据需要，为具有预防未成年人犯罪法规定的严重不良行为的适龄少年设置专门的学校实施义务教育。对未完成义务教育的未成年犯和被采取强制性教育措施的未成年人应当进行义务教育，所需经费由人民政府予以保障。2020年12月26日修订的《预防未成年人犯罪法》第6条规定：“国家加强专门学校建设，对有严重不良行为的未成年人进行专门教育。专门教育是国民教育体系的组成部分，是对有严重不良行为的未成年人进行教育和矫治的重要保护处分措施。省级人民政府应当将专门教育发展和专门学校建设纳入经济社会发展规划。县级以上地方人民政府成立专门教育指导委员会，根据需要合理设置专门学校。专门教育指导委员会由教育、民政、财政、人力资源社会保障、公安、司法行政、人民检察院、人民法院、共产主义青年团、妇女联合会、关心下一代工作委员会、专门学校等单位，以及律师、社会工作者等人员组成，研究确定专门学校教学、管理等相关工作。”因此，专门学校是隶属于普通教育系统的一种未成年学生矫正制度，它是中等教育的一种特殊形式，是对有违法或轻微犯罪行为的未成年学生进行教育帮助的学校。专门学校具有双重职能，一是教育、矫治有违法或轻微犯罪行为的

① 康树华、向泽远：《青少年法学新论》，高等教育出版社1996年版，第340页。转引自廖露蕊：《少年犯处遇非监禁化研究》，武汉大学2005年硕士学位论文。

未成年学生，二是对这部分未成年学生实施义务教育。因此进入专门学校只是接受教育和矫正，而不是惩处，也不是以往惩处的继续。在新的形势下，专门学校成为学校保护的一项重要措施。此外，有些专门学校还向职业学校演变，这对未成年犯罪人的矫正有着积极的作用和影响。①

（三）社会帮教机构

社会帮教机构是我国20世纪70年代以来出现的未成年矫正制度的一种，是带有社区性、群众性、非正规的社会矫正机构，是对我国正规矫正制度的重要补充。所谓社会帮教就是依靠社会公众的力量和社会各方面的配合，在特定范围内，对特定对象进行帮助教育的群众性的社会教育管理活动。它既非行政处分，也非经济处分。

根据公安部等7个单位发布的《关于做好有违法或轻微犯罪行为的青少年帮助教育工作几点意见》，帮教对象是13周岁到18周岁，依据刑法或其他法律法规有关条款规定，确有违法或轻微犯罪行为，经教育没有悔过表现，可能继续进行违法犯罪活动，但还不够或不予刑事处罚处理的未成年人，送入工读学校学习，需要重点做好思想工作和行为矫正工作。

社会帮教的形式有帮教小组、两头帮教、家长帮教、亲友帮教、合约帮教、多人帮教、保外帮教等。帮教的内容，一般包括进行世界观、人生观、道德观、法制观和前途理想的教育，帮助被帮教者认识违法犯罪行为的危害性，并帮助其解决学习、生活、工作及人际关系方面的问题。帮教工作是一种基础性、社会性、群众性的工作，是社会义务服务活动，在挽救失足青少年方面起到了重要的作用。

五、未成年矫正对象矫正教育的原则

在未成年矫正对象社区矫正的过程中，矫正教育工作要想发挥其应有的作用，就必须遵循未成年矫正教育的专业理论和基本原则，这些原则包括：

（一）保密原则

严守专业秘密是未成年社区矫正工作中要遵循的首要原则，未成年矫正对象和社区矫正工作者所建立起来的关系，是以诚信为基础的服务关系，在服务中获得的信息不应被随意披露。为此，坚守保密原则既是职业操守，也是道德底线。未成年矫正对象正处于身心发展的关键时期，他们的情感较为脆弱，保护力度也应该加大。作为一名合格的社区矫正工作者，应对未成年矫正对象的个人资料严格保密，这种保护意识甚至要高于未成年矫正对象本人。假如个人信息遭受不必要的泄露，未成年矫正对象就极易被“标签化”，很容易被贴上“罪犯”的标签，这就会对其以后顺利融入社会带来一定的困难。另外，不正当的信息泄露也可能引发社区矫正工作者与未成年矫正对象之间的信任危机，从而影响后续

① 连春亮：《社区矫正通论》，中国人民公安大学出版社2021年版，第381页。

的矫正教育过程。

在实践中，比较容易泄露未成年矫正对象个人信息的情形有：一是有关部门为了向社会宣传社区矫正制度，或是出于对自身工作成效的肯定，在引用案例时为了更有真实感而忽略了对未成年矫正对象个人资料的隐藏。二是在学术交流和教学过程中，真实的案例更加具有说服力，有些社区矫正工作者将正在社区矫正的未成年矫正对象的档案呈现在其他与会者面前，造成信息泄露。三是未成年矫正对象在矫正期间参加社区服务过程中，其他参加人员或者接受服务者很容易推测到他们的身份，无形中造成资料的泄露。在上述情形下，社区矫正工作者必须意识到保密工作的重要性，尽最大努力保护未成年矫正对象的利益。

（二）平等与尊重原则

在社区矫正过程中，给予未成年矫正对象足够的人格尊严是良好沟通的前提。无论未成年矫正对象的性格与人品如何，接受矫正教育之前犯过什么样的罪行，社区矫正工作者均应以平等、接纳的态度与其建立良好的工作关系，让对方感受到足够的尊重与重视。从社会工作的角度来看，社区矫正工作者不是未成年矫正对象的管理者，更不是他们的监护人，更像是一名倾听者与合作伙伴，双方都是为了发现问题、探讨问题、解决问题而具有共同的价值目标。在为未成年矫正对象进行心理调适的过程中，社区矫正工作者切忌有意无意地给他们贴上“犯罪人员”的标签，而应该将他们视为与自己同等的社会中的人，只不过是他们在成长的过程中出现了某些问题需要帮助而已。在平等、尊重的氛围下，未成年矫正对象敏感脆弱的情感不容易受到伤害，这种没有“特殊化”的轻松氛围更有利于双方的交流沟通与问题的解决。

（三）个别化原则

个别化原则也叫重点关注原则，是社会工作中对案主尊重与接纳的一个前提，在未成年矫正对象社区矫正中的意义尤为重大。在个别化原则指导下，要求社区矫正工作者把每一个未成年矫正对象都看成独特的个体，针对每一个未成年矫正对象的自身特点、犯罪类型、年龄特征、心理特点和生活状况以及所面临的问题进行具体深入的分析，做到“一把钥匙开一把锁”，制定个性化的矫正方案，并根据矫正对象的思想状况、行为动态随时修订矫正方案，让矫正教育更有针对性，避免矫正工作千篇一律，也更利于未成年矫正对象的转化。

（四）接纳与不批判原则

对未成年矫正对象进行矫正教育的根本目的是理解、接纳和帮助，而不是评判或责备，因此，尽力去了解未成年矫正对象行为背后的想法，而不是以社区矫正工作者本身的意见为唯一的标准，去加以判断或责备，更不能把自己的是非观念与价值观强加于未成年矫正对象。评判会引起未成年矫正对象的紧张和防卫心理，从而阻止他们的自我表达。社区矫正工作者应站在未成年矫正对象的立场之上，与他们分享自己对相关问题的看法，最终找到解决问题的方法。接纳是中性的，既不表示同意，也不表示反对。社区矫正工作者要以一种包容的态度，接受未成年社区矫正对象的观点、感受、想法、缺点，甚至允许他们发泄不满、抱怨等负面情绪。社区矫正工作者在面谈过程中应努力做到“价值无涉”，即在对未成年矫正对象的观察、分析、交流过程中，排除社区矫正工作者的主观好恶，站在价值中立的立场上，冷静地不带任何感情地、客观地作出评判。

（五）自决的原则

在社区矫正过程中，社区矫正工作者只是处于分担、支持、提示的地位，不是替未成年矫正对象做出选择和决定，而是协助他们对自己的事做出选择和决定。社区矫正工作者的任务就是尊重未成年矫正对象的权利，承认他们的需要，协助他们应用适当的资源和发挥人格潜能，达成自我决定。这是尊重未成年矫正对象的自我决定权的表现，也是激发他们的主动性、积极性和创造性的重要途径。

第二节　我国未成年社区矫正对象的矫正教育

一、未成年社区矫正对象矫正教育的基本要求

（一）建立良性的相互信任的互动关系

在社区矫正初期，很多未成年矫正对象都会出现消极悲观、封闭自我或者情绪抵触的情况。究其原因，多是未成年矫正对象安全感严重匮乏，对周围事物、整个社会甚至父母双亲都缺乏信任。经调查发现，绝大多数的未成年人之所以走上犯罪道路，都源于他们的原生家庭不和谐、成长环境缺乏关爱或者疏于照顾。他们首先是受害者，因为没有得到及时的救助、帮助、缓解、干预而变为侵害者。社区矫正工作者应充分理解未成年矫正对象的这种情绪，并耐心细致地了解未成年矫正对象，意识到建立相互信任关系是顺利开展工作的前提，不能急于求成。

要建立良好的信任关系，需要社区矫正工作者在矫正教育过程中做到以下几点：首先，要尊重对方。社区矫正工作者要把未成年矫正对象看作有思想感情、内心体验、独立人格的平等主体去对待，在价值、尊严、人格等方面与自己并无差别。其次，要真诚相待。社区矫正工作者在交谈过程中要真挚诚恳，不刻板教条，也不应取悦对方，更不能因自我防御而掩饰真实的观点与想法。拿真情换真心，才能获得对方的信任，给未成年矫正对象足够的安全感使其表露心声。最后，要有同理心。同理心也称为共情心，简单来说就是指体验他人内心世界的能力。社区矫正工作者要通过与未成年矫正对象的谈话或者其行为，深入对方的内心世界，设身处地去体验对方的情感与思维，把自己的共情及时传达给对方并取得反馈，让未成年矫正对象充分获得理解、关怀和足够的信心从而进行情感倾诉。

（二）注重个体差异，量身定制不同的矫正方案

个别化是社会工作一项重要的价值取向，体现了对案主个人的人格尊重与重视。虽然面对的是未成年矫正对象，但社区矫正工作者应充分意识到每个未成年矫正对象的个体差异，每个人都有其独特性。社区矫正工作者相信未成年矫正对象都有独特的性格、成长背景、生活环境、心理状态以及理解问题、解决问题的方式。在充分倾听、了解未成年矫正对象并确定走进他们的内心世界之后，社区矫正工作者要制定不同的矫正方案，真正做到因人施“矫”。

（三）注重心理咨询技术的应用，发挥社区矫正工作者的专业优势

未成年矫正对象正处于青春期，情绪波动较大，心理咨询技术的应用可以有效地提升面谈与矫正的有效性。在心理咨询过程中，社区矫正工作者要力求交谈双方进行的是一场心与心的交流，而不是简单的谈话与信息沟通。这就要求：一是做一名合格的倾听者。耐心倾听是有效沟通的第一步，也是建立良好咨询关系的基本要求。社区矫正工作者要做到认真、有兴趣、设身处地地去听，不随意打断对方的谈话，不轻易对对方的诉说做评价。二是将说话作为一门艺术。社区矫正工作者要熟练掌握正确恰当的说话语气、表达方式和语言选择，态度要真诚平和、耐心细致，切忌急功近利、不耐烦，更不能随口说出不负责任或容易产生误会的话。在交流过程中，社区矫正工作者要尽量多使用开放式询问，而避免使用封闭式询问。三是营造轻松融洽的面谈氛围。面谈之前尽量选择能给未成年矫正对象带来轻松感的时间、场所；面谈过程中要注意未成年矫正对象的反应和态度，如果访谈出现阻碍要及时调整面谈的内容与方式，实时保持社区矫正工作者与未成年矫正对象的互动，确保交流畅通。

（四）发挥小组工作的优势

小组工作是社会工作的基本方法之一，也称为团体工作，是指以团体或小组为对象，通过集体活动为其成员提供社会服务，使个人能借助集体生活加快自身的社会化，协调和发展个人与个人、个人与团体、团体与团体之间的社会关系。青春期的未成年矫正对象正处于心理、生理各个方面迅速生长时期，情绪不稳定，但可塑性强、易受感化。而且随着年龄的增长，他们与长辈之间的关系逐渐疏离，容易产生对立情绪，更愿意在年龄相仿的群体交往过程中寻求共同语言、获得认同感和归属感。所以，小组工作方法之于未成年矫正对象的矫正教育更为合适。这是因为小组工作方法不仅节约了人力资源和教育成本，而且相比于一对一的矫正教育，这种通过小组来改变个体的思想和行为的工作模式能起到事半功倍的矫正效果。

二、我国《社区矫正法》关于未成年犯的特殊规定

未成年社区矫正对象的社区矫正工作综合性强，涉及刑罚执行、治安管理、社区管

理、群众工作等诸多层面，需要有关部门相互配合、相互支持，切实发挥职能部门整体协调一致的优势开展工作，需要家庭、学校和全社会共同建立起挽救未成年社区矫正对象的配套体系，并推动社区矫正工作向纵深发展。为此，2019 年 12 月 28 日颁布的《社区矫正法》对未成年社区矫正对象的社区矫正工作，作出了专门规定。

（一）关于矫正方法的特殊要求

《社区矫正法》第 52 条第 2 款、第 3 款规定："社区矫正机构为未成年社区矫正对象确定矫正小组，应当吸收熟悉未成年人身心特点的人员参加。对未成年人的社区矫正，应当与成年人分别进行。"因为熟悉青少年成长特点的专业人员能够把握未成年社区矫正对象的特征，具有青少年工作的专业理念，能够深入了解未成年社区矫正对象的成长经历、家庭背景、朋辈关系等方面的情况，并结合未成年社区矫正对象的个性特征，全面剖析其犯因性问题，有针对性地制定个案矫正计划、明确矫正的工作目标，确保未成年社区矫正对象的个案矫正工作更加准确、适当，使用个案矫正计划对未成年社区矫正对象的各类失范行为进行针对性矫正教育，以达到治病救人、预防重犯的目的。

（二）关于监督管理特别措施

一是遵循未成年社区矫正对象的特征。《社区矫正法》第 52 条第 1 款规定："社区矫正机构应当根据未成年社区矫正对象的年龄、心理特点、发育需要、成长经历、犯罪原因、家庭监护教育条件等情况，采取针对性的矫正措施。"未成年矫正对象在实施社区矫正后，普遍存在自卑心理和逆反心理，在行为上往往表现为抵触性、不稳定性、被动性的特征，同时，又渴望社会、亲人和社区群众的宽容、尊重和理解。基于未成年社区矫正对象的心理和行为特征，对未成年社区矫正对象的监督管理主要是促进适应社会，认知其犯罪行为的社会危害性，在此基础上对其进行社区矫正相关知识和制度规定方面的教育，帮助其明确如何接受社区矫正并服从矫正机构的监督管理。在方式上以思想感化为主，通过发放学习资料、个别谈话与辅导、电话交流、走访等方式实施。监督管理中要尊重未成年社区矫正对象的人格尊严，建立相互之间的信任关系，为矫正工作的进一步开展打下扎实的基础。二是严格遵守保密义务。《社区矫正法》第 54 条第 1 款规定："社区矫正机构工作人员和其他依法参与社区矫正工作的人员对履行职责过程中获得的未成年人身份信息应当予以保密。"

（三）关于矫正教育的特别规定

《社区矫正法》第 55 条规定第 1 款："对未完成义务教育的未成年社区矫正对象，社区矫正机构应当通知并配合教育部门为其完成义务教育提供条件。未成年社区矫正对象的监护人应当依法保证其按时入学接受并完成义务教育。"为此，对未成年社区矫正对象的矫正教育针对其文化知识、职业技能、法律知识的需求较高，受周围环境的影响较大，存在心理不稳定等情况，综合运用个别教育、集体教育和社会帮教等形式，通过法制教育、文化教育、劳动养成教育、心理健康教育等，矫正未成年社区矫正对象的犯罪心理和恶习，培养健康心理，增强法律意识，提高道德、文化水平和生存能力。并充分利用社会资源，增强教育效果，采用举办法制教育课堂、提供文化知识和职业技能培训、接受心理咨询、提供就业机会等多种方式来实现。

（四）未成年矫正对象监护人的特定职责

《社区矫正法》第53条规定："未成年社区矫正对象的监护人应当履行监护责任，承担抚养、管教等义务。监护人怠于履行监护职责的，社区矫正机构应当督促、教育其履行监护责任。监护人拒不履行监护职责的，通知有关部门依法作出处理。"未成年社区矫正对象的社会化，是"一个人获得自己的人格和学会参与社会或群体方法的社会互动过程"。① 因为"未成年"，其"获得"与"学会"具有典型的依附性，监护人的参与和引导具有主导作用。未成年人犯罪的犯因性问题往往是其社会化进程中存在某种偏差和障碍。由此，我们可以说监护人对未成年社区矫正对象的犯罪负有不可推卸的责任。正因如此，在未成年社区矫正对象的矫正教育过程中，强制监护人能动地参与至关重要。首先，"监护并不是一种权利，而是一种职责"，② 监护人有义务监督管教和矫正教育未成年社区矫正对象，这一义务是法定的，具有强制性。其次，基于亲权之利益关联，监护人有抚养未成年社区矫正对象的义务。

三、未成年矫正教育的具体内容与方式

（一）制定有针对性的矫正方案

发达国家和地区对未成年矫正对象进行社区矫正的时间比较长，已有了比较成熟的经验，在决定社区矫正前都要进行调查评估，详细了解未成年犯罪人的情况，为社区矫正奠定基础。当社区矫正机构接受社区矫正对象后，还要对其进行危险性评估、需要结构评估等。危险性评估是根据未成年矫正对象各种变量因素来进行综合打分，如未成年矫正对象的犯罪性质、犯罪历史、个人特点、家庭状况及环境等；需要结构评估包括个人生理、心理以及受教育、工作等方面的需要，从而确定对未成年矫正对象的矫正教育计划及实施方案。因此，我们对未成年社区矫正对象的社区矫正可以借鉴这些成熟的经验，在对未成年矫正对象调查评估的基础上，制定有针对性的矫正方案。

（二）编制符合未成年社区矫正对象特点的矫正项目

通过制定科学的矫正项目，达到我们预期的矫正目的。正如美国学者戴维·波普诺（David Altschuler）所言，遵循以下五个原则的社区矫正项目，才能对未成年矫正对象发挥最大的功效和帮助：（1）能够逐步帮助未成年矫正对象提高责任感，并相应地提高他们

---

① ［美］戴维·波普诺：《社会学》，李强等译，中国人民大学出版社1999年版，第142页。

② 梁慧星：《民法》，四川人民出版社1989年版，第84页。

在社会上的生存能力；(2) 能够帮助未成年矫正对象融入社会，同时也使社会与他们形成互动；(3) 能够充分发挥未成年矫正对象家庭、社区、同龄人、学校和雇主的作用，共同努力为未成年矫正对象成功完成项目提供必要的帮助；(4) 能够开发新的资源，寻求必要的帮助；(5) 能够促进和监测未成年矫正对象与社区的互动能力。①

在实施社区矫正的国家中，未成年社区矫正对象始终是社区矫正的重点对象之一。而根据我国《社区矫正法》的规定，未成年社区矫正对象也是社区矫正的主要对象。但是，因为我国的未成年社区矫正工作还处在摸索阶段，社区矫正体系建立起来的时间还不久，在矫正主体、矫正项目、矫正方法上还存在很多缺陷。而理论界对此也是众说纷纭，据掌握的现有资料来看，介绍国外的理论和方法比较多，而研究中国社会本土化的矫正项目则比较少。因此，完善我国未成年社区矫正对象的矫正项目是十分必要的。

目前，我国各地未成年犯社区矫正实践中也有一些专门的项目，主要包括社区服务、思想教育、法制教育、社会公德教育、技能培训、心理矫正以及就业指导、生活指导等。但是，这些项目都比较散乱，随意性比较大，针对性差，不能对未成年社区矫正对象形成综合性的影响力。所以，我们有必要对未成年社区矫正对象的社区矫正项目进行深入而系统的研究，制定出符合未成年社区矫正对象特点的矫正项目指标体系。王顺安教授等通过对国外未成年犯社区矫正项目的分析指出，未成年犯社区矫正项目应当包含以下内容：(1) 服从父母或者监护人以及矫正机构的监管；(2) 遵守各种社会制度，如工作单位和学校的规章制度；(3) 参加经社区矫正机构工作人员认可的工作项目，接受职业和就业的培训；(4) 遵循社区矫正机构工作人员作出的指令；(5) 在指定的时间向社区矫正机构或其工作人员作出报告；(6) 参加心理矫正项目；(7) 参加毒品和酒精的防治；(8) 参与各种个人、集体以及家庭项目；(9) 参与由社区矫正机构提供的教育项目。② 同时认为，可以在发挥我国传统未成年犯矫正体系优点的基础上，建立一个阶梯形结构的社区矫正项目体系。③

1. 第一阶梯。适用于那些初次犯罪、罪行显著轻微的未成年矫正对象，目的在于对他们的犯罪行为做出警告，并让他们认识到再犯将可能遭受更为严厉的惩罚。这一类的社区矫正项目可以包含以下内容：(1) 训诫。由社区矫正机构以口头的方式对未成年社区矫正对象进行公开谴责。(2) 具结悔过。由社区矫正机构责令未成年社区矫正对象用书面方式保证悔改，以后不再重新犯罪。(3) 赔礼道歉。由社区矫正机构责令未成年社区矫正对象公开向被害人当面承认错误，表示歉意。(4) 赔偿。由社区矫正机构责令未成年社区矫正对象，根据其犯罪行为给被害人造成的经济损失的大小，赔偿被害人一定数额金钱。(5) 公益劳动。由社区矫正机构责令未成年社区矫正对象提供一定时间的社区公益服务。(6) 父母管教。由社区矫正机构责令未成年社区矫正对象父母或者监护人对其严加管教。

---

① 肖建国：《中国大陆少年刑事司法制度发展战略探索》，载《青少年犯罪研究》2001 年第 3 期。

② 王顺安、甄宏：《试论我国未成年犯社区矫正项目体系之构建》，载《青少年犯罪问题》2005 年第 1 期。

③ 王顺安、甄宏：《试论我国未成年犯社区矫正项目体系之构建》，载《青少年犯罪问题》2005 年第 1 期。以下三个阶梯依据该文整理，用语有所调整。

2. 第二阶梯。我们可以考虑设立包含以下内容的未成年社区矫正项目：(1) 定期报告。要求未成年社区矫正对象通过电话或邮件定期向社区矫正机构工作人员报告，或者在指定的时间前往社区矫正机构与矫正工作人员会面。(2) 遵守管制、缓刑、假释、暂予监外执行的有关规定。例如，遵守法律、行政法规和社区矫正有关规定，服从监督管理；遵守关于会客的规定；离开居住的市、县或者迁居，应当报告司法所，并经县级社区矫正机构批准等。(3) 参与酒精、毒品滥用的防治与检测。为未成年社区矫正对象设立专门的酒精、毒品滥用防治与检测项目。(4) 参加各种类型的学习、生活和工作技能的培训。这是由社区矫正机构组织的、致力于为未成年社区矫正对象提供可发展的、在社会中依法生活所必需的基本技能与知识的社区矫正项目。(5) 寄养之家项目。如果未成年社区矫正对象的亲生父母被认为不适合再抚养孩子，或者未成年矫正对象是孤儿或者被其父母抛弃，那么社区矫正机构可以将他们安置到一个替代的养育家庭。当然，社区矫正机构需要对这些愿意接收未成年社区矫正对象的寄养家庭进行调查，以判定这些家庭是否适合从事这项工作。对于那些犯罪情节不是非常严重的未成年人来说，一个家庭的环境，尤其是一个稳定的家庭，也许就是对其最好的矫治。(6) 心理矫正项目。仅从外部环境上对未成年社区矫正对象加以拘束只是治标的方法，要从根本上去除其犯罪人格离不开心理矫正项目，这一项目所针对的对象不应仅限于未成年社区矫正对象，其亲属（尤其是父母）、朋友也应共同参与，毕竟未成年社区矫正对象的犯罪是多方面因素共同作用的结果。(7) 集体活动项目。未成年社区矫正对象最担心的是被同龄人所抛弃，因而由社区矫正机构组织未成年社区矫正对象之间，未成年社区矫正对象与普通同龄人之间的集体活动，加强未成年社区矫正对象与其他未成年人之间的交流，有助于未成年社区矫正对象重新树立生活的信心，端正对自己的认识，改造自己的世界观。(8) 促进就学和就业项目。这一项目通过为未成年社区矫正对象安排就学的地方或者为他们提供职业培训、就业咨询服务和安置工作，促进他们重归社会，从而减少他们的重新犯罪率。

3. 第三阶梯。对于那些犯罪情节严重（尤其是暴力性犯罪）或者多次犯罪的未成年社区矫正对象来说，一般的社区矫正项目已无法起到防止其重新犯罪、实现对其矫治的作用。这就需要设置一些强度较大的、限制人身自由的监管性社区矫正项目对他们进行有效的监管和矫正。这些社区矫正项目的共同特点是在一定时间内限制乃至剥夺未成年社区矫正对象的人身自由。结合国内外的先进经验，可以构建以下的未成年社区矫正对象社区矫正项目：(1) 家中监禁和电子监控。家中监禁是社区矫正机构要求未成年社区矫正对象在特定的期间内将自己限制于家中不得外出，社区矫正工作人员通过电话或家访的形式对当事人进行不定期的检查。社区矫正机构还可以对未成年社区矫正对象同时使用电子监控作为家庭监禁的补充。电子监控是让未成年社区矫正对象在身上（如手腕、脚腕）戴上一个不能移动的电子装置，这个装置能发出电脑可以接收的信号，社区矫正机构可以据此来确定未成年社区矫正对象是否离开其所指定的处所。(2) 宵禁。社区矫正机构也可以责令未成年社区矫正对象在晚上指定的时间段里，必须待在特定的地方，如家里或学校，在此期间内不得进入酒吧、舞厅等特定场所。电子监控也可以作为宵禁的补充，以帮助社区矫正机构确定未成年社区矫正对象所在的场所。(3) 参加特定的职业技术学校的学习。这一项目强制性地要求未成年社区矫正对象在一定时间（如周一至周五或者以学期为单位）参加特定职业技术学校的学习，在此期间不得离开学校。这一项目的设立一方面是为了实现对这些未成年社区矫正对象的监管，更重要的是为了实现对他们的矫治，让他们掌握重返社会所必需的生存技能。在学校中，未成年社区矫正对象可以学习木工技术、泥瓦工技术、绘画、电子设备的维修、饮食服务、汽车维修、制图以及计算机技术。他们还将接受个人或集体的心理咨询，学习如何防治酒精、毒品的滥用等。(4) 军事化的矫正训练营。在美国，作为一个军事项目，军事训练营原本是用来训练新兵的，但美国的矫正机构将其作为一种社区矫正项目，使参与这一项目的未成年犯体验到一次严格的军队生活。这个为期数月的军事化、规范化的项目足以使未成年犯养成良好的生活习惯，提高他们的自尊与自信，端正他们的自我认识，从而使他们放弃重新犯罪的念头，重返社会。在这一项目中，未成年犯要参加基本的军事训练和严格的矫正治疗项目。他们还必须参加职业技术和知识的学习。在条件成熟时，军训项目完全可以在未成年社区矫正对象的社区矫正中适用。(5) 震慑性的监禁项目。这一项目源于西方国家的“震惊”监禁项目，它是在对未成年矫正对象适用正式的社区矫正项目前或者在未成年矫正对象不遵守社区矫正规定时，将其在监所中关押一定的时间，使其体会到监禁所带来的痛苦，从而放弃重新犯罪、认真接受社区矫正。

这一阶梯式的未成年社区矫正对象社区矫正项目体系是根据未成年社区矫正对象罪行的轻重和社会危险性并考虑他们各自的特点而设立的，但这种阶梯式的社区矫正项目的划分不是绝对的，在实践中，我们可以根据未成年矫正对象的特点和具体情况对其适用各个阶梯的社区矫正项目。

此外，这种阶梯式的设计也是出于给社区矫正中违规的未成年社区矫正对象一个有层次性的制裁选择。如果适用第一阶梯社区矫正项目的未成年矫正对象有违规行为，可以对其适用第二阶梯、第三阶梯强度较大的社区矫正项目，直至撤销对其适用社区矫正，将其送入监狱。

（三）建立学校参与机制

学校在对学生的制约与保护、对学生劣迹行为的矫治、对学生的自我管理与教育以及培养良好的品德和新型的人际关系等方面，都起着教育的“杠杆”作用。让未成年社区矫正对象能够继续在学校学习，接受健全的学校教育，有助于其健全人格的塑造，有助于其认真悔过思改，从而有利于其更好地复归社会。

学校参与对未成年社区矫正对象的矫正可从以下三个方面做起：一是为未成年社区矫正对象创建融洽的学习环境，良好的集体、良好的风气对他们改正不良行为习惯至关重要。因此，对于能够继续读书的未成年社区矫正对象，学校应该以宽容的心态来对待他们，给他们更多的温暖和关怀。二是进行及时有效的沟通，发掘未成年社区矫正对象自身的优点。沟通的目的不是让他们简单地知道有错必罚，而是让他们明白为什么错了，错在哪儿，以后不能再犯同样的错误。三是进行必要的法制教育，应重点学习宪法、预防未成年人犯罪法、未成年人保护法等，还可以开展形式多样、富有感染力的法制教育活动，如模拟法庭、以案说法等。①

（四）完善多元化的监管教育措施

按照《联合国少年司法最低限度标准规则》（又称《北京规则》）规定，对未成年犯实施社区矫正的措施包括：（1）照管、监护和监督的裁决；（2）缓刑；（3）社区服务的裁决；（4）罚款、补偿和赔偿；（5）中间待遇和其他待遇的裁决；（6）参加集体辅导和类似活动的裁决；（7）有关寄养、生活区或其他教育设施的裁决；（8）其他有关裁决。②社区矫正工作综合性强，涉及层面广泛，因此，对未成年矫正对象实施矫正教育，需要有关部门相互配合，相互支持，切实发挥职能部门整体协调一致的优势，需要家庭、学校和全社会共同建立起挽救未成年矫正对象的配套体系，并推动社区矫正工作向纵深发展。

（五）建立未成年矫正对象的监督考评机制

为了确保未成年矫正对象矫正教育的成效，必须建立相应的监督考评机制，以此检验矫正教育工作的情况和质量。监督考评工作组应由未成年矫正对象社区矫正委员会领导小组成员、刑事司法机关的代表及有关专家组成。制定监督考评制度、监督考评标准、监督考评方法。通过考评对未成年矫正对象进行全面的、持续的、质与量相结合的、客观的考核，总结未成年矫正对象矫正教育的成败得失，不断加强矫正教育工作，提高矫正教育质量，巩固矫正教育成果。根据考察的情况，从中找出已经出现或可能出现的问题，随时调整矫正教育的方案和内容。③

四、建立未成年社区矫正对象犯罪记录封存制度

未成年社区矫正对象的犯罪记录封存制度是指未成年人曾受到法院判决或者有罪宣告时，相关司法机关应当对符合规定的案件进行封存，非经法定允许，不对其他单位及人员提供查询的法律制度。我国《刑事诉讼法》第286条和《预防未成年人犯罪法》第59条，对未成年人犯罪记录封存制度进行了立法上的规定。

在我国的未成年人犯罪记录封存制度中，我国刑事诉讼法规定了封存必须满足的两个条件：一是年龄要求，犯罪时的年龄应当在14周岁至18周岁之间，该年龄不是侦查阶段或者审判阶段时的年龄。二是法院最终判决的刑期限制，根据规定，经过法院审理，未成年人被判决的刑期必须在五年以下有期徒刑，判五年以上的，则一律不适用该制度。可见，对于被判处刑期在五年以上的未成年犯，我国未将其列入封存的范畴。在封存内容上，是为“犯罪记录”，这里所阐述的犯罪记录，应当对其进行扩大解释，即不仅包括对

① 何友汉、任庆堂：《论未成年犯社区矫正模式的构建》，载广州市社区矫正网，2010年6月10日发布。

② 以上规定分别引自《北京规则》第18条第2款。

③ 何友汉、任庆堂：《论未成年犯社区矫正模式的构建》，载广州市社区矫正网，2010年6月10日发布。

未成年案件中含侦查、审查起诉、审判所有阶段的过程内容，还应包括未成年人犯罪事实及犯罪时所产生的其他相关信息，包括《预防未成年人犯罪法》第 59 条规定的接受专门矫治教育、专门教育的记录，被行政处罚、采取刑事强制措施和不起诉的记录等。因此，为贯彻落实未成年人犯罪记录封存制度，除了对未成年犯罪的案件材料、法庭庭审过程及判决情况需要进行严格封存外，还应该尽量对未成年人案件的案发地、案件的客观事实采取封存措施。同时，规定了两种特殊查询主体，一是司法机关在办案需要的条件下；二是有关单位在符合国家规定的情况下。在这两种情形下，可以依法查询未成年人犯罪的相关信息。由于未成年人受到的刑事处罚被记录，导致其在以后的学习、工作和生活等方面造成相应影响，不利于其融入社会集体。在这样的背景下，这一制度有效地消除了犯罪前科给涉案未成年人带来的负面影响，有利于未成年人复归社会，是我国对未成年犯权利保障的具体体现。①

---

① 连春亮：《社区矫正通论》，中国人民公安大学出版社 2021 年版，第 405 页。

第十二章　回归社会教育

在我国，过去将监狱服刑人员刑满释放以后称为劳改释放犯、刑满释放人员、安置回归社会人员等。在国外，有些国家称为出狱人员、回归人员、更生保护人员等。社区矫正对象在法律性质上仍然是罪犯，回归社会以后，本书将其统称为回归社会人员。《社区矫正法》第 1 条规定社区矫正要“提高教育矫正质量，促进社区矫正对象顺利融入社会，预防和减少犯罪，”这一规定明确提出了“社区矫正对象顺利融入社会”的要求。

第一节　回归社会人员的职业限制和职业禁止教育

我国回归社会人员的法律保护在《宪法》《刑法》《监狱法》《劳动法》《未成年人保护法》《预防未成年人犯罪法》《就业促进法》《法律援助法》《社会救助暂行办法》等法律法规和政策文件中，都有相应的规定。同时，为了使回归社会人员的法律保护适应社会发展的需要，2010 年中办、国办转发了《中央综治委关于进一步加强刑满释放解除劳教人员安置帮教工作的意见》(中办发〔2010〕5 号)；2015 年司法部等 13 部委下发了《关于加强刑满释放人员救助管理工作的意见》（司发〔2015〕8 号)；2016 年司法部、中央综治办、民政部、财政部联合制定印发了《关于社会组织参与帮教刑满释放人员工作的意见》等。因此，回归社会人员的法律保护是国家、社会和每个公民的共同责任。实践证明，回归社会人员的法律保护工作在预防、减少犯罪，维护社会稳定，保障社会主义现代化建设顺利进行等方面发挥了重要作用，正被人们逐渐认识，因而，也越来越受到党和政府的重视。

一、回归社会人员的国际规则和我国的法律规定

（一）国际规则

回归社会人员的法律保护不仅是世界各国预防犯罪的重点，而且也是联合国预防犯罪和罪犯处遇大会所关注的主要领域之一。1955 年在日内瓦举行的第一届联合国预防犯罪和罪犯待遇大会通过的《囚犯待遇最低限度标准规则》第 64 条规定：“社会的责任并不因囚犯出狱而终止。所以应有公私机构能向出狱囚犯提供有效的善后照顾，其目的在减少公众对他的偏见，便利地恢复正常社会生活。”1960 年在英国伦敦召开的联合国预防犯罪和罪犯待遇大会所做出的关于受刑人释放后保护的决议指出：“更生保护之目的，乃在于使受

刑人恢复自由社会之生活并给予道德及物质上的支持，首先应设法解决其实际需要之事项，如衣服、住宿、旅行、生计及证明文件等，至于情绪上的安慰及谋职的援助等也应一并考虑。”

（二）我国的法律规定

1.《监狱法》的规定。《监狱法》第35条规定：“罪犯服刑期满，监狱应当按期释放并发给释放证明书。”第36条规定：“罪犯释放后，公安机关凭释放证明书办理户籍登记。”第37条规定：“对刑满释放人员，当地人民政府帮助其安置生活。刑满释放人员丧失劳动能力又无法定赡养人、扶养人和基本生活来源的，由当地人民政府予以救济。”第38条规定：“刑满释放人员依法享有与其他公民平等的权利。”《监狱法》是对回归社会人员法律保护的主要法律，从规定的内容看，涉及回归社会人员的户籍登记、生活安置、政府救济、权利保障等方面。

2.《反恐怖主义法》的规定。《反恐怖主义法》第30条规定：“对恐怖活动罪犯和极端主义罪犯被判处徒刑以上刑罚的，监狱、看守所应当在刑满释放前根据其犯罪性质、情节和社会危害程度，服刑期间的表现，释放后对所居住社区的影响等进行社会危险性评估。进行社会危险性评估，应当听取有关基层组织和原办案机关的意见。经评估具有社会危险性的，监狱、看守所应当向罪犯服刑地的中级人民法院提出安置教育建议，并将建议书副本抄送同级人民检察院。罪犯服刑地的中级人民法院对于确有社会危险性的，应当在罪犯刑满释放前作出责令其在刑满释放后接受安置教育的决定。决定书副本应当抄送同级人民检察院。被决定安置教育的人员对决定不服的，可以向上一级人民法院申请复议。安置教育由省级人民政府组织实施。安置教育机构应当每年对被安置教育人员进行评估，对于确有悔改表现，不致再危害社会的，应当及时提出解除安置教育的意见，报决定安置教育的中级人民法院作出决定。被安置教育人员有权申请解除安置教育。人民检察院对安置教育的决定和执行实行监督。”这是在法律层面对该类罪犯刑满释放后的安置帮教规定的最为详细的法条。

3.《刑法》的有关规定。《刑法》第37条之一规定：“因利用职业便利实施犯罪，或者实施违背职业要求的特定义务的犯罪被判处刑罚的，人民法院可以根据犯罪情况和预防再犯罪的需要，禁止其自刑罚执行完毕之日或者假释之日起从事相关职业，期限为三年至五年。被禁止从事相关职业的人违反人民法院依照前款规定作出的决定的，由公安机关依法给予处罚；情节严重的，依照本法第三百一十三条的规定定罪处罚。其他法律、行政法规对其从事相关职业另有禁止或者限制性规定的，从其规定。”第100条规定：“依法受过刑事处罚的人，在入伍、就业的时候，应当如实向有关单位报告自己曾受过刑事处罚，不得隐瞒。犯罪的时候不满十八周岁被判处五年有期徒刑以下刑罚的人，免除前款规定的报告义务。”

4.《预防未成年人犯罪法》的有关规定。《预防未成年人犯罪法》第55条规定：“社区矫正机构应当告知未成年社区矫正对象安置帮教的有关规定，并配合安置帮教工作部门落实或者解决未成年社区矫正对象的就学、就业等问题。”第56条规定：“对刑满释放的未成年人，未成年犯管教所应当提前通知其父母或者其他监护人按时接回，并协助落实安置帮教措施。没有父母或者其他监护人、无法查明其父母或者其他监护人的，未成年犯管教所应当提前通知未成年人原户籍所在地或者居住地的司法行政部门安排人员按时接回，由民政部门或者居民委员会、村民委员会依法对其进行监护。”第 57 条规定：“未成年人的父母或者其他监护人和学校、居民委员会、村民委员会对接受社区矫正、刑满释放的未成年人，应当采取有效的帮教措施，协助司法机关以及有关部门做好安置帮教工作。居民委员会、村民委员会可以聘请思想品德优秀，作风正派，热心未成年人工作的离退休人员、志愿者或其他人员协助做好前款规定的安置帮教工作。”第 58 条规定：“刑满释放和接受社区矫正的未成年人，在复学、升学、就业等方面依法享有与其他未成年人同等的权利，任何单位和个人不得歧视。”第 59 条规定：“未成年人的犯罪记录依法被封存的，公安机关、人民检察院、人民法院和司法行政部门不得向任何单位或者个人提供，但司法机关因办案需要或者有关单位根据国家有关规定进行查询的除外。依法进行查询的单位和个人应当对相关记录信息予以保密。”

5.《社区矫正法》的有关规定。《社区矫正法》第 44 条规定：“社区矫正对象矫正期满或者被赦免的，社区矫正机构应当向社区矫正对象发放解除社区矫正证明书，并通知社区矫正决定机关、所在地的人民检察院、公安机关。”

二、回归社会教育的定位

1994 年，中央社会治安综合治理委员会、公安部、司法部、劳动部、民政部、国家工商行政管理局等六部委在《关于进一步加强对刑满释放、解除劳教人员安置和帮教工作的意见》中指出，对回归社会人员的回归教育工作，是在党委、政府的统一领导下，依靠各有关部门和社会力量对回归社会人员进行的一种非强制性的引导、帮助、教育、管理活动。为了准确把握回归社会人员的回归教育工作的性质，我们必须注意以下几点：

（一）各级党委、政府是回归社会教育的决策者和指挥者

各级党委、政府应当重视对回归社会人员的回归教育工作，把做好这项工作的成效列入社会治安综合治理的工作目标，作为落实社会治安综合治理领导责任状的一项重要内容，把回归社会人员的重新违法犯罪率能否逐步下降，作为考核党政领导干部抓社会治安综合治理工作能力和实绩的一个重要指标。各级社会治安综合治理委员会要积极协助党委、政府，加强对这项工作的组织、协调、检查和监督。特别是乡镇（街道）党政基层组织，要承担起具体组织落实对回归社会人员的法律保护工作的责任。乡镇（街道）专抓社会治安综合治理的副职要把协助党委、政府做好这项工作作为自己的重要任务。

（二）相关部门在回归社会教育工作中具有义不容辞的责任

回归社会人员的回归社会教育工作是一项复杂的社会系统工程，涉及社会的方方面面，不但涉及回归社会人员的原户籍所在地和现住地，而且涉及司法行政、公安、人力资源和社会保障、卫健委、民政、工商行政管理、共青团、妇联等有关部门和群众组织。仅

靠某一部门、某一单位是不可能做好的，必须加强领导、协调配合、齐抓共管，从而形成合力，发挥整体优势，共同做好安置帮教工作。

（三）回归社会教育工作是一项需要群众参与的基础性工作

坚持群众路线是我党的优良传统。要做好法律保护工作也必须坚持和发扬专门机关与群众路线相结合的优良传统。只有坚持群众路线，充分发动群众，才能把回归社会教育工作的各项措施落实到基层。当前，对回归社会人员进行回归社会教育，会有一定的难度和阻力。因此，各地要大力宣传回归社会教育工作的重要意义和作用，宣传回归社会教育工作先进集体、先进个人的感人事迹和成功经验，通过宣传、教育和发动，引起社会各界对这项工作的重视，使他们认识到，做好这项工作既是维护自身生存环境的需要，也是维护社会稳定的需要，使广大干部群众理解、关心这项工作，积极参与这项工作，为回归社会人员融入社会创造良好的社会氛围，为回归社会教育工作创造良好的工作氛围。

（四）回归社会教育工作是针对特殊群体的工作，具有特殊性

回归社会教育工作是一项政策性很强的工作，严格把握和区分工作对象不但关系到党的政策能否贯彻始终，而且关系到国家的法律能否得以正确实施。在工作实践中，对这一特殊群体既不能任意扩大，也不能随意缩小。要以法律法规为衡量标准，严格加以界定，不能笼统地把犯有一定错误或具有不良倾向的人都作为保护对象。回归社会教育工作的对象从普遍意义上说是所有回归社会人员，但主要是针对没有生活出路和有重新犯罪倾向的回归社会人员。没有生活出路的人员通常指无家可归、无业可就、无处可去的“三无”人员。有重新犯罪倾向的人员通常指没有改造好的人员，犯罪倾向明显、恶习较深、屡教不改人员等。

（五）回归社会教育工作是非强制性的引导、扶助、教育和管理活动

首先，应当准确理解非强制性的法律依据和法律特征。尽管回归社会人员因为罪错对国家和社会曾带来不同程度的危害，在主观上具有不同程度的不良倾向，但回归社会教育工作既不是刑事处罚也不是行政处罚，与以往的公安、司法机关对其处罚有着本质的区别。尽管社区矫正机构对社区矫正对象也要进行思想教育，但这种教育是强制性的，是以国家专政机器为保障的，而回归社会教育工作对其进行的思想教育，是以回归社会人员主动、愿意接受教育为工作的前提，是教育者和被教育者之间一种互动的活动，需要两者的积极配合才能进行。其次，回归社会教育工作是一项引导、扶助、教育和管理活动。在这一工作中，引导是指帮助回归社会人员迷途知返，寻找和走上正确的人生道路，这是回归社会教育工作的前提；扶助是指排难解困，营造一个与其他公民同等的生活环境，这是回归社会教育工作的保障；教育是指改恶从善，使思维定式和行为习惯融入正常社会生活轨道，这是法律保护工作的核心；管理是指监督防范，是社会对这一特殊群体的再犯风险控制措施，这是法律保护工作的基础。引导、扶助、教育和管理彼此之间互动互联、缺一不可，它们之间的有机联系构成回归社会教育工作的整体框架。除此之外，还要对回归社会

人员出现的家庭危机、人际关系危机等进行干预。

三、回归社会人员职业禁止、职业限制教育及法律依据

对回归社会人员的回归社会教育是相对的。在我国的法律法规中，明确了回归社会人员的职业禁止或职业限制。主要有：

（一）人民法院书记员和法官

《法官法》第13条规定："下列人员不得担任法官：（一）因犯罪受过刑事处罚的；（二）被开除公职的……"《人民法院书记员管理办法（试行）》第4条规定："下列人员不得担任书记员：（一）曾因犯罪受过刑事处罚的；（二）曾被开除公职的；（三）涉嫌违法违纪正在接受审查，尚未作出结论的。"

（二）人民陪审员

《人民陪审员法》第7条规定："有下列情形之一的，不得担任人民陪审员：（一）受过刑事处罚的……"

（三）人民检察院检察官

《检察官法》第13条规定："下列人员不得担任检察官：（一）因犯罪受过刑事处罚的；（二）被开除公职的……"

（四）公务员

《公务员法》第26条规定："下列人员不得录用为公务员：（一）因犯罪受过刑事处罚的……（三）被开除公职的……（五）有法律规定不得录用为公务员的其他情形的。"《公务员录用规定》第19条规定，曾因犯罪受过刑事处罚的人员不得报考公务员。

（五）律师

《律师法》第7条规定："申请人有下列情形之一的，不予颁发律师执业证书：（一）无民事行为能力或者限制民事行为能力的；（二）受过刑事处罚的，但过失犯罪的除外；（三）被开除公职或者被吊销律师、公证员执业证书的。"第49条规定，律师因故意犯罪受到刑事处罚的，由省、自治区、直辖市人民政府司法行政部门吊销其律师执业证书。

（六）基层法律服务人员

《基层法律服务工作者管理办法》第8条规定："有下列情形之一的人员，不得参加本办法第六条第一款第二项规定的考试或者申请执业核准：（一）因故意犯罪受到刑事处罚的；（二）被开除公职的……"《司法部关于刑满释放人员不能从事基层法律服务工作的

批复》："……对于因故意犯罪受过刑事处罚的人员，已领取基层法律服务执业证件的，应当认定其《法律服务执照》无效，其所在的法律服务所应当予以辞退，收回其《法律服务执照》，并报核发执照的司法行政机关办理注销手续。"

（七）司法鉴定人

2015 年修正的《全国人民代表大会常务委员会关于司法鉴定管理问题的决定》第 4 条第 2 款规定："因故意犯罪或者职务过失犯罪受过刑事处罚的，受过开除公职处分的，以及被撤销鉴定人登记的人员，不得从事司法鉴定业务。"《司法鉴定人登记管理办法》第 13 条规定，因故意犯罪或者职务过失犯罪受过刑事处罚的人员，不得申请从事司法鉴定业务。

（八）公证员

2017 年修正的《公证法》第 20 条规定："有下列情形之一的，不得担任公证员：（一）无民事行为能力或者限制民事行为能力的；（二）因故意犯罪或者职务过失犯罪受过刑事处罚的……"《公证员执业管理办法》第 9 条规定，因故意犯罪或者职务过失犯罪受过刑事处罚的人员不得担任公证员。

（九）警察

2012 年修正的《人民警察法》第 26 条第 2 款规定，曾因犯罪受过刑事处罚的人员，不得担任人民警察。

（十）外交人员

《驻外外交人员法》第 7 条规定，曾因犯罪受过刑事处罚的人员，不得任用为驻外外交人员。

（十一）村委会成员

2018 年修正的《村民委员会组织法》第 18 条规定："村民委员会成员丧失行为能力或者被判处刑罚的，其职务自行终止。"

（十二）拍卖师

2015 年修正的《拍卖法》第 15 条第 2 款规定："被开除公职或者吊销拍卖师资格证书未满五年的，或者因故意犯罪受过刑事处罚的，不得担任拍卖师。"

（十三）国有公司董事、监事、经理

2018 年修正的《公司法》第 146 条规定："有下列情形之一的，不得担任公司的董事、监事、高级管理人员……（二）因贪污、贿赂、侵占财产、挪用财产或者破坏社会主

义市场经济秩序，被判处刑罚，执行期满未逾五年，或者因犯罪被剥夺政治权利，执行期满未逾五年……"

（十四）国有独资企业、国有独资公司、国有资本控股公司的董事、监事、高级管理人员

《企业国有资产法》第73条规定："国有独资企业、国有独资公司、国有资本控股公司的董事、监事、高级管理人员违反本法规定，造成国有资产重大损失，被免职的，自免职之日起五年内不得担任国有独资企业、国有独资公司、国有资本控股公司的董事、监事、高级管理人员；造成国有资产特别重大损失，或者因贪污、贿赂、侵占财产、挪用财产或者破坏社会主义市场经济秩序被判处刑罚的，终身不得担任国有独资企业、国有独资公司、国有资本控股公司的董事、监事、高级管理人员。"

（十五）商业银行的董事、高级管理人员

2015年修正的《商业银行法》第27条规定："有下列情形之一的，不得担任商业银行的董事、高级管理人员：（一）因犯有贪污、贿赂、侵占财产、挪用财产罪或者破坏社会经济秩序罪，被判处刑罚，或者因犯罪被剥夺政治权利的……"

（十六）证券相关从业人员

2015年修正的《证券投资基金法》第15条规定："有下列情形之一的，不得担任公开募集基金的基金管理人的董事、监事、高级管理人员和其他从业人员：（一）因犯有贪污贿赂、渎职、侵犯财产罪或者破坏社会主义市场经济秩序罪，被判处刑罚的……"

2019年修正的《证券法》第124条第2款规定："有《中华人民共和国公司法》第一百四十六条规定的情形或者下列情形之一的，不得担任证券公司的董事、监事、高级管理人员……"第125条第2款规定："因违法行为或者违纪行为被开除的证券交易场所、证券公司、证券登记结算机构、证券服务机构的从业人员和被开除的国家机关工作人员，不得招聘为证券公司的从业人员。"

（十七）保险公司的董事、监事、高级管理人员

2015年修正的《保险法》第82条规定："有《中华人民共和国公司法》第一百四十六条规定的情形或者下列情形之一的，不得担任保险公司的董事、监事、高级管理人员：（一）因违法行为或者违纪行为被金融监督管理机构取消任职资格的金融机构的董事、监事、高级管理人员，自被取消任职资格之日起未逾五年的；（二）因违法行为或者违纪行为被吊销执业资格的律师、注册会计师或者资产评估机构、验证机构等机构的专业人员，自被吊销执业资格之日起未逾五年的。"

（十八）破产企业管理人

《企业破产法》第24条规定，因故意犯罪受过刑事处罚的人员，不得担任资产管

理人。

（十九）种子企业的法定代表人、高级管理人员

2015 年修正的《种子法》第 76 条第 2 款规定：“因生产经营劣种子犯罪被判处有期徒刑以上刑罚的，种子企业或者其他单位的法定代表人、直接负责的主管人员自刑罚执行完毕之日起五年内不得担任种子企业的法定代表人、高级管理人员。”

（二十）生产经营单位的主要负责人

2021 年修正的《安全生产法》第 94 条规定：“生产经营单位的主要负责人未履行本法规定的安全生产管理职责的，责令限期改正，处二万元以上五万元以下的罚款；逾期未改正的，处五万元以上十万元以下的罚款，责令生产经营单位停产停业整顿。生产经营单位的主要负责人有前款违法行为，导致发生生产安全事故的，给予撤职处分；构成犯罪的，依照刑法有关规定追究刑事责任。生产经营单位的主要负责人依照前款规定受刑事处罚或者撤职处分的，自刑罚执行完毕或者受处分之日起，五年内不得担任任何生产经营单位的主要负责人；对重大、特别重大生产安全事故负有责任的，终身不得担任本行业生产经营单位的主要负责人。”

（二十一）食品安全管理人员

2021 年修正的《食品安全法》第 135 条第 2 款规定：“因食品安全犯罪被判处有期徒刑以上刑罚的，终身不得从事食品生产经营管理工作，也不得担任食品生产经营企业食品安全管理人员。”第 138 条第 2 款规定：“违反本法规定，受到开除处分的食品检验机构人员，自处分决定作出之日起十年内不得从事食品检验工作；因食品安全违法行为受到刑事处罚或者因出具虚假检验报告导致发生重大食品安全事故受到开除处分的食品检验机构人员，终身不得从事食品检验工作。食品检验机构聘用不得从事食品检验工作的人员的，由授予其资质的主管部门或者机构撤销该食品检验机构的检验资质。”

（二十二）刑法修正案（九）的新规定

2020 年修正的《刑法》第 37 条之一（在刑法第 37 条后增加一条，作为第 37 条之一）规定：“因利用职业便利实施犯罪，或者实施违背职业要求的特定义务的犯罪被判处刑罚的，人民法院可以根据犯罪情况和预防再犯罪的需要，禁止其自刑罚执行完毕之日或者假释之日起从事相关职业，期限为三年至五年……”

（二十三）教师

《教师法》第 14 条规定：“受到剥夺政治权利或者故意犯罪受到有期徒刑以上刑事处罚的，不能取得教师资格；已经取得教师资格的，丧失教师资格。”

（二十四）会计和注册会计师

《会计法》第 40 条规定，因有提供虚假财务会计报告，做假账，隐匿或者故意销毁会计凭证、会计账簿、财务会计报告，贪污，挪用公款，职务侵占等与会计职务有关的违法行为被依法追究刑事责任的人员，不得再从事会计工作。《注册会计师法》第 10 条规定："有下列情形之一的，受理申请的注册会计师协会不予注册……（二）因受刑事处罚，自刑罚执行完毕之日起至申请注册之日止不满五年的……"

第二节 社会适应性教育

依照《社区矫正法》的规定，对社区矫正对象的社会适应性训练与指导主要包括：一是对社区矫正对象的就业就学帮扶。第 37 条规定："社区矫正机构可以协调有关部门和单位，依法对就业困难的社区矫正对象开展职业技能培训、就业指导，帮助社区矫正对象中的在校学生完成学业。"二是对社区矫正对象的继续教育帮扶。第 38 条规定："居民委员会、村民委员会可以引导志愿者和社区群众，利用社区资源，采取多种形式，对有特殊困难的社区矫正对象进行必要的教育帮扶。"三是对帮助社区矫正对象的企业事业单位、社会组织的政策支持。第 41 条规定："国家鼓励企业事业单位、社会组织为社区矫正对象提供就业岗位和职业技能培训。招用符合条件的社区矫正对象的企业，按照规定享受国家优惠政策。"四是对社区矫正对象的社会救助。第 43 条规定："社区矫正对象可以按照国家有关规定申请社会救助、参加社会保险、获得法律援助，社区矫正机构应当给予必要的协助。"由此，开展职业培训和就业指导等教育矫正活动，既是教育矫正的手段，也是对社区矫正对象进行社会适应性训练，提高社会适应能力的重要组成部分。

一、社会态度教育

社会适应是指个体为适应社会环境而改变自己的态度或行为习惯的过程。① 因此，社会适应性训练与指导首先是社会态度教育。社会态度又被称为态度，是指主体对外界事物一贯的、稳定的心理准备状态或一定的行为倾向。

（一）社会态度的特点

主要有：（1）内隐性。态度是人的内在心理活动，本身是无法直接测定的，必须从个人的行为或与行为有关的语言行为表现中间接推断出来，测定态度需要一定的中间变量。（2）方向性。态度总是具有赞成或反对的方向性特点，并具有程度的差异，有时反映出态度的极端性，有时则反映出态度的中性性。（3）统一性。构成态度的认识、情感和行为倾向三种成分彼此协调，是一个统一的整体。认识是态度形成的前提和基础，只有在客观事

① 王秉中主编：《罪犯教育学》，群众出版社 2003 年版，第 96 页。

物充分认识的前提下，才能产生相应的情感；情感是在认识基础上建立起来的人对客观事物是否满足自己的需要而产生的态度体验。行为倾向是人对态度对象做出某种反应的意向，是社会行为中采取行动前的一种准备状态。(4) 复杂性。在一定条件下，个体并不是经常表现出与内心态度相一致的外部行为。在不同的外部条件和内在需求状态下，有时表现为表里如一的外在态度；有时表现为“心是口非”，有时又表现为“口是心非”。因此，社会态度具有复杂性特征。(5) 稳定性。在一定时期内态度保持着相对稳定的倾向。只有当外部环境、内在心理认知等发生改变时，社会态度才可能发生相应改变。由此，我们可以看到，社区矫正对象的社会态度不是先天形成的，而是后天习得的，通过努力是可以改变的。

（二）社会态度的功能

德国心理学家 D. 卡茨从需要满足的角度，认为态度具有以下四种功能：一是适应功能，个体具有从外部环境获得奖励，避免惩罚的需要，而态度使人具有满足这种需要的功能。二是价值表现功能，态度可以明确地显示自我的价值，具有积极的表现功能。三是自我防御功能，态度既可以拒绝引起焦虑的外部事件，又可以调节内部冲动。四是知识功能，态度可以作为理解环境的一种手段，将它作为判断的标准或理解的参考系。

基于社会态度的特点和功能，社会态度是社区矫正对象外在行为的决定因素，它决定着社区矫正对象信息的选择与加工，对社会刺激的认知和情绪体验。我们通过教育，使社区矫正对象对社会现实、社会情境、社会信息、社会问题以及社会矛盾等，有一个客观的认识，理性地处理社会矛盾和纠纷，避免由于处理方法不当致使矛盾激化。

二、职业培训

社区矫正中的职业培训是指对社区矫正对象进行的、以职业技能为内容的有计划、有目的、系统性的教育矫正活动：

（一）职业培训的特征

职业培训是社区矫正工作实现社区矫正对象与社会重新融合，增强社会适应性、提高就业竞争力的重要形式。现代科学技术的发展，使人们在职业上有了更大的选择范围。同时也对从事某一职业的人员提出更高的职业技能要求。社区矫正对象中的大多数人由于与社会隔离而不具有一技之长，或者原先所具有的职业技能已不适应社会发展的需要，需要重新学习、整合社会需求的职业技能，因此，应对其进行职业培训。即使曾经具有一技之长的社区矫正对象也应对其进行职业培训，以使其在回归社会后，具有更熟练、更多样的职业技术。目前，《社区矫正法》《社区矫正法实施办法》及各省、自治区、直辖市都制定了相应的规则，对社区矫正对象的职业培训问题作出了明文规定。对社区矫正对象进行的职业培训具有以下特征。

1. 培训内容的丰富性。由于社区矫正对象的个体情况千差万别，社会上的职业种类繁多，所以对社区矫正对象职业培训的内容也十分丰富，但从总体上看可分为以下几个部分：

首先，第一产业范围内的职业培训内容。主要包括：农业中的种植业、养殖业。种植业如粮食种植、蔬菜种植、花卉种植、林木种植、草地种植等；养殖业如家禽养殖、水产养殖等。

其次，第二产业范围内的职业培训内容。主要包括：工业中的机械制造、原料加工等。采掘业中的各种技术工种等。

最后，第三产业范围内的职业培训内容。主要包括：修理业，如家电修理、家庭物品修理、汽车修理、摩托车修理等；餐饮业，如厨师培训、糕点制作等；服务业，如家政服务、社区服务等；装修业，如住宅装修等。

上述职业培训的内容中，属于第三产业范围内的职业适用的范围最广。目前第三产业在我国处于蓬勃发展阶段，随着我国经济的发展、社会的进步，第三产业在其发展过程中，将会创造更多的就业机会，容纳更多的社会劳动力。因此，就目前社区矫正职业培训的内容而言，适合矫正对象状况的第三产业范围内的职业培训应当是职业培训中的发展方向。

2. 培训方式的社会性。由于对社区矫正对象的职业培训包含的种类较多，范围较广，所以仅仅依靠社区矫正机构自身的力量和人员显然是难以做到的。必须在社区矫正机构的组织下，动员社会上的力量共同参与对社区矫正对象的职业培训。具体方式包括：（1）社区矫正机构与社会力量联合进行职业培训；（2）社区矫正机构直接开办各种职业培训班，聘请社会志愿者进行职业培训；（3）由社区矫正机构作为中介，介绍到社会上的相关培训部门，对社区矫正对象进行培训；（4）作为对社区矫正对象的公力救济形式，由政府出资或在政府设立的培训机构进行培训；（5）以政府购买服务的方式，政府按照一定的标准和培训社区矫正对象的数量和质量，向社会培训机构支付费用。

此外，职业培训的社会性还表现为对社区矫正对象进行的职业培训中所选择的职业必须是易于在社会上谋求的职业或者是社区矫正对象回归社会后易于从事的职业。

3. 培训形式的多样性。社区矫正对象是一个松散型社会群体，其人员的组成十分复杂。各个社区矫正对象的个人经历、家庭情况不同，其兴趣、爱好也不同，同时，由于居住的地域环境及经济发展的差异，导致对职业技能的要求也不一样。因此，不同社区矫正对象所乐于从事的职业以及适宜从事的职业，必须依据个人条件及所处社会环境条件的要求而有所区别。这样，对社区矫正对象进行的职业培训就必须充分考虑这一情况而灵活进行，不能千篇一律，也不能不考虑社区矫正对象个人的实际情况。所以，对社区矫正对象的职业培训具有形式多样性的特点。其中从产业上可分为：第一产业范围内的职业培训；第二产业范围内的职业培训；第三产业范围内的职业培训。从城乡职业上可分为：适宜在大城市从事的职业培训；适宜在中小城市从事的职业培训；适宜在乡镇、农村地区从事的职业培训等。至于社区矫正对象个体适宜什么样的培训，要因地因人因社会需要而灵活掌握。

4. 培训目的的特定性。对社区矫正对象进行的职业培训是使其回归社会后做到自谋职业、自食其力，增强社会适应性和在社会生活中的竞争能力，最终成为守法公民，不再继续违法犯罪，为社会安全、稳定提供保障。与社会上的职业培训不同的是，对社区矫正对象的职业培训具有预防和减少重新违法犯罪的目的。对社区矫正对象的职业培训不仅将社区矫正对象由一个违法者或犯罪者变成一个具有一定劳动技能或职业技术的建设者，更重要的是这些社区矫正对象通过职业培训，具有新的劳动技能或职业技术，回归社会后能够自食其力，不再重蹈覆辙，进而实现社区矫正的目的。

（二）职业培训的要求

为了充分发挥职业培训对社区矫正对象的作用，在职业培训活动中应遵循以下要求：

1. 以社区矫正机构的组织和引导为主体。对社区矫正对象的职业培训是一项系统的庞大的社会工程，它牵涉社会机构的诸多部门，其内容直接涉及社会上各种行为或职业的知识，因此，单凭社区矫正机构自身的力量是难以完成这一任务的，需要动员社会各界力量共同参与对社区矫正对象的职业技术培训活动，只有与社会上的相关部门联合进行，才能实现对社区矫正对象职业培训的目的。但是，这也并不意味着社区矫正机构可以把职业培训的责任推给社会。对社区矫正对象的职业培训必须以社区矫正机构的组织和引导为主体进行，即社区矫正机构负责对社区矫正对象职业培训过程中的组织、协调、管理等各项工作，并承担相应的责任。

2. 根据社会需求状况进行针对性培训。对社区矫正对象的职业培训不仅要考虑社区矫正对象的个人情况，还要考虑社会就业状况，更要考虑我国目前因产业结构的变化而带来的对劳动力需求的影响，否则就会出现对社区矫正对象进行的职业培训成效降低，社区矫正对象所掌握的职业技术在社会上前景不看好而难以寻找职业的现象。

3. 职业培训活动必须按照职业要求规范进行。对社区矫正对象的职业培训在社区矫正机构的主导下，通过相关部门和机构的合作，严格按照国家有关部门规定的教学时间、课程设置、实习内容进行，不得随意更改或减少培训内容，更不能为了应付有关部门检查而弄虚作假。对社区矫正对象所进行的某项职业培训结束后，要及时组织社区矫正对象参加国家有关部门组织的职业培训考试，使其获得国家承认的职业培训合格证书或技术等级证书。

（三）职业培训模式

对社区矫正对象的职业培训，主要采取委托培训、自主培训、联合培训、自费培训等方式进行。一般而言，社区矫正对象主要在下列机构进行培训：职业训练中心；技工学校；职业高中、中等专业学校等职业学校教育；职业培训机构等。主要是由社会力量开办的各种培训机构，以学习各种专业技能为主。

在社区矫正过程中，各地对社区矫正对象的职业培训进行了广泛的实践探索和形式创新，归纳起来大致有以下六种模式：①

---

① 荣容、肖君拥主编：《社区矫正的理论与制度》，中国民主法制出版社 2007 年版，第 219~221 页。

1. 建立就业与职业培训基地模式。社区矫正机构与社会单位合作或者投入专项基金建立就业培训基地，组织社区矫正对象在就业基地学习职业技术，在公益活动过程中培训职业技能，从而实现就业。

2. 定点学校、插班培训模式。社区矫正机构与培训单位合作，在社区矫正机构组织下，由社区矫正对象根据自己的职业特长和兴趣爱好，各自选择对口专业培训机构，以社会成员的身份参加针对社会成员开办的职业培训。

3. 集中办班培训模式。在社区矫正机构主导之下，对社区矫正对象的培训意愿和职业需求进行统计，分门别类成立专门的培训班，组织相应的师资力量，定期对社区矫正对象进行职业培训。

4. 定向安置培训模式。社区矫正机构与社会单位合作，根据用人单位的实际需要，社区矫正机构组织对社区矫正对象进行各种技能的专项培训，然后由用人单位无条件进行安置就业。

5. 强化就业指导模式。社区矫正机构针对就业市场复杂多样化的特点，对社区矫正对象进行专门的就业指导，从就业形势、就业心理、就业包装、就业政策、就业应聘技巧等方面进行教育指导，使社区矫正对象树立正确的就业观念，科学理性地应对就业形势。

6. 优惠政策促进就业模式。由政府出台优惠政策，对吸纳社区矫正对象就业的企业给予税费减免等政策上的倾斜。社区矫正机构负责配合社会企业的就业人数统计上报。

（四）职业培训的作用

职业培训是社区矫正的重要组成部分之一，它在对社区矫正对象的社区矫正过程中发挥着以下作用。

1. 对社区矫正对象提高就业竞争能力的作用。在现代社会条件下，打破了传统社会的分工形态，现代化企业对社会生产的分工越来越细，劳动力市场对劳动者素质提出了更高的要求。尤其是在我国加入世界贸易组织后，随着社会人口流动的加快和国际间合作的增强，劳动力市场的竞争更加激烈。对社区矫正对象进行职业培训，使其掌握一项或几项谋生技能，可以使社区矫正对象回归社会后，具有较强的就业竞争能力。一些社区矫正对象由于法律规定的原因而不能再从事原来的职业，可以选择适宜自己从事的职业。

2. 对社区矫正对象重返社会并与社会重新融合的作用。对社区矫正对象进行回归社会前的法律和道德教育、文化知识教育，使社区矫正对象逐步转变自己的认知、态度和行为方式，否定自己过去的违法犯罪行为。在转变自己的认知、态度和行为方式的基础上，社区矫正对象开始树立重返社会，并与社会重新融合的信念。但是，面对社会的迅速发展，社区矫正对象仅有重返社会并与社会重新融合的信念是不够的，还必须解决其回归社会后的生存问题。经过职业培训，社区矫正对象掌握了一项或几项谋生技能，可以不再为回归社会后的社会适应和社会生存而担忧。社区矫正对象掌握的职业技术种类越多，所学习的职业技术越为社会所需要，其重返社会并与社会重新融合的信心越强。

3. 预防和减少社区矫正对象重新违法犯罪的作用。社区矫正对象回归社会后重新违法犯罪是世界各国共同面临的社会问题。社区矫正对象的重新违法犯罪的原因是多方面的，其中一个重要原因就是回归社会后不能自谋生计，做不到自食其力。通过职业培训，社区矫正对象学习、掌握一定的职业技术，回归社会后能够找到适宜自己的职业，做到自食其力，就可以不再为生计而困惑。即使是一些对自己违法犯罪行为认识尚没有完全转变的社区矫正对象，也因回归社会后有一个适宜自己的职业而不再铤而走险，重新违法犯罪了。

三、就业指导

就业指导可分为狭义和广义两大类。狭义的就业指导，是指对要求就业的社区矫正对象传递就业信息，做社区矫正对象和用人单位沟通的桥梁。广义的就业指导，则包括预测要求就业的劳动力资源，社会需求量，汇集、传递就业信息，培养劳动技能，组织劳动力市场以及推荐、介绍、组织招聘等与就业有关的综合性社会咨询、服务活动。社区矫正中的就业指导还应包括就业政策导向，以及与之相适应的思想教育工作。

（一）就业指导的主要任务

就业指导的主要任务包括：一是帮助社区矫正对象充分了解自己的个性特点。例如个人的爱好、性格、知识、能力等，从而使自己对自己有全面、理性的认识。二是帮助社区矫正对象了解社会不同职业的岗位要求，例如职业的分类、岗位的内容、岗位的知识和能力要求等。三是帮助社区矫正对象根据自身的个性特点选择适合自身的职业，也就是通常我们所说的实现人职相配，从而完成社区矫正对象的择业任务。

随着我国就业形势的日趋严峻和市场经济竞争的日臻激烈，对社区矫正对象就业的各种压力势必越来越大，若想在就业竞争中取胜，拥有一定的技巧也是必要的。

（二）就业指导的主要内容

1. 信息指导。信息指导是就业指导的基础，社区矫正机构和相关部门只有收集和掌握了广泛的社会需求信息，才能为社区矫正对象创造尽可能多的就业机会，也才有可能对社区矫正对象进行就业指导。

2. 思想指导。思想指导是就业指导的中心，其内涵有：一是帮助社区矫正对象树立正确的择业标准。二是帮助社区矫正对象确立高尚的求职道德。三是帮助社区矫正对象选择正确的择业道路。

3. 求职技术指导。求职技术指导是就业指导的基本内容之一，一般来讲，面临就业选择的社区矫正对象，普遍思想准备不足，有惶恐感，在供需见面时比较拘谨，甚至手足无措，有的甚至因此而错失良机。

还有一些社区矫正对象不清楚有关的政策规定，不了解自己有哪些权利和义务，更不知道应该如何行使自己应有的权利。至于具体的招聘应聘程序，个人表格的填写、资料的整理和使用，面对用人单位时如何介绍自己，以及应有的礼仪和言谈举止，也需要进行必要的指导。这样，可以避免由于不按时到会、介绍不着边际、材料不得要领、礼貌不周、言语不当、衣冠不整、手续不全等技术原因造成的求职障碍。

四、社会生活指导

社会生活指导是指社区矫正机构为了让社区矫正对象融入社会，增强社会适应能力，指导其掌握和运用一定的生活技巧、生活方式，树立正确的社会生活观念和态度，形成健康、科学的生活方式，提高其社会适应能力的矫正活动。

（一）生活方式优化教育

生活方式优化教育是让社区矫正对象懂得不同生活方式与心理健康的关系，了解社区矫正对象不良生活方式的具体表现及其改变方法，建立健康的生活方式。健康生活方式的培养是指宣传健康生活理念，挑战对健康有害的不良生活方式，是保证健康的身体和心理，营造美丽人生的重要途径。让社区矫正对象健康地去经营他们的心理和生活，培养正确的人生观和价值观，达到自我实现的高级目标。

在社区矫正中，我们首先让社区矫正对象掌握健康的概念和知识，学会并实践健康的生活方式，有计划地去经营自己一生的健康，让社区矫正对象将自己的健康当作人生的起点事业去营造，让他们明白管理并用心地去呵护自己的健康就是为自己负责，为家庭负责，也是为社会负责。只有拥有了健康的体魄和心灵，才能创造财富，才能实现价值。

（二）婚姻家庭关系指导

家庭是社会的细胞，是每个人社会生活的依托和归宿。社区矫正对象在社区矫正中面对的首要问题，就是正确处理婚姻家庭关系。因为在社区矫正对象的社会生活中，婚姻家庭关系是连接个人生活和社会运行的中介。为此，婚姻家庭关系指导是社区矫正机构运用社会学、心理学等学科的理论和方法，以家庭为中心，对社区矫正对象就如何处理婚姻关系和解决家庭矛盾，维护家庭完整进行的教育活动。

（三）人际关系适应辅导

心理学认为，人类的心理适应最主要在于人际关系的适应，个体的心理健康在很大程度上有赖于个体对人际关系的适应。良好的人际关系使人获得安全感、归属感，给人精神上的愉悦和满足，促进心理健康；不良的人际关系使人感到压抑和紧张，承受孤独与寂寞，身心健康将受到损害。社区矫正对象在社区矫正中处在一种渴求交往、渴求理解的心理发展期，对其进行人际关系适应辅导正是为了满足社区矫正对象的心理需要，帮助社区矫正对象发展良好的人际交往能力，调适其人际交往偏差和心理问题，优化其人际关系以促进他们心理健康的发展。

社区矫正对象在社区矫正初期，最易产生的问题就是社区矫正适应，尤其是人际关系适应。因此，对社区矫正对象进行社区矫正人际关系适应辅导，是帮助社区矫正对象正视现实，了解自我，增强适应能力的重要手段。通过人际关系适应辅导，了解并帮助解决社区矫正对象的实际问题，调查并处理社区矫正对象的特殊行为问题，指导社区矫正对象正确处理人际关系，促进积极的社会交往等，是社区矫正对象避免并克服心理问题和心理障碍产生的有效途径。

（四）社会角色教育

社会角色是指与人们的某种社会地位、身份相一致的一整套权利、义务的规范与行为模式，它是人们对具有特定身份的人的行为期望，是构成社会群体或组织的基础。具体来说，它包括以下四方面含义：角色是社会地位的外在表现；角色是人们的一整套权利、义务的规范和行为模式；角色是人们对于处在特定地位上的人们行为的期待；角色是社会群体或社会组织的基础。

对社区矫正对象的社会角色教育主要有：一是角色权利和角色义务教育。角色权利是社区矫正对象在社会生活中所享有的权利和利益。角色义务是社区矫正对象在社会生活中应尽的社会责任，包括社区矫正对象在社会生活中“必须做什么”和“不能做什么”两个方面。二是角色规范教育。角色规范是指社区矫正对象在享受权利和履行义务过程中必须遵循的行为规范或准则，如法律、法规、制度、纪律等。三是角色冲突教育。社区矫正对象在社会生活中可以同时扮演多个角色，有时会发生角色冲突。社会、家庭、交往对象等对社区矫正对象在社会生活中的不同角色提出不同的甚至矛盾的要求，社区矫正对象不能同时满足所有这些角色要求。四是角色期望教育。社会公众对社区矫正对象的角色期望不是一成不变的，是随着时代而变化的。社区矫正对象顺从于刻板的角色是身心失调的重要原因之一。社区矫正对象经常考虑个人扮演不同社会角色的方式，有助于保持身心健康。

第十三章 矫正教育的方式方法

矫正教育是一种实践性很强的活动，矫正教育的终极目标范畴是社区矫正对象的再社会化和社会适应性，社区矫正对象的再社会化程度和社会适应性程度是衡量矫正教育这种活动有效性的标志，而有效性的本质要求是矫正教育本身的科学性。矫正教育结果的科学性，要通过矫正教育活动实施过程的科学性来保证，而活动过程的科学性实现的前提是实施方法的科学性。

第一节 认识矫正教育的变化

在党的十九大报告中，习近平总书记明确提出中国特色社会主义进入了新时代，我国社会的主要矛盾已经转化为人民日益增长的美好生活需要和不平衡不充分的发展之间的矛盾。新的时代，必然在社会形态、社会结构、社会经济、社会文化等方面出现新的变化，而这一变化也必然影响到罪犯的犯罪类型、构成形态、价值观念、需要结构等方面的变化。这就要求我们在社区矫正对象的矫正教育中，及时地顺应时代的变迁，变革社区矫正的矫正教育模式，建构具有新时代特质的矫正教育体系。在新时代的社区矫正教育体系中，至少应在矫正教育理念、矫正教育目标、矫正教育主体、矫正教育内容、矫正教育方式和矫正教育技术等方面发生转变。

一、矫正教育理念从教育的惩罚性转向教育的矫正性

矫正教育的理念对矫正教育体系的构建，具有价值判断的色彩和统领作用，是基于“应然状态”的理想预设。在传统的社区矫正对象教育改造理念中，社区矫正对象首先是接受刑罚惩罚的“罪人”，其次才是教育改造的对象，只有通过刑罚惩罚和教育改造，才能使社区矫正对象成为遵纪守法的公民。很明显，传统的矫正教育理念，坚守的是矫正教育的惩罚性原则，通过对社区矫正对象的严厉惩罚，强调法律的神圣不可侵犯，彰显社会的公平正义。在这里，教育成为刑罚惩罚的依附工具。在新的时代，我们要建设社会主义法治国家，要实现社会治理体系和治理能力现代化，具体到社区矫正工作而言，也必然追求社区矫正治理的“良法善治”。在现代法治的语境中，罪刑法定是一个基本原则，对社区矫正对象而言，刑罚止于自由。对社区矫正对象的矫正教育是具有独立品格的矫正教育体系，其中，“教育性”和“矫正性”是其主导特性。在矫正教育的理念上，倡导积极的“大矫正教育主义”，即在“以改造人为宗旨”指导下，以“全人教育”思想贯穿矫正教

育的始终，依据社区矫正对象不同的需求，社区矫正工作主动作为，使社会组织、社会团体、基层组织、社会公众等社会力量参与到矫正教育的工作中，激活社区矫正对象主动参与和自我矫正教育的能动性，共同构建多元参与的矫正教育共同体。

二、矫正教育目标从以政治教育为主转向以“全人教育”为主

矫正教育目标在中国传统的矫正教育语境中，也称作教育改造的目标，或者教育改造的目的，即社区矫正工作要教育改造的社区矫正对象，在质量和规格上所要达到的总的设想、标准，或者总的要求，它是对社区矫正对象矫正教育成果的预先设置。在社区矫正工作试点阶段，对社区矫正对象的教育改造是以政治教育为主导的政治教化，曾经提出过多个矫正教育的目标。

新时代对社区矫正对象的矫正教育目标必须和时代要求相适应，确立以“全人教育”为主的矫正教育目标。“全人教育”是日本著名的近代教育家小原国芳提出的教育思想。全人教育将“以社会为本”与“以人为本”作为一个统一体，兼顾教育的个人价值和社会价值。强调把受教育者拥有健全人格和自由、充分、全面、和谐、可持续的发展作为教育目标。“全人教育”所倡导的全面发展，包括人格、智能、情智、社会、生活与精神等诸多内容，它以受教育者身心健康为出发点和终点，尊重受教育者的个性发展，天性释放。“全人教育”强调四方面的平衡：一是专业与通识之平衡，即教育应该通过学科之间的互动，相互影响和渗透。二是学识修养与人格之平衡，即教育过程不仅是知识的传递和技能的训练，应更多地关注人的内在精神与人格的和谐发展。三是个人与群体之平衡，即教育要寻求人与人之间的理解，要加深合作精神的体验，加强全球意识。四是身、心、灵之平衡，即教育过程应强调三者之间的有机统一，教育要注重人文精神的培养。① 很明显，借鉴“全人教育”的目标，对社区矫正对象矫正教育而言，既是全面发展的教育，也是人格、智能、情智、社会、生活与精神性等方面的均衡教育，是矫正教育目标的多元追求。在这里需要强调的是，对社区矫正对象的“全人教育”是理想预设的“应然教育”，是矫正教育目标的最高境界；是在坚守政治教育前提下进行的，不是否定政治教育；是以法定的“守法公民”目标为底线的教育，是社区矫正对象矫正教育法律标准和“道德标准”的综合。

三、矫正教育主体从监狱单一主体转向社会多元主体共建共治共享

矫正教育的主体是相对于客体而言的。在传统矫正教育的体系中，往往将社区矫正机构（社区矫正工作者）作为矫正教育的主体，将社区矫正对象作为矫正教育的客体。在社区矫正机构单一主体主导下，社区矫正对象的矫正教育从最初的入矫教育，到贯穿社区矫正整个过程的思想教育、文化教育、劳动技能教育等，都是由社区矫正机构按照上级机关的要求，统一部署安排，统一制订教学计划、统一设置课程，使用统一的教材，教师由社

① 游学民：《全人教育思想及其当代价值探析》，载《价值工程》2011 年第 14 期。

区矫正工作者担任，每一阶段的考核评估也由社区矫正机构统一组织实施。在这一过程中，依照社区矫正机构的强制性要求，社区矫正对象只是被动的受教育者，被置于矫正教育的客体地位。

新时代的矫正教育主体，依据社会治理体系和治理能力现代化的总体要求，将社区矫正治理视为社会责任，在社会治理责任共担架构下，参与主体必然具有多元性，同时，按照主体和责任具有同步性原则，矫正教育主体之间的关系，是社会多元主体共建共治共享的共同体。依据社区矫正的内在功能分类，不同参与主体的参与形式、权利义务、职能职责等是不同的。一是社区矫正机构（社区矫正工作者）在不同的场域环境中，担当不同的社会角色。作为国家的刑事执行机关，社区矫正机构（社区矫正工作者）是刑事执行者，在社区矫正对象矫正教育中，又是社区矫正对象矫正教育的主导者、参与者、监督者和考核者。二是以心理咨询服务机构、医疗服务与保健机构和职业技能培训机构为代表的社会专业机构，他们以自身具有的专业优势，通过政府购买服务，或者政府向社会购买特定的服务项目，与社区矫正机构签订服务协议，为教育改造社区矫正对象提供支持。社区矫正机构依照协议约定的服务内容、服务形式、服务效果等，进行评估验收后，支付服务企业相应服务报酬。比如为教育改造提供心理咨询服务、为社区矫正对象提供医疗卫生与保健服务、为社区矫正对象提供职业技能培训服务等。按照这些机构和社区矫正机构的契约约定，他们只是服务的提供者，服务协议到期，或者服务项目完成，通过社区矫正机构的评估验收后即视为履行了合同义务，可以获得相应的报酬。很明显，这类教育改造的参与主体，只是服务的提供者。三是以志愿者组织、社会组织、社会团体等为代表的义务参与的主体。这一类参与主体是出于社会治理的责任，自愿参与到社区矫正对象的教育改造中，对社区矫正对象进行帮教。它的最大特点是参与人员的松散性、参与时间的不确定性、参与服务的义务性和服务内容的广泛性。四是以企业、公司等协作参与的经济组织主体。这一类参与主体大多属于实体企业组织，是出于社会公益的需要，为社区矫正对象的教育改造提供服务和劳动岗位。主要是实体企业参与形式，即社会企业和社区矫正机构合作，投入一定的资金、设备和信息资源，为社区矫正对象提供生产劳动的岗位，通过生产劳动的手段教育改造社区矫正对象。五是社区矫正对象。从矫正教育的外在形态看，社区矫正对象是被矫正教育者，是矫正教育的受体，似乎处于参与客体的地位。实质上，确立社区矫正对象在矫正教育中的地位问题，关键的是矫正教育要达到什么目的，怎么达到目的。很显然，矫正教育的目的是要社区矫正对象发生改变。依据教育学的基本规律，社区矫正对象的改变一般要经历从强制服从到逐步同化，再到自我内化的过程，改变的主体是社区矫正对象。我们采取的矫正教育措施只是外因，是影响因素，只有社区矫正对象自我的改变才是真正的改变。在这样的逻辑结构中，社区矫正对象才是矫正教育活动的主体，如果社区矫正对象拒绝改变，外在因素永远也达不到矫正教育的目的。所以说，我们把社区矫正对象置于矫正教育的主体地位，是要社区矫正对象承担起犯罪行为所造成社会危害的社会责任，承担起自我改造的责任。

在这里还必须强调一个问题，在社会多元主体共建共治共享体系内，相对于矫正教育的参与主体，矫正教育客体也有了新的界定，不再是被矫正教育的社区矫正对象，社区矫正对象已上升到矫正教育的主体地位。矫正教育的客体是社区矫正对象的外在行为和内在心理、思想意识中被改造的犯因性问题。学者陈士涵先生认为："罪犯的人格是改造的客体。"① 大多学者将社区矫正对象思想和恶习作为改造客体。在对矫正教育客体的认知上，社区矫正对象由传统的参与客体转变为新时代的参与主体。

社区矫正治理中社会多元主体共建共治共享框架结构，彰显的是对社区矫正对象的犯罪问题、教育问题、犯罪预防问题，以及社区矫正对象回归社会后的社会融入问题等，不再作为社区矫正单一管理问题，也不再是社区矫正机构的单一责任，而是成为社会公众共同面对的社会问题，成为社会治理的共同责任。

四、矫正教育内容从外在行为塑造转向内在自我规训

传统的矫正教育内容是以外在行为塑造为主导而设置的。在界定矫正教育概念时，就认为是指"国家刑罚机关根据改造罪犯的需要，依法对罪犯强制实施的改造罪犯思想，矫正罪犯恶习和增进罪犯知识、技能的有目的、有计划、有组织的系统影响活动"②。强调"依法对罪犯强制实施"的强制性，强制性的直接对象就是社区矫正对象的外在行为。社区矫正对象的外在行为塑造只是矫正教育的内容之一，从本质上来看，单一的外在行为塑造只是"形"的改变，还不足以使社区矫正对象发生根本性改变。社区矫正对象的改变在于内在的"灵魂和精神"的改变，而"灵魂和精神"的改变不是外在强制力所能实现的，要靠社区矫正对象的自我领悟、自我醒悟和自我规训。所以说，我们在设置社区矫正对象矫正教育内容上，应特别关注以下几点：一是在指导思想上，要充分贯彻从外在行为塑造向内在自我规训转变的精神，坚持以社区矫正对象需求为本、因人施教和分类教育的原则。二是在矫正教育课程设置上，除了传统的思想教育、文化教育、技术教育内容外，将社区矫正对象的健全人格教育、现代职业技能教育等纳入社区矫正对象的矫正教育体系。三是强化社区矫正对象心理矫治，要将目前探索的一些成熟的措施上升为系统的矫正教育的教材内容。

五、矫正教育方式从强制灌输模式转向精准化多维模式

传统的矫正教育模式是无差别地制定统一的教育改造目标，设置一体化的教育改造内容，使用统一的"填鸭式""灌输式"的教育改造方法，教育改造的效果使社区矫正对象具有普遍化和大众化的共性知识和技能。这一模式的优点是教育改造活动步调一致，整齐划一，便于贯彻落实。缺点是共性有余，个性不足，针对性不强，效果差。

精准化多维模式的突出特点是精练、准确，遵循个性化和人性化原则，根据不同社区矫正对象的犯因性问题，寻求认知问题、解决问题的对策，依据不同社区矫正对象的未来需求，确立独特性的教育改造目标，制定个性化的矫正方案，提供精准的、订单式的矫正

---

① 陈士涵：《人格改造论》（上册），学林出版社 2001 年版，第 4 页。

② 王雪峰、李为忠、高海平、李晨光：《罪犯教育理论专题研究》，法律出版社 2014 年版，第 57 页。

教育项目。所以，精准化多维模式的特点是精准地制定个性化的矫正教育目标，精准地设置矫正教育内容，精准地选择矫正教育方法，精准地评价矫正教育效果。很明显，精准化多维模式在矫正教育内容上具有综合性特点，从矫正教育的类别上来看，一是包括了道德教育、法制教育、文化知识教育、心理健康教育等基本矫正教育内容。二是适合现代社会需要的、为社区矫正对象所偏好的职业技能教育，这是为社区矫正对象回归社会后的谋生技能储备。三是社区矫正对象回归社会后融入社会的健全人格教育。这是现代人文主义教育理念的应有之义，将社区矫正对象置于理智与情感共存共生的统一体，让社区矫正对象充分认知自我，发挥独立自主意识，挖掘自身潜能，寻求自我实现的路径，只有这样，社区矫正对象回归社会后，才能成为适应现代社会需要的、具有独立思维、富有创造性的人。精准化多维模式是社区矫正对象矫正教育多维属性的综合。从不同的视角分析，主要体现在：

第一，共性与个性的综合，重在“个性”。传统上，我们对社区矫正对象矫正教育主要是建立在“共性”基础上的教育，社区矫正机构没有足够的教育资源和设备对社区矫正对象实施个性化矫正教育。共性矫正教育只能解决社区矫正对象所存在的普遍性问题，而对社区矫正对象个体存在的各种各样的特殊性问题却无能为力。精准化多维模式在共性矫正教育基础上，把社区矫正对象矫正教育的重心放在“个性”上，依据不同社区矫正对象的个性化问题，立足于社区矫正对象的现实需求，有针对性地实施矫正教育，在矫正教育内容的设置上，充分展现个别教育的灵活性，使矫正教育的课程安排凸显个性化，特别是要改变传统的政治教化单一主导体系，强化社区矫正对象社会生活的必备品格和职业技能教育，做到矫正教育内容和矫正教育过程的精准化、精细化。

第二，理论性与实践性的综合，重在“实践”。社区矫正对象矫正教育的理论建构是基础，实践是根本。社区矫正对象矫正教育理论来源于教育改造的实践过程中，反过来又指导社区矫正对象矫正教育实践。无论如何完善的理论体系，必然要经受矫正教育实践的检验，同时，只有在具体的实践中才能评估理论的实效性。社区矫正对象矫正教育是围绕实践而展开的，所以，实践居于矫正教育主导地位。

第三，“因果性”与现实性的综合，重在“现实”，展望“未来”。传统的矫正教育是“因果性”思维，强调对社区矫正对象犯因性因素与犯罪结果之间的联系，习惯采用直接的、确定的、明晰的因果关系作为矫正教育的内容，并据此作为矫正教育工作的根本思路。其实，社区矫正对象的犯罪行为之于矫正教育而言是“已然之罪”，只是我们开展矫正教育工作的“前因”，而不是“未然之罪”的必然后果。所以，社区矫正对象矫正教育必须立足于现代社会的需求，对社区矫正对象进行“前瞻性”的教育，前瞻社区矫正对象未来回归社会的需求，挖掘社区矫正对象的发展潜力。

第四，时代性与发展性的综合，重在“发展”。在矫正教育的整体过程中，最根本的问题是要紧紧抓住社区矫正对象矫正教育的时代性，不同的时代对社区矫正对象有不同的矫正教育内容。目前的社区矫正对象处在新时代之下，我国正处在法治化建设时期，在法治的规范下，我们的目的是塑造社会公民、守法公民、健全人格的人，所以，精准化多维模式就成为必然选择。如果矫正教育脱离了时代性要求，就失去了社区矫正对象矫正教育的本真。

第五，稳定性与灵活性的综合，重在“灵活”。在矫正教育的整体框架设计中，思想教育、文化教育、技术教育等是社区矫正对象矫正教育的基本内容，具有相对稳定性，这是普遍性教育。但是，每个社区矫正对象具有自身不同的犯因性问题、有不同的教育需求、有不同的学习偏好，这就要求我们在矫正教育的方式上，必须充分展现灵活性。灵活性是矫正教育因材施教的主要体现形式。

六、矫正教育技术从传统课堂讲授型转向现代智能智慧型

中华人民共和国成立之后，监狱对罪犯的矫正教育，一直以“特殊学校”的形态出现。早在1960年10月22日，毛泽东主席在接见美国记者斯诺时曾说：“我们的监狱不是过去的监狱，我们的监狱其实是学校，也是工厂，或者是农场。”1981年8月18日，公安部在北京召开第八次全国劳改工作会议。会议明确提出：“要加强对罪犯的教育改造工作，把劳改场所办成改造罪犯的特殊学校。”所以，传统的罪犯矫正教育形态是以“特殊学校”的形式出现的，“特殊学校”的设置基本以社会学校的建制为模板，以课堂教育为主导。

随着社会的发展，尤其是现代信息技术的迅猛发展，现代科学技术广泛应用于教育教学之中，社区矫正对象矫正教育也必然要紧跟时代的步伐，借助现代信息技术的优势，促进发挥矫正教育技术的智能智慧特性。近几年来，社区矫正工作的智慧矫正建设成为社区矫正治理体系和治理能力现代化的重要标志，矫正教育的智慧化必然是其重要的组成部分。

智慧矫正是在智能化矫正的基础上，充分运用物联网、区块链和云计算等新一代信息技术，汇聚人的智慧，赋予物以智能，使汇集智慧的人和具备智能的物互存互动、互补互助，以实现社区矫正管理最优化的新模式和新形态。而矫正教育技术的智慧化，是运用现代信息技术，智能分析社区矫正对象矫正教育的多样化需求，及时生成社区矫正对象生活、学习、劳动等有效轨迹信息，科学评估社区矫正对象个性化需求和矫正教育的相关问题，智能整合社会优质帮教资源，实现人力、资金、设备等资源的优化配置和有效利用，进而实现智能协同和精准化矫正教育。在矫正教育实践中，智慧化的矫正教育至少依托三大核心技术：一是社区矫正物联网技术，就是借助安装在社区矫正的基础设施、物品以及社区矫正对象、社区矫正工作者等人与物上的传感设备，从而建立起人与物、物与物之间的智能对话、沟通，实现识别、定位、跟踪、调度等即时控制的智能化。形象地说，就是借助RFID、红外感应器、电子地图等传感设备，将社区矫正对象矫正教育的个性化需要连接到一张“网”上。二是社区矫正云计算技术。“云计算是一种按需服务的模式，这种模式提供可用的、便捷的、按需的网络访问，进入可配置的计算资源共享池（包括网络、服务器、应用软件、服务等资源）。”① 社区矫正云通过在服务器上搭建虚拟机的方式部署应用服务器、数据库，并构建虚拟存储体系，在云端存储应用数据，并在此基础上搭建社

① 方巍、文学志、潘吴斌、薛胜军：《云计算：概念技术及应用研究综述》，载《北京邮电大学学报》2012年第4期。

区矫正工作的各种应用系统[①]。三是社区矫正大数据技术。社区矫正大数据技术具有规模化、快速化、多样化、有价值、真实性五大特点。其价值在于在收集数据的基础上，对数据进行深度挖掘分析，解释数据后面隐藏的规律、联系，并在此基础上形成新的有价值的信息，为矫正教育工作决策提供参考。除此之外，矫正教育还要借助人工智能、互联网、区块链等现代信息技术，构建矫正教育智能化、智慧化体系。

第二节 矫正教育的方式方法

社区矫正对象的犯因性问题是在一定条件下促成的，在良好的环境条件下，也可以使其发生转化，只要有正确的方法和措施。要做好社区矫正对象的转化工作，关键在于找出犯因性问题，要采取有针对性的措施，方法要得当。

一、矫正教育方式的基本要求

（一）遵循矫正教育的基本规律

矫正教育规律，简单地说，就是在矫正教育过程中所体现出来的具有普遍性、客观性和必然性的关系。矫正教育的基本规律是矫正教育社区矫正对象的基本遵循。比如，文化知识教育要采取由强制教育到自我教育的转变过程，职业技能教育要注重社区矫正对象的自身愿望和社会需求状况相结合，对于没有完成义务教育或者经过考察没有达到义务教育水平的未成年社区矫正对象，强制实施义务教育等。总之，只有遵循矫正教育的基本规律和方式，才能达到预期的矫正教育目标。

（二）数字技术与人文精神并重

大数据推动着数字化技术的发展。所谓数字化，就是把各类的文字、图片、声音等转换成用 0 和 1 表示的计算机可以识别和处理的二进制码，存放在计算机并通过网络进行传播。社区矫正对象矫正教育可以借助数字化技术形成数字化矫正教育资源库、资源传输网络、资源检索浏览平台以及全息化矫正教育呈现方式等，从而使矫正教育能够基于数字化来对内容资源进行整合与合理分配，推进矫正教育方法的变革，使其外延有了无限扩展的可能。这是强化矫正教育效果的重要手段，也可以说，数字化技术的应用是矫正教育发展的时代趋势。与此同时，数字化技术对矫正教育人文精神的内在属性产生了冲击。人文精神的意蕴十分丰富，它包含着对人的需要、信念的研究，对公正、自由的思考，对人的尊重和个性解放的追求等。它的内在精神是基于人的思考，发现对人的关心和爱。但是在技术理性的支配下，矫正教育在运用数字技术提升效能的同时，也容易忽略人文关怀的倾注和人文精神的彰显。所以，为促进大数据背景下矫正教育理性与科学创新，需要将数字技

---

① 张斐：《智慧监狱技术综述》，载《物联网技术》2017 年第 11 期。

术的运用与人文精神的发扬有机结合起来，既保持矫正教育的传统优势，又汲取大数据的时代价值。一方面，要强化矫正教育人本理念的拓展和延伸，在运用数字化技术对社区矫正对象的数据信息进行挖掘和分析的过程中，也要注重将“以人为本”理念贯彻到矫正教育的具体实践中。同时，要夯实社区矫正对象人文素养的培育，以形成价值理性来规避大数据运用过程中的盲目崇拜和过度依赖。另一方面，要充分运用数字化技术提升人文精神的效果，通过可视化的“社区矫正对象画像”，使社区矫正工作者更加全面深入地了解社区矫正对象，将个性化的关怀和服务关照到每一个社区矫正对象，彰显矫正教育所蕴含的人文精神。

（三）注重矫正教育过程的互动性与针对性

社区矫正对象都存在这样或那样的犯因性问题或者犯因性因素，不同的社区矫正对象的犯因性问题或者犯因性因素也存在差异性。因此，社区矫正工作者对社区矫正对象进行矫正教育时，注重互动性首先是为了更好地把握社区矫正对象的犯因性问题或者犯因性因素；注重针对性是为了在矫正教育中有的放矢，以提升社区矫正对象接受教育的积极性和主动性。实践证明，矫正教育缺乏互动性与针对性难以收获好的效果。

首先，矫正教育应注重互动性。强化矫正教育的互动性，除了把握社区矫正对象的犯因性问题或者犯因性因素之外，更为关键的是沟通和了解社区矫正对象的感情，增进互信，建立良好的矫正教育关系，提升社区矫正对象对矫正教育的兴趣。为此，社区矫正工作者可以广泛采用电视、广播、报纸、网络、手机应用软件等媒介，架构多渠道、多层次、多视角、全方位的矫正教育体系。在集中教育中，社区矫正工作者要与社区矫正对象就道德、法律、家庭、人生等方面的问题进行交流探讨，通过以案说法等方式向社区矫正对象传播正确的价值观、揭露和批判错误的价值观。在个别教育时，社区矫正工作者首先要全面倾听社区矫正对象的观点，然后深入进行讨论，最后对相关观点进行点评。在点评中弘扬符合道德、法律和社会要求的观点，分析不符合道德、法律和社会要求的观点的错误之处和危害性。通过这种互动式的矫正教育，可以使社区矫正对象深入思考相关问题，全面反省自己的错误认知和违法犯罪行为，更加深刻地领悟伦理道德、法律法规、社会规范的要求，促进社区矫正对象自觉地接受矫正教育。

其次，矫正教育应注重针对性。社区矫正对象的犯因性问题或者犯因性因素存在差异性，只有对问题的实质进行针对性教育，才会产生良好的效果。所以说，实施矫正教育的前提是准确、深入地掌握社区矫正对象的犯因性问题，这就要求社区矫正工作者全面深入了解社区矫正对象的犯罪原因，精准把握社区矫正对象的个性特征。犯罪原因具有多元性，它与社区矫正对象的成长经历、家庭状况、受教育情况、社会交往情况、主观恶性、犯罪动机、犯罪后表现等因素密切相关。在此基础上，对社区矫正对象的个性特征进行归类，发展适合每个社区矫正对象的教育模式，真正实现分类管理、分别教育、对症下药，让开放灵活的针对性教育模式落地生根；针对不同类型的社区矫正对象设计不同的矫正教育项目和内容。

（四）矫正教育方式要多元化

随着矫正教育宏观及微观环境的变化，对矫正教育载体的选择也提出了新的要求，不仅要更加符合时代特征，还要承载更多的信息、覆盖更广的范围以及易于操作，这是推动矫正教育模式创新和多元化的迫切要求。根据目前我国信息技术发展的整体状况，矫正教育可以广泛探索“智慧教育”模式，把集中教育、网络教育与远程教育紧密结合在一起，打造矫正教育全员媒体、全息媒体、全效媒体、全程媒体的新时代。集中教育是传统的矫正教育方式，社区矫正工作者与社区矫正对象进行面对面的传授教育内容，讨论相关问题，通过社区矫正对象对矫正教育内容逐渐认知、认同、内化、践行的过程，达到矫正教育社区矫正对象的目的。网络教育是指以现代信息技术平台为主要载体，以收听、收看、观摩为主要学习途径的矫正教育方法。这种模式充分运用网络资源督促社区矫正对象接受教育改造，达到提升社区矫正对象矫正教育实效性的目的。远程教育是指以广播电台、电视台、互联网、物联网、手机应用软件、微信、抖音等音频视频媒体为主要平台，以收听、收看节目、直播或课件为主要内容的现代化矫正教育方式。集中教育具有真实性、互动性、便利性和亲和性等优点，但是，对于教育的场所、教育资源、社区矫正工作者等要求较高，同时由于需要社区矫正对象集中在一起，所花费的教育成本较大。网络教育和远程教育是随着现代信息技术和网络技术的出现而产生的矫正教育新方法，是对传统矫正教育方式缺陷的有益补充和矫正教育模式的拓展，能够发挥集中教育所不具备的作用。

二、矫正教育的方式

对于社区矫正对象的矫正教育，需要运用多种多样的方式和手段，探索新的载体，增强矫正教育的效果。矫正教育载体，是指在社区矫正对象矫正教育过程中承载和传递社区矫正信息、能为社区矫正主体所操作并与社区矫正对象发生联系的一种方式和外在表现形态。以创新社区矫正的方式方法为目标，矫正教育应善于运用活动载体、文化载体、传媒载体和管理载体等开展社区矫正对象的矫正教育。

（一）运用活动载体，寓教于行

社区矫正活动是围绕着“改造人”的目的展开的。在社区矫正活动开展过程中渗透矫正教育的目标和元素，是实现矫正教育功能的有效方式。矫正教育的活动载体，就是通过设计活动方案、活动形式，承载矫正教育的内容，达到矫正教育的目的。将矫正教育活动作为载体，需要社区矫正工作者将矫正教育的内容有机地融入社区矫正活动中，使社区矫正对象在实践活动中受到感染，在不知不觉中接受矫正教育的同时也会自我鉴别、自我比较、自我判断、自我取舍，从而提高认识，使自己的思想符合社会发展的要求。由于社区矫正活动的类型很多，从理论上讲，社区矫正中的一切活动都可以作为矫正教育的载体。因此，矫正教育的活动载体一般常用的包括社区矫正日常工作、公益活动、文化娱乐、集中学习教育和社区公共服务等。社区矫正对象在参加各种社区矫正活动的过程中，也受到了教育，强化了公共意识，提升了自我修养，提高了公共责任，从而实现思想政治教育的寓教于行。

从社区矫正社会力量参与的角度来看，社区矫正中所有参与主体，履行好自己的本职工作，履行好各自的岗位职责，实际上也是在营造和谐有序的社区矫正环境。开展文化娱乐活动，能丰富社区矫正对象的精神生活，陶冶性情，培育健康的社会心态。社区矫正工作者要善于开展各种文化娱乐活动，积极引导社区矫正对象参与文化娱乐活动，让社区矫正对象在参加文化娱乐活动的过程中实现自我娱乐、自我教育。社区公共服务主要是指各种社会公益活动。这种活动不以获得报酬为目的，而是为了服务社会，增进社会福利。如义务清扫街道、宣传交通安全常识、为灾区组织募捐等。社会公益活动的普遍性和深入程度体现着一个社会精神文明和社会风尚的状况。参加社会公益活动的过程，不仅能培育社区矫正对象的社会责任感，而且在全社会弘扬了奉献精神，有利于营造温暖和谐的社会环境，提高社会的向心力和凝聚力。

（二）运用文化载体，寓教于境

文化由符号、语言、规范、目标等因素所构成。文化既是人们创造的财富，又是人们可以享用的成果。文化的核心是价值观，它可以成为思想政治教育的载体。所谓矫正教育的文化载体，是指充分利用各种文化氛围与产品对社区矫正对象进行矫正教育，以提高社区矫正对象的思想道德素质。文化载体服务于矫正教育，是指开发、利用、挖掘文化载体的思想、道德因素。矫正教育能够通过文化载体，寓教于境，将矫正教育的内容渗透到文化中，通过文化感染人、文化教育人，使社区矫正对象在不知不觉中受到教育。

利用文化载体，营造矫正教育的情景和氛围，使社区矫正对象在潜移默化中受到熏陶和感染，是社区矫正工作的重要手段。从一定意义上讲，矫正教育本身，也是社区矫正工作的文化载体。当然，文化载体包含更丰富的内涵和类型。例如，传统文化、现代文化、西方文化；文学艺术、广播电视、卫生体育；社区文化、村镇文化、企业文化等。这些文化类型都可以作为载体形式，渗透进矫正教育的内容，实现社区矫正“改造人”的目标。以社区文化为例，作为社会文化的基础，社区文化具有社会性和开放性。一方面，社区文化是社会文化的重要组成部分，每一种社区文化都是社会文化的一个缩影；另一方面，每个社区都有自己独特的自然与人文景观，有自身的民俗风情、文化传统和人口状况。社区矫正工作者要善于利用和挖掘社区文化，营造具有娱乐性、教育性、知识性、趣味性的文化氛围，使社区矫正对象在不知不觉中受到教育，提升文化素养。利用社区文化载体，应首先研究社区的人口特点和历史传统，结合时代特点与社会发展，确立社区多数居民能够接受的文化理念。按照时代性和本土化的原则，通过广泛宣传、开展各种文化活动、发挥文化特长、组织社区矫正对象参与等方式，丰富和发展社区文化，满足居民的文化需求，建设和谐友爱的精神家园。

（三）运用传媒载体，寓教于情

现代传媒的信息对社区矫正对象的思想观念、生活方式、心理状态有着广泛影响，充分认识、深入研究现代传媒在矫正教育中的重要作用，是新时代推进矫正教育创新的重要举措。矫正教育的传媒载体，主要包括现代印刷载体、电子载体和网络载体等。现代印刷载体的种类繁多，有电子图书、电子期刊、电子报纸、数据库、光盘型音像制品、软件出版物等。矫正教育的现代印刷载体，是指借助信息集成度高、表现力强的现代电子出版物传播矫正教育内容和信息，其类型有矫正教育的电子报纸、电子书籍、电子期刊等。矫正教育的电子载体，就是利用数字电视、数字广播、卫星电视等现代电子传媒及其技术，进行高效率、高质量、全方位矫正教育内容传输，以增强和提高矫正教育的影响范围与力度。矫正教育的网络载体，就是借助计算机网络这一先进的电子信息交换系统，进行矫正教育信息交换和思想交流的传媒形式。

矫正教育要善于运用现代传媒载体，开发丰富多样的表现形式，寓教于情，增强矫正教育的实效性和吸引力。寓教于情强调的是矫正教育通过人文情感的渗透方式，合情合理地进行疏导和教育，达到以情感人、以情育人的目的。无论是现代印刷载体、电子载体还是网络载体，都需要从人本身出发，最后回到人，实现人的全面发展。寓教于情还必须注重人文关怀。随着网络化、信息化时代的到来，社区矫正对象的生活和工作压力增大，思想困惑和心理问题增多。矫正教育只有增强人文关怀，在思想上进行正确引导，及时解疑释惑，才能使社区矫正对象在面对压力与困难时，得到真正的帮助，获得应对压力、解决困惑的方向与动力。在矫正教育过程中，渗透人文关怀、体现人文关怀，是增强矫正教育亲和力、感召力，提高矫正教育实效的关键。

（四）运用监管载体，寓教于管

社区矫正工作中，矫正教育与监督管理之间有着密切的联系。监督管理是依据法律法规、规章制度、规则规范等对社区矫正对象进行规制规训和风险控制的过程。矫正教育是对社区矫正对象的思想和行为进行教育引导，使社区矫正对象形成社会所需要的政治观点和道德意识。监督管理依据的是法律法规等制度，但这些制度是在一定的指导理论、政治原则、思想观念、价值体系的基础上制定的。我国社区矫正管理制度，都要以马克思主义理论为指导，坚持社会主义的政治原则，蕴含社会主义核心价值观，这就决定了监督管理具有矫正教育功能。从监督管理与矫正教育的内在联系来看，监督管理是矫正教育的重要载体。矫正教育的监督管理载体，就是将矫正教育的内容和信息渗透到监督管理活动中，渗透到社区矫正的具体工作之中，以监督管理为载体开展矫正教育。应用监督管理载体，就是在矫正教育过程中，充分发挥监督管理的作用，使矫正教育与监督管理相配合，以达到提高社区矫正对象思想道德素质、规范行为方式、调动改造积极性的目的。

矫正教育可以渗透到各种监督管理活动中，实现寓教于管。寓教于管要求监督管理实现“人本管理”。与监狱的管理活动相比，矫正教育更体现人文精神和人文关怀。实施人本管理，就是要充分尊重和信任社区矫正对象，满足社区矫正对象的合理需求，对社区矫正对象政治上鼓励、工作上支持、生活上关心；实施人本管理，要求社区矫正工作者注重解决社区矫正对象的思想问题。在监督管理过程中，社区矫正工作者要有意识地与社区矫正对象进行接触，及时交流和沟通，掌握社区矫正对象的工作情况和思想动态。在社区矫正工作中，社区矫正工作者要主动对社区矫正对象的思想进行引导，培养其积极向上的情感倾向，提高其思想认识水平。总之，对于监督管理中出现的思想问题，矫正教育必须面对和解决；同时，只有合理解决了人们的思想问题，才能提高监督管理的效率。

三、矫正教育的具体方法

从矫正教育活动的实践过程看，矫正教育的方法有基本方法、具体方法和操作方法等不同层次。基本方法指的是矫正教育普遍适用的原则性和基础性的方法，如原则指导性方法中的实事求是的方法、平等待人的方法、分层次教育的方法和积极引导的方法，这些也是其他教育形式普遍使用的方法；基础性方法有精神鼓励与物质鼓励结合法、言教与身教结合法、典型教育法；路径性质的方法有理论教育法、实践教育法、传播教育法、自我教育法；载体性质的方法有寓教育于活动法、环境熏陶法、管理教育法等。具体的方法包括思想信息收集的方法，比如观察法、调查法、预测法；思想信息分析方法，如因果分析法、比较分析法、定性定量分析法、系统分析法、典型分析法、矛盾分析法、敏感性分析法；思想教育实施过程中的方法，如说理教育法、情感分析法、激励教育法、典型教育法、后进教育法、冲突缓解法、心理咨询法等。操作性的方法主要有聆听方法、谈话方法、对比方法、疏导方法、感染方法等具体的技巧性方法。在这里，介绍几种常用的方法。

（一）分类教育法

分类教育法是指社区矫正机构在对不同类型的社区矫正对象分管分教基础上，根据不同类型社区矫正对象的特点，选择不同的教育内容，进行针对性地矫正教育的活动。按照不同的标准，社区矫正对象可以分为不同的类型。依据社区矫正对象的法律类型，可分为被判处管制、宣告缓刑、裁定假释和决定暂予监外执行四类罪犯；依据罪错类型的标准，社区矫正对象主要可分为暴力型、物欲型、性欲型、过失型、信仰型、情感情绪型等。不同类型的社区矫正对象矫正教育的重点内容是不同的。《社区矫正法实施办法》第 43 条第 2 款规定："社区矫正机构、司法所应当根据社区矫正对象的矫正阶段、犯罪类型、现实表现等实际情况，对其实施分类教育……" 对不同罪错类型的社区矫正对象要根据其犯罪动因、价值取向、心理定式等方面的差异，分类采取不同的教育方法。暴力型罪犯认知方式偏激，性情粗野，情绪易激动，争强好胜，对其应强化行为训练，提高其自控力，运用心理治疗技术，解决其心理问题；物欲型罪犯好逸恶劳，贪财图利，应重点教育其树立正确的劳动观念，强化劳动意识，改善需求结构；性欲型罪犯性欲强烈，自控能力差，要重点进行性心理、性道德及性犯罪法律知识的教育，为其组织健康的业余生活，培养其健康的兴趣爱好。因此，只有进行分类教育，矫正教育才有针对性。

（二）个别化教育法

《社区矫正法实施办法》第 43 条第 2 款规定："应当结合社区矫正对象的个体特征、日常表现等具体情况，进行个别教育。" 在实际工作中，个别教育法要求做到：一是分析社区矫正对象的特性。社区矫正机构应当掌握社区矫正对象的个性化差异，对社区矫正对象进行分析研判，作为实施个别教育的基础。二是因人施教。社区矫正对象的个别化教育应当根据其年龄、罪错、矫正类别及不同矫正阶段，结合社区矫正对象的个体特征、行为表现，充分考虑其工作、生活情况，设计差别化的分类教育内容，因人施教。三是教育方式多样化。个别教育通过通信联络、个别谈话、家庭走访、心理矫治、职业技能培训、法律援助、临时性救助、适应性帮扶等形式开展。对违规社区矫正对象的个别教育应当结合训诫进行。四是特定情况的针对教育。对家庭发生变故、身患重病、生活出现困难、有自杀倾向、发生矛盾纠纷、有报复社会或他人的言论或苗头、社会交往异常等特殊情况、不服监管或者经评估再犯风险较高的社区矫正对象，应当增加个别教育的次数和时间。五是开展个别教育应当做好个别教育记录，结合监督管理、社区矫正对象行为表现，综合分析教育效果，适时调整个别教育内容和方法。

个别化教育的具体方法有：① 一是个别谈话法，是指社区矫正工作者针对社区矫正对象个别的、特殊的问题，进行单独谈话的方法，包括约谈式谈话和接谈式谈话。二是个别感化法，是指社区矫正工作者在对社区矫正对象的个别教育中，以真情实意、满腔热情去影响和感染社区矫正对象，以促使其思想和行为向好的方面转化的一种方法。三是个别训练法，是指社区矫正工作者在对社区矫正对象个别教育中布置一定任务，要求社区矫正对象按照相应的规定，参加诸如社区服务、职业技能培训的实践活动，增强社会责任感，形成良好思想和行为习惯的方法。四是个别评价法，是指社区矫正工作者通过对社区矫正对象在社区矫正中的表现给予一定的评价，对社区矫正对象进行教育的方法。

（三）集体教育法

集体教育法是最常用的对社区矫正对象进行教育的方法。社区矫正机构、受委托的司法所根据需要可以采用集中教育、网上培训、实地参观等多种形式开展集体教育，组织社区矫正对象参加法治、道德等方面的教育活动。在实际工作中，要求：一是集体教育的目的，主要解决社区矫正对象在心理和行为方面的共性问题，提高社区矫正对象的法律素养、道德素质和悔罪意识。根据社区矫正对象的情况和需要，集体教育应当坚持分段进行与分类进行相结合。二是县级社区矫正机构应当制定社区矫正对象教育计划并组织指导监督计划落实，明确集体教育的学习内容、方式方法、学习时间、考核奖惩等。三是集体教育要分阶段进行。按照入矫期、在矫期、解矫期分阶段进行。社区矫正对象入矫报到后的一个月是入矫期，社区矫正机构、受委托的司法所应当开展社区矫正告知教育、认罪服法教育、社区矫正监管规定教育、社区矫正对象权利义务教育等入矫教育。矫正期满前一个月是解矫期，应当开展教育、引导社区矫正对象做好矫正总结、自我鉴定，接受安置帮教工作、遵纪守法、依法办事教育，预防、减少再犯罪教育等解矫教育。其他时间为在矫期，应当开展法律政策教育、思想道德教育、文化知识教育、行为矫正教育、职业技能教育、心理健康教育等在矫教育。四是实行分类教育。集体教育按照社区矫正对象的性别、年龄、犯罪类型、矫正类别、管理等级等划分类别，安排不同的教育内容，实行分类教

---

① 王雪峰等：《罪犯教育理论专题研究》，法律出版社2014年版，第211~220页。

育。五是集体教育的组织实施者应当做好教育学习记录，进行集中教育效果评定，及时调整集中教育内容。

集体教育法主要有：一是集体讲授法，是指社区矫正工作者用语言向社区矫正对象口头传授知识的方法。二是讨论法，是指在社区矫正工作者的组织下，按照一定的要求，组织社区矫正对象就某些问题发表自己的意见，相互启发，共同提高思想认识的方法。三是榜样示范法，是以英模、道德楷模、先进人物等的先进事迹、思想意识、情感和行为作为社区矫正对象的学习榜样和行为目标，对社区矫正对象开展的一种集体教育方法。

（四）自我教育法

自我教育法是指社区矫正对象在社区矫正工作者的指导下进行自我教育，并形成良好的思想品德的方法。一个人的遵纪守法，从根本上讲不能完全依靠外部约束，而要靠自觉自律，自觉自律是人积极向上的内在动力。中国人历来强调："正心以为本，修身以为基。"矫正教育的追求目标就是通过强制教育，使社区矫正对象达到自我教育和自我规制的境界，要通过矫正教育让社区矫正对象知道自己是谁，强化自我意识和自我认知，知道自己的感受和自我图式，在自我图式的基础上增加自我控制的能力。所以，社区矫正对象自我教育法就是通过矫正教育，使自己认知自我，并引导自我走向特定自我图式。依据内外因互变理论，外因是变化的条件，内因是变化的依据。自我教育是社区矫正对象自我改变的"依据"，所以说，社区矫正对象内在的影响力很重要，内在的影响力会影响社区矫正对象的行为。

在矫正教育过程中，每个社区矫正对象都是自己世界的核心，社区矫正对象最大的敌人是自己，多数社区矫正对象很难认清自己，更达不到自我净化的境界，这便需要社区矫正机构通过强制性的外力提高社区矫正对象自我塑造思想和行为的能力，提高其自我效能感，达到净化心灵，改变错误思想和行为，改变因错误的社会比较带来的犯罪动机，改变因错误的镜像自我产生的敌对思想和习得性无助思想。

要想减少或者消除社区矫正对象的犯因性问题，首先要教育社区矫正对象开展自我教育，自我教育包括自我改造、自我管理、自我鉴定、自我修养等，自我教育的形式包括集体讨论、批评和自我批评等，通过自我教育使其懂得"君子慎独"的道理，加强自律意识，懂得慎独慎微，常掸"心灵尘土"，常清"思想垃圾"，常掏"灵魂旮旯"。社区矫正对象在社区矫正机构接受矫正教育只是人生中的一个阶段，最终还要回归到社会中，而自我教育可以起到明心见性的作用，基于此，自我教育法可以在各类社区矫正对象中被普遍运用。

（五）熏陶感染法

熏陶感染法是指社区矫正对象在无意识和不自觉的情况下，受到一定感染体影响、熏陶、感化而接受教育的方法。社区矫正工作者通过情感熏陶感染社区矫正对象，达到社区矫正对象思想的转化，这是有效促进社区矫正对象与社区矫正工作者从疏远或对立转向亲近、信任的重要方法之一。每个人都是有感情的，社区矫正对象也不例外，他们也具有丰富的情感。一方面，社区矫正对象的生活阅历使其情感发展更加丰富；另一方面，绝大部分社区矫正对象被判刑，进入社区矫正之后，他们的情感易转移到亲人和朋友身上。所以说，社会矫正工作者付出爱心和关心，容易引起社区矫正对象强烈的情感共鸣，反之，冷淡、歧视和漠视，通常会导致社区矫正对象的疏远和对立。实践证明，社区矫正工作者的情感是社区矫正对象和社区矫正工作者双方交流与活动的重要催化剂，社区矫正对象感受到社区矫正工作者的期待与关心，很容易产生“皮格马力翁效应”，接受好鼓励和暗示，易于激起积极上进的心态，也更容易引起社区矫正对象对社区矫正工作者的尊重和信任。因此，社区矫正工作者应捧出一颗爱心，给社区矫正对象以关爱，以此来弥补社区矫正的现实所带来的情感缺失。同时要注意发挥集体氛围的感染作用，使社区矫正对象逐渐提升自己的集体存在感、荣誉感，让他们重拾信心，消除排斥心理，原有的不良行为和认知便会在周围热情、向上的氛围中被悄然转化。

（六）心理疏导教育法

心理疏导教育法是中国共产党处理人民内部矛盾的基本方法，也是社区矫正工作中开展矫正教育的基本方针。心理疏导教育的方法在中国有着悠久而雄厚的历史传统和理论渊源。随着现代社会的发展，传统的心理疏导教育方法和理论不断被发展和创新，因此理论内涵和外延都有了新的拓展。

心理疏导教育的方法是矫正教育中一种常见而重要的方法，我们常说的“晓之以理，动之以情，导之以行”就是心理疏导教育方法的一种概括。在社区矫正对象的矫正教育中，心理疏导教育法的内涵既包含心理咨询、心理治疗等方面的内容，也包含注重遵循社区矫正对象的知、情、意的心理过程规律来进行矫正教育。

矫正教育中的心理疏导教育法是在矫正教育过程中对社区矫正对象的思想、心理问题给予积极关注，运用心理咨询或治疗中的一些具体方法和技术加以干预、调适和引导，增进心理健康水平、促进接受心理效果的方法体系。心理疏导教育理论以及方法的提出和发展为矫正教育提供了理论支持。

在具体工作中，常用的心理疏导教育法有：一是自我设问法。通过自己提问，自己回答，寻找产生沮丧症的原因。一旦找到并能做出答复，就有可能突然醒悟，得以解脱。二是元气恢复疗法。其原理就是“行动产生情绪”。具体来说，在心情特别沉闷时，为了驱散它，就要爽快行事，行动要有自信，不要愁眉不展，而要挺胸、扬眉、谈笑风生，考虑振奋人心的事，提起精神，驱散心头沉闷，直到恢复元气。三是自我调整法。在社区矫正中我们发现社区矫正对象常因思考方法不对，学习、工作以及生活方式不良而屡遭挫折，感到沮丧。因而对自己的思考、行为习惯和生活方式进行适当调整，以使自己适应变化的环境，也能有效地治愈沮丧症。四是色彩疗法。当社区矫正对象感到沮丧时，他会觉得眼前一片灰暗。色彩疗法对患沮丧症的社区矫正对象可以起到心理松弛的作用，有利于控制沮丧情绪。

（七）互动合作法

社区矫正应大力培育宽容的社区文化和社区环境，塑造社区矫正对象完善的人格、改正不良的品行。这就要求矫正教育参与主体多元互动和有机合作。一是社区居民与社区矫正对象要形成良性互动，让社区矫正对象真正融入社区并为社区所接纳。主要是通过各种信息媒体，开展形式多样的宣传活动，提高社区居民对社区矫正工作的认知度，积极参与到矫正教育工作中，通过社区居民与社区矫正对象的双向互动，形成共同参与、共同管理的联动矫正教育局面。二是社区自组织的互助合作。主要是充分利用社区自组织具有的志愿性、非营利性和自治性等特点来填补政府机构与个人需求之间的空白，为社区矫正对象提供个性化的帮助与教育。通过不同的社会组织，展开不同的矫正教育，针对青少年社区矫正对象应该以心理疏导、就业培训和指导进行教育；针对女性社区矫正对象，应当开展以职业技能培训、政策法规咨询等为主要内容的矫正教育活动，这样，才能在专门的社区矫正机构之外形成一支专业化、规范化的队伍以解决社区矫正中专职矫正人员缺乏、矫正人员专业化水平低、个别化服务程度不够等问题。三是社会志愿者的互动合作。矫正教育工作需要与志愿者长期合作才能达到预期的目标。社会志愿者运用专业理论和技术，以及社会工作特有的价值理念，帮助社区矫正对象解决在就业、生活、法律、心理等方面遇到的困难和问题，为社区矫正对象提供思想教育、心理辅导、行为纠正、生活照顾等，使之消除犯罪心理结构，修正行为模式，适应社会生活。

（八）启发激励法

启发激励法也叫启发式激励教育法，是指充分挖掘社区矫正对象身上的闪光点，不断加以启发表扬、肯定激励，增加他们的自我认识，增强其信心，最大限度地激发潜能，使其进入“认识罪错—得到肯定—进行纠正”的良性循环轨道。因此，在矫正教育中，要善于发现他们的优势，及时给予肯定；在生活中，要深入了解其家庭背景、成长环境、犯罪原因等，并从其兴趣特长上激励、教育他们，使他们达到自我肯定，增加存在感，主动融入社会生活，最终自觉纠正自我。

自尊心和集体荣誉感是社区矫正对象克服缺点努力上进的重要动力。大多社区矫正对象既有自卑感，也有自尊心，两者交织在一起。社区矫正工作者切忌无视社区矫正对象的自尊心，一味批评指责，如果这样的话，社区矫正对象就容易表现出破罐破摔或对立抵触的情绪。所以，社区矫正工作者应用发展的眼光看待每一个社区矫正对象，要善于发现他们的“闪光点”，哪怕只是微不足道的一点，也要不断强化，让他们感到自己还是有希望、有前途的。这种外在肯定会增强社区矫正对象的自信心，能促使他们重塑自爱、自重、自强的形象。社区矫正工作者还应创造条件，在矫正教育集体活动中，给这些社区矫正对象机会，让他们意识到自己是群体的一员，自己的言谈举止关系到群体的荣誉，激发他们的团队意识，鞭策他们对自己的不良品行进行有效的规制。

（九）说理引导法

说理引导法是指以相应的准则道理去说服社区矫正对象，动之以情，晓之以理，使社区矫正对象理解与信服，进行自我反思与认知，并因势利导，引导社区矫正对象自我调节纠正，矫正不良习惯和行为。用以情感人、以诚相待、循循善诱、因势利导的说理引导方法，润物细无声，把好的习惯和行为传授给社区矫正对象，帮助他们摆脱问题，走出困惑。社区矫正对象其中有一部分是“老油条”，他们对公式化的纪律规范、教条般的训斥早已习以为常，这些对他们来讲基本失效。心理学研究表明，认知过程决定行为的产生，行为方式的改变同样会反作用于认知。所以社区矫正工作者在开展矫正教育工作时，应将矫正对象的行为方式与自我认知过程进行有机结合，并力争使两者建立良性循环关系。在平时，我们应加强与社区矫正对象的沟通、联系，与社区矫正对象建立平等、互信的关系，促进社区矫正对象改变认知，促进其行为方式上的转变。一方面要以诚相待，以理服人；另一方面要像社区矫正对象的亲朋好友一样，触动他们的心灵深处，消除社区矫正对象恐惧紧张、戒备封闭的心理，引导他们自我调节纠正，这是解决社区矫正对象犯因性问题行为的基础。道德价值观淡薄、心理素质差、自制能力弱是导致犯因性问题转化为外在行为的重要原因。通常来讲，已是成年人的社区矫正对象已具备一定的道德准则、智力水平、心理素质，可以较为正确地分析事物。因此，要注意把握教育的质量，不能只讲大道理和原则，要注重与实际结合，有针对性地讲理。同时，还要注意讲究艺术，坚持灵活性与原则性相结合，妥善地处理问题。